高校学生管理与校园文化建设研究

王　璐◎著

中国原子能出版社

图书在版编目（CIP）数据

高校学生管理与校园文化建设研究 / 王璐著. --北京：中国原子能出版社，2023.12

ISBN 978-7-5221-3253-2

Ⅰ. ①高… Ⅱ. ①王… Ⅲ. ①高等学校–学生–学校管理–研究②高等学校–校园文化–建设–研究 Ⅳ. ①G645.5②G647

中国国家版本馆 CIP 数据核字（2024）第 014700 号

高校学生管理与校园文化建设研究

出版发行 中国原子能出版社（北京市海淀区阜成路 43 号 100048）
责任编辑 杨 青
责任印制 赵 明
印 刷 北京天恒嘉业印刷有限公司
经 销 全国新华书店
开 本 787 mm×1092 mm 1/16
印 张 15.75
字 数 240 千字
版 次 2023 年 12 月第 1 版 2023 年 12 月第 1 次印刷
书 号 ISBN 978-7-5221-3253-2 定 价 **76.00** 元

前　言

校园文化以学生和教职员工为主体，以校园为空间，是在特定校园环境中积淀形成的具有社会主义核心价值观、时代发展特点和道德情操的群体文化。良好的高校校园文化营造了高校学生和谐的学习环境与生活环境，是确保学生管理工作顺利进行的关键。因此在高校学生管理工作中，构建良好和谐的校园文化，不仅有利于激发学生学习的主动性及教师教学的积极性，还能弘扬校风，营造积极健康的精神文化氛围，从而提高学生管理水平，促进学生管理工作顺利进行。

校园是精神文明建设的重要场所，校园文化建设是先进文化建设中的一个重要部分，是推动社会生产力进步的因素之一。校园文化关系到师生人文思想素质水平，是科学文化素质提高的重要思想保障。科技与人才是当今社会主流竞争的重要因素，优秀的人才不仅要有专业知识的武装，还需要有正确的人文理想、坚定的人生信念、积极的创新精神等。高校校园文化作为社会文化的重要组成部分，需要高校相关部门对其进行引导和规范。高校校园文化建设应以服务教师、学生为核心，其主要目的是营造良好的校园环境，确保学生管理工作有序进行。

由于笔者水平有限，本书在创作过程中难免存在疏漏之处，敬请各位读者指正！

目　录

第一章　高校学生管理概述

第一节　高校学生管理工作的基本概念与特点

一、高校学生管理工作的基本概念

（一）管理

在人类历史上很早就已经出现了“管理”这一概念。管理是一种社会现象，凡是有许多人一起共同劳动、学习、生活的地方就需要管理。这是因为管理是社会组织为了实现预期的目标，以人为中心进行的协调活动，这就使得管理活动成为人类活动的一个重要方面，并且普遍存在于由人组成的各种机构中。可是真正现代意义上的“管理”概念则是由法国现代管理理论创始人亨利·法约尔于 1916 年提出的，他认为管理是以计划、组织、指挥、协调及控制等职能为要素组成的活动过程，这个概念阐明了管理的本质，奠定了管理学科学的基础。现在各种关于“管理”概念的阐述异常丰富，不同的学者对管理的概念有着不同的理解。系统管理学派的代表人物弗里蒙特·卡斯特认为，管理是组织中协调各分系统的活动，并使之与环境相适应；决策学派代表人物、诺贝尔经济学奖获得者赫伯特·亚历山大·西蒙认为，管理就是决策，管理过程就是决策过程。卡尔·海因里希·马克思对“管理”概念也曾有过精辟的论述，他认为：“一切规模较大的直接社会劳动或共同劳动，都或多或少地需要指挥，以协调个人的活动，并执行生产总体的运动——

不同于这一总体的独立器官的运动——所产生的各种一般职能。一个单独的提琴手是自己指挥自己，一个乐队就需要一个乐队指挥。”

在这些概念中，学者力图从各个角度来揭示“管理”的本质内涵，相比而言，周三多在《管理学原理与方法》中对管理的阐述更为准确：“管理是社会组织中，为了实现预期的目标，以人为中心的协调活动。”从这个阐述中可以看到关于“管理”作为一种社会活动与其他社会活动之间的本质区别，从而可以使我们能比较深刻地了解“管理”的科学含义。

（二）高校管理

高校管理是一种用人以治事的活动，只不过人的特点、事的性质不同而已。高校中的“人”是有知识、有修养的教师群体和正在成长中的青年学生，高校中的“事”就是教育人、培养人，即把受教育者培养成德、智、体、美、劳都得到发展的现代化建设者。从这个意义上说，高校管理就是管理好教职工以完成教书育人的一种活动。

学者对“高校管理”一词的界定尽管表述不完全一样，但基本含义是一致的，其实质是相同的。张济正认为：“学校管理是学校管理者通过一定的机构和制度，采用一定的手段和方法，带领和引导师生员工，充分利用校内外的资源和条件，有效实现学校工作目标的组织活动。”

（三）高校学生管理

我国高校学生管理工作一般指学生非学术性活动和课外活动的总称，具体包括思想政治教育、遵纪守法和行为规范教育、日常管理、学生社团、各种课外活动、文体活动、经费资助、帮困助学服务、学生心理卫生、健康医疗、就业指导与管理、学术支持等多领域。学生管理工作与教学、科研一样，都是我国高等教育中不可或缺的有机组成部分。随着高校学生事务的发展及分化，学生管理的概念被越来越多的学者及实务工作者所关注。目前，国内外对学生管理还未形成相对统一的标准概念，呈现出百家争鸣、众说纷纭的

态势。蔡国春认为学生管理工作是指高等学校通过非学术性事务和课外活动对学生施加教育影响，以规范、指导和服务学生，丰富学生校园生活，促进学生成长成才的组织活动。云炜恒认为学生管理工作是学校承担的有关学生非学术性的或课堂外的工作，是高校管理的重要组成部分，包括学生日常生活管理、伦理道德与法治教育、行为规范管理、学习辅导、职业（就业）指导、心理辅导、心理障碍干预、社团及文化建设管理、财政援助管理和特殊学生的管理等。张书明认为学生管理工作是指在以人为本、以学生为本的教育理念下，高校通过灵活的工作方式和多样化、现代化的手段，将发挥学生的主体作用与高校自身的教育、管理、服务职能有机结合，从而促进学生的全面发展，实现管理育人、服务育人的活动总称。储祖旺认为学生管理工作是指高校的专门组织和学生管理者依据国家的法律、政策和人才培养目标，在一定的学生管理价值观指导下，运用相关专业知识和技能，配置合理的资源，提供促进学生发展所必需的学生事务的组织活动过程。冯培认为学生管理工作是指高校通过指导、规范和服务于学生的成长过程，以促进其全面、均衡、可持续发展的非学术性管理活动。这些定义对学生管理工作的本质并没有很好的把握，较少从中国高校学生管理工作的实际出发进行描述和界定。

本书认为学生管理工作是指高校对学生事务的计划、组织和领导，是一系列与学生相关的非学术性事务，包括生活辅导、课外活动、身体保健、就业指导、心理咨询、勤工助学、校园秩序、奖励与处分等事宜。高校学生管理工作的最终目的是服务人才培养，帮助和促进学生个体全面发展。因此，与教学、科研和服务的有效整合，是当前高校学生管理工作发展的重要方向。高校学生管理的内涵应该包括教育、服务及管理三个方面。

1. 教育

学生管理工作的内涵首先是教育，学生管理是高等教育的一部分，也是促进学生身心发展的社会化活动，所有形式的学生管理工作都必须带有一定的教育性，学生管理工作的教育需要对学生进行正面的思想政治教育，帮助学生树立正确的世界观、人生观和价值观，培养其健康的心理素质，引导其获得职业生涯规划与就业能力，帮助其塑造优秀的人格品质和个性特征。

2. 服务

学生管理工作涉及许多方面，如学籍注册、资助活动、住宿管理、社区服务、职业规划、心理咨询、娱乐休闲、社团活动等，既是管理工作，也更能体现出服务性。学生管理工作的服务就是为学生的成长、成才和发展提供必要的服务条件。

3. 管理

学生管理工作有自己特定的目标，需要专业的技能和经验，要求科学地组织各种资源，因此，它是一种特殊的管理行为。学生管理工作关注的是学生的成才和发展，主要指对学生正常校园行为的管理，包括校园秩序维护、学生的学习环境管理与课外学习组织，以及学习效果评价与奖惩，学生班级、社团的领导与组织，学生活动的组织与协调等。

二、高校学生管理工作的特点

（一）专业性

新时期，高校学生管理工作成为一门非常值得研究的学科，其有着独立的模式和科学体系，和社会其他领域相比较，更为科学化与规范化。高校学生管理以管理、服务及教育“三位一体”来完成学生管理工作，并以此来阐释教学、管理及学生之间的关系，以专业性的管理方式来维系校园秩序。因此，高校学生管理工作的专业性显而易见。高校学生管理的专业性必须体现在实际工作当中，才能掌握时代脉搏、把握学生动态、紧握管理环节，以全新的视角和模式开展高校学生管理工作，及时解决问题，跟踪调查。当然，高校要想使学生管理工作成为学生教育管理的主渠道，只在思想上重视还不够，一定要打破传统、更新理念，全面适应学生群体及环境特征。让高校学生管理工作汲取更多的科学管理手段及方法，推进高校学生管理工作全面走向专业化，成为教育传播的主体阵营。

（二）关联性

高校学生管理工作不是高等教育范畴中的独立个体，而是与高校各项工作紧密相连的重要组成部分，是高校教育成果的有力保障，在高校教育的各个环节中起着支撑作用。各高校都不可能单独完成教育、教学，同样，高校也不能单纯进行管理。因此，高校要使学生管理工作成为教育、教学的推动者和维护者，使学生在接受管理的同时得到较好的教育，获得良好的教学指导。

（三）政策性

国家对高校学生管理工作颁发了一系列的基本方针和政策，例如，学生管理、学籍管理、学生行为规范、毕业分配工作管理等。国家制定的这些方针、政策是学生管理的行动准则，必须认真学习贯彻，维护方针、政策的严肃性。

第二节　高校学生管理工作的科学要求与原则

一、高校学生管理工作的科学要求

（一）工作主体"两加强"

1. 学生管理工作主体职业化

职业是职场中的专门行业，是社会劳动中的分类。职业作为社会劳动的具体形式，是由特定的工作职责、职业能力和工作岗位构成的。职业的不同，实际上就是工作职责履行、职业能力发展和工作岗位任务完成的不同。从这个意义来看，学生管理工作是一种专门的职业。学生管理工作者的职责就是在全面贯彻党的教育方针，坚持社会主义办学方向，坚持育人为本、德育为先的原则基础上，对学生成长成才和全面发展，尤其是对学生思想、政治和道德素质的提高，负有教育、引导、管理和服务的责任，它体现了学生管理工作队伍特定的工作目的。职业化指的是从业人员从事某种职业之后所具备的职业状态。事实上，我国高校学生管理工作在20世纪50年代就已经出现了，经过这么多年的发展，这一职业不但没有因为时代的发展而弱化，反而日渐加强，这本身就是这一职业生命力的最好体现。学生管理工作主体的职业化问题逐渐摆上人们的议事日程，正是这一职业发展的必然结果。学生管理工作主体的职业化，就是要让学生管理工作者以学生管理工作为本职，在工作职责履行、职业能力发展、岗位任务完成等方面有职业归属感，能够真正安下心来做工作，宁心静气搞研究，可以使学生管理工作队伍在职业范围内保持稳定。为了培养合格的社会主义建设者和可靠的社会主义接班人，我们不仅要在学生管理工作队伍职业化问题上进行理论探讨，更要在实践中促进学生管理工作队伍职业化的发展。

2. 学生管理工作主体专家化

一般认为，专家是对某一事物或领域精通，或者说有独到见解的人。学生管理工作专家化是指在其职业化的基础上，通过不断的学习提升和实践探索，加强总结、反思和批判，持续提高自身业务理论水平和实践能力，成长为敢于创新、善于创造性地解决工作中遇到的各种问题、对工作中的各种问题有深刻的认知和独到见解的复合型人才，能够在学生管理工作岗位上成长为思想政治教育专家、教育管理专家、心理健康咨询专家、职业生涯指导专家、法治教育专家、社团活动指导专家等。当然，学生管理工作者的专家化非一日之功，要想成为专家，就要放下身来、静下心来进行系统全面的学习，接受扎实有效的培训，经历真实反复的实践，开展批判反思研究。在我国现有的学生管理工作队伍中，尤其是辅导员队伍中，专家化的程度不高。当前针对学生管理工作者的部分政策，如同职称晋升、学位攻读等相关的政策，在一定程度上鼓励学生管理工作队伍向专家化发展，但是由于诸多因素的影

响，很多学生管理工作者仅是将其作为跳板。学生管理工作队伍专家化的前提是专业化，因而学生管理工作队伍专家化建设，关键是学生工作管理队伍专业资格的认定和综合业务能力测评体系的构建。所谓专业资格认定，就是要确定学生管理工作人员专业化发展的逻辑起点，进而制定学生管理工作队伍走上专家化的方向与举措，如攻读学位、晋升职称、学术研究、学习培训等，在此基础上，还要形成行之有效的约束机制，使学生管理工作队伍的专家化落到实处。

（二）工作对象实现“三自我”

1. 学生的自我教育

自我教育是在教育系统中，受教育者根据社会标准道德规范及其相关要求，自觉地进行自我认识、自我评价、自我监督和自我控制，有目的地调整自己行动的活动，从而主动达到或接近教育目的的过程。苏联教育家瓦·阿·苏霍姆林斯基说：“在对个人教育中，自我教育是起主导作用的方法之一。”自我教育是衡量教育实效性的一个标志，又是学生工作的归宿，学生管理工作最终要落脚到作为成长主体的学生实现自我成长和自我发展。可以说，在新时期，自我教育是高校学生管理工作贯彻科学发展理念的内在要求，也是学生管理工作的长效标准和最终归宿，更是学生管理工作深化科学发展理念、克服传统模式的弊端和应对新形势的必然选择。因而高校在学生管理工作开展过程中，不要一味地强调教育主体一方，而要站在系统思维的视野上，关注教育的对象——学生，如要正面引导，弘扬正气，建立自我教育的引导机制；加强学生会、学生社团等学生组织的建设，保障自我教育的实施条件；将自我教育贯彻到学生日常学习生活和社会实践活动之中，充分实现成长主体的主体性价值；加强校园文化建设，形成自我教育的良好氛围；将思想政治教育与新生教育、专业教育、心理健康教育和实践就业教育等有机结合，进行全方位、全过程的自我教育；增强教育工作者的自我教育意识，发挥受教育者的积极性；以人为本、贴近学生，发现新情况，解决新问题。

2. 学生的自我管理

学生的自我管理是为了适应社会发展对个人综合素质的要求，调动自身主观能动性，自觉地利用和整合各方面资源，运用各种有效管理办法，开展自我认识、自我分析、自我设计、自我组织、自我实施、自我控制、自我监督和自我评价的自我管理过程。自我管理是学生主体性价值实现的过程，是自身能力素质有效提升的过程。在高校学生管理工作中，学生自我管理的领域很多，如设立学生宿舍自律委员会，以宿舍为依托，对学生予以社区化管理；建立学生党员社区管理制度，即学生党员在党总支和党小组的直接管理下，按宿舍楼层把学生党员编组，开展相关学习活动，接受学生监督，切实保障发挥学生党员的先进作用；建立辅导员助理、见习班主任制度，通过在高年级中选拔管理组织能力强的优秀学生干部担任低年级的见习班主任，有效弥补管理力量不足的问题；建立学生班规民约制度，对班级日常事务进行自治，进行民主管理等。

3. 学生的自我服务

学生的自我服务是学生通过相关载体和平台为所在的学生群体包括自己在内所提供服务的过程。要实现自我服务，首先要充分认识自我服务的必要性和紧迫感。特别是对于未来即将进入职场的学生群体来说，他们更要认识到这一点，应当具有自我服务的意识，应当具备自我服务的能力，应该在进行自我服务过程中全面提升自身的能力素质。其次要充分利用好各级各类服务平台。各级学生社团组织、班集体、生活社区、学生会等学生群体性组织是学生实施自我服务的坚实载体，在这些组织中，学生可以互相学习，共同进步，同时，这些组织在学校各部门的领导下对于活跃校园文化、稳定校园秩序及沟通民情民意起到了很好的作用。

（三）工作内容具备“三性”

1. 学生管理工作内容的具体性

教育部或地方教育行政部门对高校学生管理工作做了宏观规定，这些规

定成为高校学生管理工作一定时期内的主要内容，成为高校学生管理工作的主要依据和指南。但是从内容上来看，这些规定显得过于宏观、抽象。由于各种原因，诸多高校在解读规定时不深入，使高校学生管理工作的内容不具体，操作起来也不好把握。学生管理工作要符合一所高校的具体实际，必须要使其内容具体化。根据科学发展理念的要求，在具体化的过程中，运用现有科学理论认真研究工作对象、工作环境等因素，能够使学生管理工作内容符合自身实际，而不是过于抽象从而难以驾驭。不同的高校、不同的学生、不同的级别、不同的类型、不同的时期，学生工作的内容也有不同。

2. 学生管理工作内容的系统性

系统性是整体思维和结构优化在组织运行中的充分体现。系统是由多种相关因素组合而成的一个具有特定目标功能的组织。就高校学生管理工作的内容而言，其系统的构成要素有很多，如思想道德、就业指导、安全教育、心理健康、能力素质、形势政策等。强调学生管理工作内容的系统性，主要在于要将学生管理工作视为一个有机整体，以避免孤立看待学生管理工作的各个方面，目的是要开阔学生管理工作者的工作思路，运用运动、发展和变化的观点审视学生管理工作，提高学生管理工作的时代性与系统性。从系统的角度认识学生管理工作，可以清楚地看到学生群体是一个系统，而且学生管理工作本身就是一个具有突出系统特点的整体。

3. 学生管理工作内容的层次性

层次性是自然界当中普遍存在的现象。高校学生管理工作内容作为一个特殊的系统，其内部的层次性是不以人的意志为转移的客观存在。高校学生管理工作不仅有详细内容，而且其内容也必然具有相应的层次性。由此看高校学生管理工作内容的层次性就是对学生管理工作内容予以纵向结构剖析。对于不同层次院校的学生来讲，人才培养的目标具有差异性。对于不同年级的学生来讲，学生管理工作应该具有不同的针对性、指向性和工作内容的侧重性。从学生个体来讲，不同基础、不同水平和不同成长目标的学生应该接受不同的教育方式和教育内容，也就是真正意义上的因材施教。

（四）工作方法做到“四化”

1. 科学化

科学，就是符合客观规律和自身实际，体现客观现实，适应环境变化。多年来，我国高校学生管理工作偏重维护稳定和维持秩序的目标追求，“求稳”重于“开拓”，“守成”多于“创新”，越来越不适应科教兴国、人才强国战略下对人的全面发展的关照。融入时代特征，强调以人为本，明确学生管理工作要充分认清自身的育人功能，充分重视学生在管理工作过程中的重要地位，充分理解学生管理工作的价值追求在于以学生为本，服务于学生的全面发展，并以培养社会主义合格建设者和可靠接班人为使命。高等教育事业科学化的发展，对学生管理工作提出整体上从事务主义层面向全面协调可持续发展层面转变的新要求。

2. 人性化

在传统的视域中，高校学生管理工作的主要内容就是事务管理，忽视教育、服务、指导、咨询、资助等职能，滞后于当代学生群体成长、成才和成功的现实诉求。高校在管理工作中往往忽视人的全面发展的需要，没有真正做到以人为本。在高校学生管理工作中，以人为本就是要以学生为本，以学生的全面发展为本，把学生当作有思想、有独立人格的社会公民来看待，就是要坚持以学生的根本利益和成长成才为出发点。高校学生管理工作要做到以人为本，首先是管理工作要以学生为中心，从学生的立场出发满足其合理的需求，要尊重学生、依靠学生，注重老师管理和学生自我管理相结合；其次是要不断满足学生的精神发展诉求，善于从学生自我发展与合理需求的视角完善管理规章制度，看待问题要善于转换角度，善于与社会实际相结合，善于调动各方面的积极性，体现学生激情与活力的特点，促进学生的自我实现与超越。同时，对学生管理可以依靠引导、激发、鼓励、奖励和惩罚等方法进行人性化管理，加以规章制度约束、监督、处罚、处分等手段进行管理辅助。

3. 信息化

在信息化时代，高校在工作方法上需进行信息化建设来实现本身新的价值，在校园中以通信工具、信息网络为要素的现代信息媒体，正逐渐改变学生的思维逻辑、行为模式和价值取向，而这些都使得现在高校学生管理工作的方法发生了根本性的改变。利用现代信息技术服务于高校学生管理工作，是学生管理工作适应时代发展的必然选择，也是学生管理工作内在规律的必然要求。高校在学生管理工作中应用信息化手段，不仅摆脱了传统的复杂烦琐、低效率的管理模式，大大提高了管理的效率，节省了精力，也是对自身在新形势下参与高校综合实力竞争的新要求。学生管理工作信息化后，学生管理工作者可以充分利用网络的及时性、灵活性、虚拟性和动态交互性等特点，更加贴近学生的学习生活，更好地为学生服务。

4. 个性化

因材施教是中华传统文化中的精髓，是教育的真谛。高等教育要实现科学发展，增强育人工作的针对性、实效性和个性化是必然趋势和必由之路。学生管理工作是育人工作的重要组成部分，学生管理工作从理念到方法上增强了针对性、实效性和个性化，是高校育人工作个性化教育的重要内容。可以说，高校在学生管理工作过程中，方法的个性化源于对象的个性化，对于不同的教育对象，需采取不同的教育措施，从而促进不同学生的发展。强调因材施教，明确学生管理工作要充分把握新时代学生成长成才的身心规律、接受影响的思维习惯和全面发展的实际需求，善于利用信息化手段，充分尊重学生的个性，区分学生类型，进行分类指导，并最终实现个性化引导。

二、高校学生管理工作的原则

（一）全面发展原则

高校学生管理工作要全面贯彻党的教育方针，以提高学生素质为根本宗旨，造就有理想、有道德、有文化、有纪律的德、智、体、美、劳全面发展的社会主义事业的建设者和接班人。高校对学生的管理不能违背这一要求和规律。学生管理工作要全面提高学生的素质。实践证明，以考试为手段，以分数为标准，把少数人从多数人中选拔出来的应试教育忽视了对学生的理想信念的教育和良好人格的培养，引导学生片面地追求升学，其危害已日益引起人们的关注，必须纠正以应试为唯一目的的学生管理模式。

（二）方向性原则

管理是一种有目的的活动，管理工作必然具有方向性。以坚持社会主义方向为准绳，是我国高校学生管理工作的一个本质特点。我国是社会主义国家，自然要使高等学校成为社会主义性质的育人场所。社会的性质制约着学校的性质，进而决定学校一切管理工作的性质，因此高校学生管理工作，作为一种有目的、有意识的自觉活动，必须坚持党的领导，坚持社会主义方向和重要思想，为社会主义现代化建设培养造就大批合格人才，这是高校学生管理工作必须遵循的一条最基本、最重要的原则。

（三）集体性原则

强调高校学生管理工作的集体性，并不是要压制学生的个性。但是个性的形成和培养又不是孤立的，而是在集体的环境中进行的，二者是辩证统一的关系。学生管理工作是在学生集体——主要是班集体中进行的，班级既是学生管理工作的主要场所，也是德、智、体、美、劳教育的主要组织形式。学生集体既是对学生管理的组织手段，又是对学生进行教育的强大力量。因此，加强班级的建设，是符合学生管理的集体性原则的。

（四）平等与尊重原则

尽管学生管理工作者与学生是管理和被管理的关系，但学生管理工作者应以平等的态度对待每一个学生。这里的平等有两方面的含义：一方面，双方在人格上是平等的，不存在高低贵贱之分；另一方面，学生管理工作者应

一视同仁地以平等态度对待每一位学生，尊重和信任学生，维护每一个学生都具有的自尊心和自信心。实践证明，差生之所以成为差生，往往是由于丧失了自尊和自信；成功的教育之所以成功，也往往是从启迪自尊启动自信开始。

（五）理论与实践相结合原则

理论与实践相结合是高校学生管理工作的基本原则。准确领会和掌握马克思主义的相关科学及各种管理原理，从而把握它们的精神实质，是做好学生管理工作的前提。党和国家在社会主义现代化建设阶段有着基本的教育方针和政策，在各个不同发展时期，针对不同特点，又提出一系列具体的方针、政策和要求，这些方针、政策和要求，应当体现在各高校学生管理的具体措施、方法之中。但是科学的学生管理工作必须从本地区、本校、本专业和本年级学生的具体情况出发，从学生的素质、兴趣、爱好，以及青年的生理、心理特点等出发，制定出相应的方法和措施。

第三节　高校学生管理工作的综合价值与职能

一、高校学生管理工作的综合价值

（一）社会价值

1. 培养人才的重要手段

中国特色社会主义事业的发展需要数以亿计的高素质劳动者、数以千万计的专门人才和一大批拔尖创新人才。高校是人才培养的重要基地，其中心任务就是为中国特色社会主义建设培养合格的专门人才，而学生管理则是高校人才培养工作的重要手段，在培养合格人才中发挥着不可或缺的重要作用。

（1）维护正常的教育教学秩序

高校的教育教学活动是按照一定的规章制度有目的、有计划、有组织地进行的，建立和维护正常的教育教学秩序是高校教育教学工作的内在要求和基本条件，这就需要有严格、科学的管理，包括学生管理。学生管理工作在维持高校教育教学秩序中具有特殊的重要作用。在高校学生管理工作中，实行严格的学籍管理，按照一定的制度和规定，有序地做好有关学生入学与注册、课程和各种教育环节的考核与成绩记载、转专业与转学、休学与复学、退学、毕业与结业等各项工作，是建立正常的教育教学秩序的基础。实施系统的学习管理，引导学生明确学习目的，提高学习的主动性和自觉性，规范学生的学习行为，督促学生自觉遵守学习纪律和考试纪律，形成良好的学风，是建立良好的教育教学秩序的关键。加强对学生班级、学生社团等学生群体的管理，引导学生紧紧围绕高校的教育教学目标，有序地开展班级活动、社团活动和其他课余活动，是建立正常的教育教学秩序的重要条件。

总之，高校学生管理工作是建立和维护正常的教育教学秩序的重要保证，没有有效的学生管理，维持正常的教育教学秩序的难度就会有所增加。

（2）培养学生的思想品德

中国特色社会主义建设所需的合格人才不仅要具备良好的专业知识和能力素养，还要具备良好的思想品德。所谓思想品德是指人在一定的思想体系指导下，按照社会的言行规范行动时，表现在个人身上的相对稳定的特征，它是以心理因素为基础的思想与行为的统一体。培养学生良好的思想品德，不仅需要深入细致的思想政治教育，还需要有效的管理，这是因为人们良好思想品德和行为习惯的形成，是一个由他律到自律的过程。学生各方面还未成熟，发展尚未稳定，加之各个学生的思想基础不同，接受教育的主动性、积极性和自觉性各不相同，因此，学生自我管理、自我约束的能力存在差异。要帮助学生提高自理、自律的水平，使他们能够自觉地遵循社会的思想规范、政治规范、道德规范和法纪规范，并形成良好的行为习惯，就必须在加强思想政治教育的同时，加强对学生各方面的管理，注重学生日常行为

规范的训练。通过学生管理，科学制定并严格执行各项规章制度，强化行为管理和纪律约束，使学生的学习、交往等各方面的行为都能够按照一定的规范有序地进行，不仅有助于培养学生良好的行为习惯，也可以为思想政治教育创造良好的环境条件，从而增强思想政治教育的效果。

（3）激励、指导和保障学生的学习行为

高校教育教学的过程是教师与学生双向互动、“教”与“学”辩证统一的过程。其中，“教”是主导，“学”是关键。学习是学生的主要任务，是学生能否成为合格人才的关键，而学生管理工作则对学生的学习行为起着重要的激励、指导和保障作用。

高校学生管理工作对学生学习行为的激励作用主要表现在：引导学生充分认识大学学习的社会意义和个体价值，明确学习目的，以激发学生的学习动机；运用颁发奖学金和授予荣誉称号等方式，表彰学业优秀的学生，以鼓励学生勤奋学习；把竞争机制引入学生的学习活动之中，围绕学生的专业学习，组织各种竞赛活动，以激发学生的学习热情。

高校学生管理工作对学生学习行为的指导作用主要表现在：指导新生了解大学阶段学习的特点和要求，促进他们尽快实现学习方式从被动性学习到自主性学习的转变；指导学生根据社会需求和自身实际制定职业生涯规划，确定自己的职业生涯发展方向，从而明确学习的目标；指导学生掌握科学的学习方法，养成良好的学习习惯，不断提高自主学习的能力和学习效率；指导学生积极开展社会实践活动，注重在实践中加深对专业理论知识的理解，在实践中提高自己的专业技能。

高校学生管理工作对学生学习行为的保障作用主要表现在：加强资助管理，切实做好助学贷款和助学金的发放工作，组织和指导学生的勤工助学活动，为家庭经济困难学生安心学习、顺利完成学业提供必要的经济条件；开展学生学习心理的辅导，帮助学生克服学业焦虑等各种消极心理，以积极健康的心态对待学习等。

2. 构建和谐社会的内在要求

高校学生管理是促进学生集体和谐发展的重要手段。包括学生党团组织、班级、学生会、社团等在内的学生集体是学生政治、学习和日常生活的基本组织形式，直接影响着学生的思想和行为，是学生思想政治教育和管理的重要载体。学生集体的和谐发展，不仅直接关系着学生个体的健康成长和全面发展，也直接关系着高校的和谐稳定和科学发展。学生管理包含着对学生集体的管理，因此其在促进学生集体和谐发展中具有十分重要的作用。通过学生管理，引导学生集体自觉遵循学校的有关制度和规定，紧紧围绕学校的人才培养目标和学生成长成才的需要，积极开展丰富多彩的集体活动，充分发挥自身在学生自我教育、自我管理中的作用，可以促进学生集体的发展与学校发展的和谐与统一。通过学生管理，切实加强学生集体的思想建设、组织建设、制度建设和作风建设，引导学生增强集体意识，主动关心集体发展，积极参与集体活动，弘扬团结互助精神，不断增进同学友谊，注重相互沟通与交流，及时化解各类矛盾，可以促进各个学生集体自身的和谐发展。通过学生管理，引导学生党团组织、班级、学生会、社团等各类学生集体正确处理相互之间的关系，加强相互之间的沟通和协调，做到相互配合、相互支持，形成学生自我教育、自我管理的合力，可以促进各类学生集体的相互和谐与共同发展。

高校学生管理工作是构建和谐校园的重要手段。高校是现代社会中不可或缺的重要社会组织，担负着培养人才、推进科技进步及传播先进文化的重要任务。构建和谐校园，是构建社会主义和谐社会主题中的应有之义，也是推进高校科学发展的内在要求。加强学生管理，引导和组织学生在和谐校园建设中积极发挥主体作用是构建和谐校园的重要保证。建立和完善学生参与民主管理的组织形式，引导、支持和组织学生依法参与学校的民主管理和实行自主管理，切实维护和保障学生在校期间享有的权利，引导和督促学生全面履行法律规定的义务，自觉遵守国家法律和学校管理制度，能够有力地推进高等学校的民主法治建设。妥善地协调学生与学校、学生与教师之间的关

系，维护学生的正当利益，实事求是地评价学生的思想品德和学业成绩，公正地实施奖励和处分，正确地处理学生中的各种矛盾和问题，可以使公平正义在校园中得到弘扬。督促学生在学习考试、科学研究、人际交往和日常生活中坚持诚实守信，做到不作弊、不剽窃，引导学生尊敬师长，友爱同学，团结互助，才能在校园中形成诚信友爱的良好风尚。通过学生管理，充分调动学生的积极性和创造性，围绕专业学习，开展丰富多彩的社团活动和社会实践活动，鼓励、组织和支持学生开展科学研究、进行创造发明、尝试创业活动，才能使校园真正充满活力。通过学生管理，建立和维护学校正常的教育教学秩序和生活秩序，加强学生的安全教育和管理，保障学生的身心健康，有效地预防和妥善地处理学生中的突发事件，努力建设平安校园，才能使校园实现安定有序。通过学生管理，引导和督促学生自觉维护校园环境，节约使用水、电等各种资源，才能使校园成为人与自然和谐共处的生态校园。

高校学生管理工作是维护社会稳定、实现社会安定有序的重要保证。我们所要建设的社会主义和谐社会应该是民主法治、公平正义、诚实友爱、充满活力、安定有序、人与自然和谐共处的社会。安定有序是社会主义和谐社会的内在要求和重要特征，也是实现社会和谐的基本条件。社会稳定则是安定有序的基本内容和重要表现，也是改革、发展的前提，而高校稳定是社会稳定的重要前提，高校稳定的关键则又在学生，这是因为学生的思想尚未成熟，思想和行为上存在着矛盾性，他们关心国家发展，关注时事政治，追求民主自由，并具有较强的政治参与意识，但尚缺乏政治经验和社会生活经验，政治辨别能力不强，因此容易受到社会上错误思潮和不良倾向的影响。同时，学生正处于青年期，情感较为强烈。这既使学生热情奔放，勇往直前，也使学生易于冲动。成千上万的学生集中在高等学校的校园内，如果缺乏正确的引导和有效的管理，一些不良的倾向和问题，很容易在学生中扩散开来，并造成不良的社会影响。因此，切实加强学生管理，正确引导学生的社会活动和政治行为，妥善解决学生在学习、生活、交往和就业中碰到的各种矛盾和问题，及时处理学生中发生的各种突发事件，以保持高等学校的稳定，对于维护社会稳定，实现社会安定有序具有重要意义。

（二）个体价值

高校学生管理工作的个体价值主要表现在激发动力、开发潜能、完善人格等几个方面。

1. 激发动力

高校的系统教育为学生的成长和发展提供了良好的条件，而学生能否健康成长和全面发展，关键在于学生自身的主观努力即主观能动性的发挥。因此，要促进学生的成长和发展，就必须注重激发学生的内在动力，充分调动他们的主动性和积极性。高校学生管理工作具有显著的激励功能，在激发学生内在动力方面具有突出的作用。高校学生管理工作对学生的激励作用，主要是通过以下三种路径实现的。

（1）目标激励

人的行为总是指向一定目标的，目标是人们期望取得的成果和成就，能够激发人的内在积极性，鼓励人们奋发努力。人们对目标的达成满足自身需要的价值看得越大，估计目标能够实现的可能性越大，目标的激发力量也就越大。高校学生管理工作遵循社会发展要求与学生自身发展需要相统一的原则，科学地制定管理的目标，着力引导学生根据社会需要和自己的兴趣爱好、主观条件合理地确定自己的学习目标和发展目标，从而对学生发挥着重要的激励作用。

（2）需求激励

需求是人的行为动力的源泉，是行为动机产生和形成的基础。人的积极性的发挥及其发挥的程度，归根结底取决于其需求能否得到满足及满足的程度。高校学生管理工作坚持以人为本的管理理念和服务学生的管理原则，关心学生的实际需要，维护学生的正当利益，扎扎实实地为学生的成长和发展提供各方面的指导和全方位的服务，因此，也就必然会对学生起到重要的激励作用。

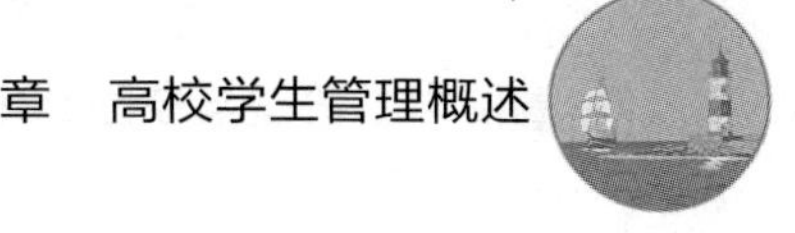

（3）奖惩激励

奖励和惩罚是高校学生管理工作的重要方法，其目的就是要通过运用正、负强化手段，控制学生行为结果的反馈调节作用，以维持和增强学生努力学习和践行学生行为准则的主动性和积极性。奖励是通过奖赏、赞扬、信任等褒奖形式来满足学生的需要，使其感到满足和喜悦，从而更加奋发努力的正强化手段；惩罚是通过造成被惩罚者某种需要的不满足而使其感到痛苦和警醒，从而变消极行为为积极行为的负强化手段。高校学生管理工作通过恰当地运用奖励和惩罚，鼓励先进，鞭策后进，从而激励全体学生奋发努力。

2. **开发潜能**

人的潜能是指人所具有的有待开发、发掘的处于潜伏状态的能力，包括人的生理潜能、智力潜能和心理潜能。大学生正处于成长和发展的关键时期，着力开发他们身上所蕴藏的丰富潜能，将他们内在的潜能转化为从事社会建设的实际能力和现实力量，是大学生培养工作的重要任务。高校学生管理工作作为学生培养工作的重要组成部分，在开发学生内在潜能方面发挥着不可或缺的作用。大学生管理在开发大学生潜能方面的作用，主要是通过以下三种途径实现的。

（1）指导学习训练

学习和训练是开发潜能的基础。只有通过系统地学习和训练，掌握必要的知识和方法，才能使潜能得到正确的、有效的发挥。高校学生管理工作者通过对学生学习活动的管理和指导，引导学生确立正确的学习目的，掌握科学的学习方法，不仅可以充分发掘学生在学习方面的潜能，以提高他们的学习能力，而且可以促进学生系统地掌握专业理论知识和方法，从而使他们在专业方面的潜能得到开发和发展。

（2）运用激励机制

激励是开发潜力的重要手段，通过激励，可以充分调动人的主观能动性，打破安于现状的消极心态，振奋人的精神，转变人的态度，激发人的兴趣，调整人的行为模式，从而达到开发潜能的目的。高校学生管理工作运用激励机制，通过引导学生明确努力方向和成才目标，奖励成绩优异、表现突出的学生，可以调动学生的主动性和积极性，激发他们奋发向上的进取精神，从而促进他们不断地开发自身内在的潜能。

（3）组织实践活动

实践是潜能转化为显能的中介和桥梁，人的潜能，只有在实践中，才能逐步显现出来，得到实际发挥，从而转化为显能。高校学生管理工作者通过支持和指导学生的社团活动和社会实践活动，鼓励和引导学生的科技服务和科技创新活动等，可以为学生提供丰富多样的参与实践活动的机会，使他们的潜能在实践中得到开发和发展。

3. 完善人格

人格是一个人所具有的稳定而统一的心理特征的总和。通俗地讲，人格就是指一个人的品格、思想境界、情感格调、行为风格、道德品质、精神面貌等。人格既是个人发展状况的集中表现，也是个人发展的内在主观条件。从内在方面来看，人的全面发展包含着人格的健全和完善。高校学生管理工作以促进学生的全面发展为根本目的，因此必然要注重培育学生健全的人格，以促进他们形成崇高丰富的精神、高尚优秀的道德品质、积极健康的心理品格。高校学生管理在完善学生人格方面的作用，主要表现在以下两个方面。

（1）优化环境影响

环境是影响学生人格形成和发展的重要因素，对学生的人格具有陶冶和感染的重要作用。近朱者赤，近墨者黑，说的就是这个道理，高校学生管理工作在营造良好的校园环境、优化校园环境影响方面具有重要作用。高校学生管理工作通过制定和执行合理的规章制度，建立和维护正常的校园秩序；通过有效的学习管理和班级管理，促进良好学风和班风的形成；通过对学生交往活动的管理和引导，优化学生的人际关系；通过对学生网络活动的管理和指导，净化校园的网络环境；通过对学生社团和学生课余活动的管理和指

导，形成积极向上、丰富多彩的校园文化生活环境；通过对学生生活园区的管理和学生日常行为的指导，为学生营造安定有序、文明健康的日常生活环境。

（2）指导行为实践

实践是学生人格形成和发展的基本途径，学生所接受的各种教育影响，只有在实践中通过他们亲身的体验，才能真正为他们所理解、消化和吸收，学生行为习惯的养成、实践能力的提高等，更是自身长期实践活动的结果。因此，高校学生管理工作通过对学生行为和实践活动的管理和指导，也就必然会对学生人格的完善发挥重要作用。

二、高校学生管理工作的职能

（一）早期高校学生管理工作职能

我国最早出现的学生管理都是指教学管理，以学籍管理为例，其中包含入学与注册，考试成绩的记录，升级、留级、降级，休学、复学、退学，考勤与纪律，奖励与处分，毕业学位和学历证书的发放，等等。1900 年首次颁布的《普通高等学校学生管理规定》（以下简称《规定》）中，明确指出学生管理是学生在校期间的学习、生活、行为的管理和规范。《规定》中包含学生的学籍管理、考试违纪、违规管理、学生处分管理、学生入学注册管理、升级降级、休学、复学、退学、毕业、转系及转专业的管理。根据这一政策，我国高校教育工作者开始严管学生，真正地体现了学生管理。随着我国的快速发展，高校学生管理工作也面临着更高的台阶、更大的挑战，高校学生管理的范畴进一步加大，网络教育、心理健康教育、助学、就业指导、生涯教育等一系列崭新的课题开始在各高校中出现。学生管理工作由过去的严管学生开始往素质教育、欣赏教育、服务型管理及全方位指导的方向转变，并且配备专业的教育人员进入学生管理第一线。高校会对这些教育人员进行专职的、系统的、科学的岗前指导，从而不断提升学生管理工作者的个人素质和工作能力。

（二）当今高校学生管理工作职能

2015 年，教育部启动了《规定》的修订工作，并向各省市教育行政部门、高校和社会公开征求意见。新版《规定》于 2017 年正式发布实施，《规定》中，除了原有负责管理的内容外，还包括思想政治教育、道德规范教育和管理、学生社团管理、组织和指导勤工俭学和社会实践、计算机网络管理、宿舍管理，以及学生奖励和处分职能。因此，一般高校的学生管理机构——学生处（部），下设有思想教育科、学生档案室、勤工俭学管理办公室、网络工作室、学生宿舍管理办公室等。

第四节　高校学生管理工作的基本环节与方法

一、高校学生管理工作的基本环节

（一）决策

高校大学生管理决策是指学生管理工作者为了达到一定的目标，在掌握充分信息和对有关情况进行深刻分析的基础上，运用科学的方法，从两个以上的可行性方案中选择一个合理方案的分析判断过程。高校学生管理决策过程包括：研究现状、明确问题和目标，制定、比较和选择方案等阶段性工作内容。

1. 研究现状

有待解决的问题才需要决策，也就是说，决策是为了解决一定的问题而制定的。因此，制定决策，首先要分析问题是否已经存在，是何种性质的问题，这种问题是否已经对社会、对学校、对学生自身，以及未来的发展产生了不利影响。高校需要分析学生的学习、生活、各种能力的培养、实践活动、

未来的就业和创业等可能遇到的种种问题及面临的挑战，确定问题的性质，把问题作为决策的起点。当然研究这些问题的主要人员应该是高校的高层管理人员，这不仅是因为他们要对学校的发展负责、对学生的未来发展负责，而且由于他们在学校中所处的地位使他们能够通观全局，高屋建瓴，易于找出问题的关键所在。

2. 确立目标

在分析了学生学习、生活、各种能力培养、实践活动、未来就业和创业可能遇到的种种问题及面临的挑战或者说不协调的因素之后，高层管理人员还要进一步研究针对问题将要采取的各种措施应符合哪些要求，必须达到何种效果，也就是说，要明确决策的目标。明确决策目标，需做好以下三个方面的工作。

（1）提出目标

这一目标应该包括上限目标（理想目标）和下限目标（必须实现的目标）。

（2）明确多元目标之间的相互关系

高校学生管理工作的目标具有多重性，但是对于不同年级、不同专业的学生来说，其目标的重要性是不同的，在特定时期，决策只能选择其中一项作为主要目标。然而，多元目标之间的关系是既相互联系，又可能相互排斥的，如对于毕业班的学生来说，考研究生和公务员及求职之间就是这种既相互联系又相互排斥的关系。

因此，高层管理人员在选择了主要目标后，还要明确它与非主要目标之间的关系，以避免在决策的实施过程中将主要精力和时间投放到非主要目标活动中去，避免因小失大。

（3）限定目标

目标的执行有可能给学校和学生带来有利的结果，也可能带来不利的结果。限定目标就是要把目标执行的有利结果和不利结果加以权衡，规定不利结果在何种程度上是允许的，一旦超越这一程度则必须停止原计划，终止目标活动。一般说来，不论是何种目标，它都必须符合三个基本特征：能够计量、能够规定期限及能够确定责任人。

3. 拟定决策方案

决策的关键在于选择，而要做出正确选择，就必须提供多种可供选择的方案。从实践来看，任何目标都可以通过多种不同的活动来实现，而不拟出几个实现它的抉择方案的情况是很少的，因为对于高层管理人员而言，如果只有一种行事方法，那么这种方法很可能就是错误的，在此情况下，高层管理人员可能就需要再努力去考虑另一些能够使决策做得更好的方法。

决策方案描述了学校为实现目标拟采取的各种对策的具体措施和主要步骤，但是，由于目标的实现可以采取多种不同的活动，所以应该拟定出不同的行动方案。

（1）要确保有足够多的方案可供选择

为了使方案的选择有意义，不同的方案必须相互区别，假如某个方案的活动能够包含在另一个方案之中，那么这个方案就失去了存在的意义和价值。

（2）形成初步方案

一般说来，任何一个方案的产生都应该建立在对环境的具体分析和发现问题的基础之上，然后，根据问题的具体性质及解决问题所要达到的目标，提出各种改进设想，并对诸设想进行分析，从而形成各种不同的初步方案。

（3）形成一系列可行方案

高层管理人员在对各种初步方案进行遴选、补充的基础上，对遴选出来的方案进行进一步完善，并预期其实施结果，这样便会形成一系列不同的可行方案。

4. 比较与选择

选择方案，首先要了解各种方案的优劣。为此，高层管理人员需要对不同的方案加以评价和比较。这种评价和比较主要包括三个方面：一是是否具备实施方案所需要的条件，具备这些条件需要付出何种成本；二是方案实施能够给学校和学生各自带来什么利益（包括长期利益和短期利益）；三是方

案实施中可能遇到哪些问题，其导致活动失败的可能性有多大。

根据上述评价和比较，高层管理人员便可以寻找出各种方案之间的差异，分析出各种方案的优劣。在此基础上进行的选择，不仅要确定能够产生综合优势的实施方案，而且要准备好环境发生变化时可以启用的备用方案。确定备用方案的目的是对可预测到的未来变化准备充分的必要措施和应急对策，避免在情况发生变化后因疲于应付而忙中添忙，乱中增乱，或束手无策而蒙受这样或那样的损失。

（二）计划

高校学生管理计划就是在决策既定目标的前提下，进一步根据实际情况，科学、及时地预计和制定为达到一定目标的未来行动方案。具体来说，学生管理计划就是通过将学校在一定时间内的活动任务分解给学生管理的每个部门、环节和个人，从而不仅为这些部门、环节和个人的工作及活动的检查与控制提供依据，而且为决策目标的实现提供组织保证。

高校学生管理计划是一个协调过程，它给学生管理部门、学生管理工作者及学生指明了方向。当有关人员了解了组织的目标和未达到的目标后，当他们必须作出贡献时，便开始活动，互相合作，形成团队；而缺乏计划则会走许多弯路，从而使实现目标的过程无效率可言。高校学生管理计划还可以促使学生管理部门和学生管理工作者展望未来，预见变化并制定适当的对策，同时减少不确定性、重叠性和浪费性活动。高校学生管理计划还能通过设立目标和标准以便于进行控制。在计划中必须要设立目标，而在控制职能中，高层管理人员又会将实际的绩效与目标进行比较，发现可能发生的重大偏差，采取必要的校正行动。可以说，没有计划，就没有控制。

1. 高校学生管理计划的制订

一般来说，制订学生管理计划可遵循以下程序。

（1）收集资料

计划是为决策的组织落实而制订的，了解决策者的选择，理解有关决策的特点和要求，分析决策制定的大环境和决策执行的条件要求，是制订行动计划的前提。由于计划安排的任务需要不同专业、不同年级的学生利用一定的资源去完成，因此，计划的制订者还应该收集反映不同专业和不同年级学生的活动能力，以及外部有关资源供应情况的资料，从而为计划的制订提供依据。

（2）目标或任务分解

目标或任务分解是将决策确定的学校总体目标分解落实到各个部门、各个活动环节，将长期目标分解成各个阶段的分目标。通过分解，高层管理人员便可以确定学校的各个部门在未来各个时期的具体任务，以及完成这些任务应达到的具体要求。分解的结果是形成学校的目标结构（如目标的时间结构和空间结构）。目标结构描述了学校中较高层次的目标（如总体目标和长期目标）与较低层次目标（如部门、环节、个人目标与各阶段目标）相互间的指导（如总体目标对部门目标、长期目标对阶段目标）与保证（如部门目标对总体目标或阶段目标对长期目标）关系。

（3）目标结构分析

目标结构分析是研究较低层次目标对较高层次目标的保证能否落实，亦即分析学校在各个时期的具体目标是否能够实现，能否保证长期目标的达成。学校的各个部门的具体目标是否能够实现，能否保证整体目标的达成。如果处于较低层次的某个具体目标尚不能实现，那么就应该考虑采取一些补救措施，倘若做不到这一点，就应该考虑调整较高层次的目标要求，有时甚至要对整个决策进行重新修订。

（4）综合平衡

一般而言，综合平衡工作应着眼于以下三方面。

① 分析由目标结构决定的或与目标结构对应的学校各部门在各时期的任务是否相互衔接和协调。具体来说，综合平衡工作就是分析任务的时间平衡和空间平衡。时间平衡是要分析学校在各阶段的任务是否相互衔接，从而

能否保证学校活动顺利进行；空间平衡则要研究学校的各个部门的任务是否保持相应的比例关系，从而保证学校的整体活动协调进行。

② 研究学校活动的进行与资源供应的关系，分析学校能否在适当的时间筹集到适当品种和数量的资源，从而保证学校活动的连续性。

③ 分析不同环节在不同时间的任务与能力之间是否平衡，即研究学校的各个部门是否能够保证在任何时间都有足够的能力去完成规定的任务。由于学校的外部环境和活动条件会发生这样那样的变化，可能导致任务的调整，因此，在任务与能力平衡的同时，学校还应该留有一定的余地，以保证这种可能产生的调整在必要时能够顺利进行。

（5）制订并下达执行计划

在综合平衡的基础上，学校便可以为各个部门制订各个时段的行动计划（如长期行动计划、年度行动计划及季度行动计划），并下达执行。

2. 高校学生管理计划的执行

制订计划的目的在于执行计划，而计划的执行需依靠学生管理工作者和学生的共同努力。因此，能否保质保量完成计划，在很大程度上取决于在计划执行过程中能否充分调动广大的学生管理工作者和学生的积极性。

3. 高校学生管理计划的调整

在计划执行过程中，计划有时需要根据实际情况的变化进行调整。这不仅是因为计划活动所处的客观环境可能发生变化，而且可能因为人们对客观环境的主观认识有了这样或那样的改变。

为了使学生的各种组织活动更加符合环境特点的要求，高层管理人员必须对计划进行适时的调整。而滚动计划就是为了保证计划在执行过程中能够根据情况变化适时修正和调整的一种现代计划方法。这种方法根据计划的执行情况和环境变化情况定期修订未来的计划，并逐期向前移动，使短期计划、中期计划有机结合起来。

由于计划工作中很难准确地预测将来影响发展的各种变化因素，而随着计划的执行，这种不确定性就越来越大，如果一定要按几年以前的计划实施，可能会带来一些不必要的损失。采用滚动计划能够避免这种不确定性所带来的不良后果。滚动计划的基本做法是，制订好学校在一个时期的行动计划后，在执行过程中根据学校内外条件的变化定期地加以修改，使计划不断延伸，滚动向前。滚动计划的方法主要应用于长期计划的制订和调整。这是因为长期计划面对的环境比较复杂，采用滚动计划可以根据环境变化和学校内部活动的实际进展情况适时进行调整，以便于使学校始终有一个为各部门、各阶段活动导向的长期计划。当然，这种计划方式也可以应用于短期计划工作，如年度和季度计划的制订和修订。

（三）组织

学生管理组织就是高校学生管理机构和学生管理工作者为了有效地实施既定的计划，通过建立管理机构，确定职位、职责和职权，协调相互联系，从而将组织内部各个要素联结成一个有机整体，使人、财、物、信息、时间、技术等资源得以最佳配置和利用。

学生管理机构设置是否科学合理，组织工作是否有效，直接关系到学生的成长和未来发展，关系着学生管理目标的实现。要有效地实施学生管理，一定要使高校学生管理组织机构科学化、合理化，为此，就需要构建一套科学的学生管理机构并使之有效发挥其职能。

1. 有效发挥高校学生管理机构及其职能

目前，各高校的学生管理工作模式已形成了比较一致的组织结构形式，具体表现为：学校党委和学校行政—校党委副书记和副校长—学生工作处（部）和团委—院系党总支副书记—年级辅导员—学生会。以下是几个部门的职能介绍。

（1）学生工作处（部）

学生工作处（部）同时具有行政管理职能和思想政治教育职能，既负责学生的招生、就业、奖惩、生活指导、日常行为管理等行政管理工作，又负责新生入学教育、日常思想教育和毕业生就业思想教育，如此安排为管理和教育的有机结合提供了组织保障，有益于全校学生工作在学校党委宏观指导下有步骤有计划地进行，克服管理和教育脱节的“两张皮”现象。

（2）团委

团委在大学生管理方面的主要职能是：在学校党委的领导下，全面负责大学生团组织的建设和管理；负责对学生会和学生社团的管理和指导；组织和指导学生的社会实践活动和志愿者活动等。

（3）学生会

学生会具有比较完整的组织系统，包括校学生会、院（系）学生会及各班级的班委会。学生会具有比较严密的管理系统，各部门、各成员之间既有分工也有合作，既是相对独立的，又是一个整体。要使高校学生管理工作有效实施，必须完善、巩固和依靠学生会组织。对学生会组织，学校上级管理部门除了给予必要的指导外，在财力上也要给予一定的支持，同时还应该给予他们一定的权力和地位，充分发挥他们的积极性和主观能动性。因为学生会组织的结构设置涉及广大学生的方方面面，代表的是广大学生的利益，所以如何使学生会组织真正起到学生与学校之间的桥梁作用，对有效实施大学生管理非常重要。

（4）学生自我管理委员会

目前，有一些高校开始尝试设置大学生自我管理委员会，它一般挂靠在校学生处（部）或团委，下面设立生活保障部、宿舍管理部、风纪监察部等机构。生活保障部的主要任务是参与创建文明食堂的宣传和教育，其目的在于美化就餐环境，维护就餐秩序，对不文明行为进行纠正和制止，创建文明的生活环境。宿舍管理部主要是与学校宿舍管理办公室或物业管理部门共同对宿舍进行管理，以求为广大学生营造一个清洁、安静、舒适的学习和生活环境。风纪监察部的主要职责在于整治校园环境，可定时、定点或随时随地对学生中发生的违纪行为进行监察，同时还承担着维护食堂秩序、学校巡视，以及检查学生上课迟到、早退等方面的工作。

2. 不断提升高校学生管理工作者的专业能力

高校学生管理工作是集理论性、知识性、实践性、时代性和时效性于一体的工作，它致力于学生的成长和发展，应该成为一种专门的职业。学生管理工作者既应该是学生教育管理服务工作的“多面手”，又应该是学生就业指导、生活学习指导、成才指导、心理咨询、形势与政策教育等方面的专业人才，唯有如此才能满足学生管理工作的需要，提高管理成效。在实际工作中，学生管理工作者不仅能应对日常事务，还要认真研究学生工作中出现的新问题，要像专家和学者那样，把学生管理工作当作一种事业去经营、去追求，掌握学生管理工作的规律和艺术，成为学生管理工作方面的专家学者。

3. 合理配备高校学生管理队伍人员

为了进一步提高高校学生管理的水平和成效，各高校应该根据教育部的要求和实际工作需要，科学合理地配备足够数量的学生管理工作队伍，在保证数量的基础上，专兼职相结合，不断优化结构。目前，各高校的学生管理工作基本上采取院系主要负责制，由院党委副书记、专职辅导员及兼职辅导员协同工作。此外，基于目前大学生就业形势的日益严峻，不少高校在学生管理队伍中尝试配备职业指导人员，旨在为学生成功就业提供指导和必要的帮助。

（四）控制

高校学生管理控制是对学生管理的计划、组织等管理活动及其效果进行测量和校正，以确保组织目标及为此而拟定的计划得以实现的有效手段。高校学生管理控制是学生管理机构和每一位学生管理工作者的重要职责，正确和因地制宜地运用控制手段和方法是使控制工作更加有效的重要保证。

管理学家亨利·法约尔认为："在一个组织中，控制就是核实所发生的每一件事是否符合所规定的计划，所发布的指示及所确定的原则。其目的就是要指出计划实施过程中的缺点和错误，以便加以纠正和防止重犯。"控制在每件事、每个人、每个行动上都起作用，因为在现代管理系统中，各组织要素的组合关系是多种多样的，时空变化和环境影响很大，内部运行和结构有时变化也很大，加上组织关系的复杂，处在这样一个复杂多变的系统中，如果组织缺少有效的控制，就很容易产生错乱，甚至偏离正确的轨道。

管理学家亨利·西斯克指出："如果计划从来不需要修改，而且是在一个全能的领导人的指导之下，由一个完全安全均衡的组织完美无缺地来执行的，那就没有控制的必要了。"然而，现实情况往往与理想状态相去甚远，计划总是赶不上变化，在执行计划的过程中总是或多或少地出现与计划不一致的现象，于是，控制便成为一种必需，控制是大学生管理过程一个不可分割的部分，是管理的一项工作内容。但是，控制不同于强制，一般情况下，最有效并持续不断的控制不是强制，而是触发个人内在的自发控制。

1. 控制的类型

根据时机、对象和目的的不同，可以将控制分为以下三种类型。

（1）预先控制

预先控制是在活动开始之前进行的控制，控制的内容包括检查资源的筹备情况和预测其利用效果。

（2）现场控制

现场控制也被称为过程控制，是指活动开始之后对活动中的人和事进行指导和监督，对学生的学习和活动进行现场监督的作用在于以下两点。第一，使学生以正确的方法进行学习，参加各种活动。通过现场监督，高校学生管理工作者可以直接向学生传授学习、参加各种活动的要领和技巧，纠正其错误的做法，从而提高学生的学习能力和实践能力。第二，可以保证计划的执行和计划目标的实现。通过现场检查，学生管理工作者可以随时发现学生在活动中与计划要求相偏离的现象，从而将问题消灭在萌芽状态。

（3）成果控制

成果控制即事后控制，是指在一项活动告一段落之后，对该活动的资源利用情况及其结果进行总结。由于成果控制发生在事后，因而对活动已经于事无补，其目的是总结经验教训，为未来计划的制订和活动的进一步推进提供借鉴。

2. 有效控制的要求

（1）适时控制

古往今来，人们都非常注意对管理的控制。朱柏庐在《治家格言》中云："宜未雨而绸缪，毋临渴而掘井。"西汉戴圣在《礼记·中庸》中写道："凡事预则立，不预则废。"今人则强调预防胜于救治。因此，有效的控制不在于偏差或问题出现以后的处理和补救，而在于事先通过适时控制消除可能导致偏差或问题的各种可能性，从源头上防止偏差或问题的形成。这也就是说，纠正偏差和解决问题的最理想方法应该是在偏差或问题产生之前，就注意到其产生的可能性，预先采取必要的防范措施，防止偏差或问题的产生，有效地控制落实到操作上，就是建立预警系统，形成应急机制。

该机制的目的是通过建立预警系统，对可能发生偏差或问题的对象的信息进行分析和研究，及时发现和识别潜在的或现实的偏差或问题，进行客观评估，采取防范措施，防止和减少偏差和问题的发生。各高校可以根据自己的实际情况，建立一支由班级、院系有关师生组成的突发事件预警队伍。该队伍的每位成员都要接受专门的培训，并且明确职责和分工，定期对本班、本系、本院的学生进行了解、评估和帮助，将有关的信息汇总到学校的突发事件干预机构，再由突发事件干预机构根据实际情况统一部署，采取相应的措施。

与事后的亡羊补牢之举相比，事先的适时控制才是最重要的，与其在偏差或问题发生之后进行补救，莫若事先适时控制。

（2）适度控制

适度控制是指控制的范围、程度和频度要恰如其分，恰到好处。做好这一点要注意以下三个方面的问题。

一是要避免控制过多又要防止控制不足。没有人喜欢被控制，事实上，控制多半会招致被控制者的不快，学生亦是如此，但不进行控制又是不现实的，因为失去控制极有可能造成组织活动混乱、低效乃至无效。行之有效的控制应该既能满足对活动监督和检查的需要，又能防止与学生产生激烈冲突。为此，要求高校学生管理工作者须做到：注意避免控制过多，控制过多不仅会招致学生方案实施的“流产”，而且会磨灭学生学习和参加各种活动的积极性、主动性和首创精神，影响他们才能的发挥和能力的提高；防止控制不足，控制不足不仅会影响组织活动的有序进行，而且难以保证各层次的活动进度和比例的协调，造成资源的浪费，此外，控制不足还可能导致学生无视学校的正当合理要求，自由散漫、我行我素，破坏学校的校风校纪。

二是全面控制与重点控制相结合。高校管理机构和学生管理工作者不可能而且也没有必要不分轻重缓急、事无巨细地对学生的所有活动进行控制。适度控制要求高校在建立控制系统时利用 ABC 分析法和例外原则等工具，找出影响学生活动效果的关键环节和关键因素，并据此在相关环节上建立预警系统或控制点，进行重点控制。

三是控制的产出大于投入。一般来说进行控制是要有投入的，衡量工作成绩和活动成效，分析偏差或失误产生的原因，以及为了纠正偏差和补救失误而采取的措施，都需要一定的投入。与此同时，任何控制，由于纠正或补救了工作或活动中的偏差或失误，又会带来一定的成效。因此，一项控制，只有当它的产出超过其投入时，才是值得的。

（3）客观控制

控制工作必须针对学生学习和活动的实际情况，采取必要的纠偏措施和补救手段，促使其工作或活动的继续有效推进。基于此，有效的控制应当是客观的，符合高校学生实际情况的。客观的控制源于对学生学习和活动的实际情况，以及变化的客观了解和评价。为此，控制过程中采用的检查、衡量方法必须能够正确反映学生活动在时空上的变化程度，准确地判断和评价各部门、各环节的工作与计划要求相符或背离的程度。

（4）弹性控制

俗话说："天有不测风云，人有旦夕祸福。"学生在学校学习及参加各种活动时，难免遇到各种意想不到的突发问题或无力抗拒的变化，这些问题和变化可能会与原有的计划严重背离。而有效的控制即使在这样的情况下也应该能够继续发挥作用，维持正常运行，这也就是说，真正有效的控制应该是具有灵活性和弹性的。

二、高校学生管理工作的方法

（一）目标管理法

目标管理是由管理学之父彼得·德鲁克于 1954 年提出的，他认为："为了充分发挥不同组织成员在计划执行中的作用，协调他们的努力，必须把组织任务转化成总目标，并根据目标活动及组织结构的特点分解为各个部门和层次的分目标，组织的各级管理人员根据分目标的要求对下级的工作进行指导和控制。"目标管理要求组织内的每一个人、每一个部门全力配合实现组织的目标，对于分内的工作自行设定目标、确定方针、制定制度，以最有效的方法达成目标，并经由检查、绩效考核、评估目标达成状况及尚需改善之处，作为后续目标设定的参考依据。

1. 目标管理法的开展程序

（1）设定目标

设定目标包括确定学校的总目标和各部门的分目标。总目标是学校在未

来从事活动要达到的状况和水平，其实现有赖于全体成员的共同努力。为了协调在不同时间地点努力的学生，各个部门的各个成员都要建立和学校目标相结合的分目标，这样就形成了一个以学校目标为中心的一管到底的目标体系。在设定每个部门和每个成员的目标时，高校学生管理部门和学生管理工作者要向学生提出自己的方针和目标，学生也要根据学生管理部门和学生管理工作者的方针和目标制定自己的目标方案，在此基础上进行协调，最后由学生管理部门和学生管理工作者综合考虑后做出决定。具体来说，设定目标就是要做到每个院系、每个班级在不同阶段都要设定不同的目标，如学习目标、实践能力目标、纪律目标、道德修养和人生理想目标，并以此作为努力的方向。同时，目标的设定还一定要注意明确清晰，能够量化。要求要适度，既要具有挑战性，又要可以通过努力达成。最后设定目标还要为目标的实现确定一定的过程，即目标实现要有一定的时间限定，不能无休止。

（2）执行目标

各层次、各院系的学生为了达成分目标，必须从事一定的活动，同时在活动中必须利用一定的资源。为了保证他们有条件组织目标活动，就必须赋予他们相应的权利，使之能够调动和利用必要的资源。有了目标，学生们便会明确努力的方向，而有了权利，就会产生强烈的与权利使用相应的责任心，从而充分发挥自己的判断能力和创造能力，使目标执行活动有效地进行。

（3）评价结果

成果评价既是实行奖惩的依据，也是上下左右沟通的机会，同时还是自我控制和自我激励的手段。成果评价包括学生管理机构和学生管理工作者对学生的评价，学生对学生管理部门和学生管理工作者的评价，同级关系部门相互之间的评价及各层次自我的评价。这种上、下级之间的相互评价有利于信息和意见的沟通，也有益于组织活动的控制，而横向的关系部门相互之间的评价，也有利于保证不同环节的活动能协调进行。各层次中学生的自我评价，则有利于促进他们的自我激励、自我控制及自我完善。

（4）实行奖惩

学生管理部门和学生管理工作者对不同成员的奖惩，是以上述各种评价的综合结果为依据的。奖惩可以是物质的，也可以是精神的。公平合理的奖惩有利于维持和调动学生们饱满的工作热情和积极性，奖惩有失公正，则会影响学生行为的改善。

（5）确定新目标

成果评价与成员行为奖赏，既是对某一阶段组织活动的效果及成员贡献的总结，同时也为下一阶段的工作提供了参考和借鉴。在此基础上，学生管理部门和学生管理工作者为各组织及其各层次、部门的活动制定新的目标并组织实施，从而展开目标管理的新一轮循环。

2. 目标管理法的实施原则

（1）授权原则

授权原则即在学生实施目标的过程中，学生管理工作者要能够给予学生适度的授权。

（2）协助原则

协助原则即学生管理工作者要给学生提供有关资讯及协助，并且要帮助他们排除实际执行中的一些困难，解决一些问题。

（3）训练原则

作为高校学生管理工作者，一方面要进行自我训练，以不断提高自己目标管理的水平，另一方面还要训练学生，帮助他们掌握相关的方法。

（4）控制原则

目标的实现是有期限的，为了确保目标的顺利实现，学生管理部门和学生管理工作者在每一阶段中都要对学生的活动加以监督、检查，并对出现的问题及时进行协助矫正。

（5）成果评价原则

成果评价原则由一系列原则构成，这些原则包括公开、公平、公正和成果共享原则。坚持公开原则就是要求公开评估，如学生进行自我评估，学生管理工作者进行客观评估。坚持公正和公平原则就是本着对事不对人的原则对目标达成情况进行客观比较。坚持成果共享原则就是要求充分肯定学生的成绩，将成绩归功于学生。

（二）档案管理法

本书所说的档案管理法，并非指对档案进行管理的方法，而是指运用档案对学生进行科学管理的方法，当然，这也要以档案的建立为前提。

第二章　高校学生管理工作的探索创新

第一节　高校学生管理工作理念的探索与创新

一、高校学生管理工作理念创新的意义

（一）高校教育创新的意义

创新是一个民族进步的灵魂，是国家兴旺发达的不竭动力。为了实现中华民族的伟大复兴和完成社会主义教育事业的历史任务，必须不断推进包括高校学生管理工作在内的教育创新。

1. 高校教育创新是时代发展的要求

当今世界，科学技术突飞猛进，知识经济已见端倪，国际竞争日趋激烈。人类社会发展到今天，相对于物质资源，人力资源成了第一资源；相对于人口数量，提高人的素质成了第一要务；在人的素质中，创新精神和实践能力是其重点。科学技术进步，越来越依赖于科技创新；知识经济发展，越来越依赖于知识创新；国际竞争，说到底，是人才的竞争，是民族创新能力的竞争，无论是科技创新、知识创新，还是民族创新能力的提高，最关键的是人才，而人才的成长靠教育，其中高校教育是非常重要的阶段。高校可以说是培养高素质人才的重要基地，进行教育创新从而适应时代对人才的需求，这对高校而言无疑将具有非常重要的意义。

2. 高校教育创新是社会主义现代化建设的需要

目前，我国已经进入全面建成小康社会、加快推进社会主义现代化的新阶段。在新世纪新阶段，面对新形势、新任务、新问题，最根本的是坚持体制创新，大力推进经济体制、政治体制和文化体制改革，逐步消除经济、政治和文化建设的体制性障碍，为经济、政治和文化发展注入新的活力而体制的创新，取决于理论创新和人的创新精神和能力，最终取决于创新人才的培养。高校教育是知识创新、传播和应用的重要基地，也是培育创新精神和创新人才的重要摇篮。无论在培养高素质的专业人才方面，还是在提高创新能力和提供知识、技术创新成果方面，高校教育都具有独特的意义。高校承载着人才培养与输出的重大职责，只有不断推进教育创新才能为我国的现代化建设提供更多的富有创新能力的人才。

3. 高校教育创新也是高校教育自身发展规律的必然要求

党和政府高度重视教育工作，我国教育事业取得了举世瞩目的伟大成就，实现了历史性跨越。高等教育入学率已接近大众化水平，高等教育已进入大众化阶段，高校管理体制和后勤社会化改革取得了突破性进展，教育质量和办学效益不断提高，这些都是高校教育改革创新的结果。但是，高校的高等教育思想、教育体制和结构、教育内容和方法还存在问题。其中，既有不少过去从未遇到过的新问题，也有一些无法回避的深层次矛盾。解决这些问题和矛盾，没有资料可找，没有现成的经验和方法，根本的出路在创新。

（二）深刻认识高校学生管理工作理念创新的重要性

1. 做好学生管理工作的首要条件和客观要求

随着改革开放的深入和市场经济的发展，学生对各种思想、文化的接受和选择有了更广阔的空间，社会上的各种思想和价值观念必然对当代大学生产生巨大的影响，给学生管理带来新的挑战。同时，我国大学教育的管理现状，还存在着许多不适应之处，突出表现在许多教育管理人员仍沿袭传统的单一模式和思维习惯，原有的以学校和教师为中心、忽视学生主体性的管理模式，导致学生管理面临新的困境。

2. 做好学生管理工作的逻辑起点和必要前提

当前的高等教育正由精英教育向大众化教育阶段跨越式发展，既要把学生视为接受教育的对象，又要把学生当作管理服务的主体；既要严格管理规范，又要重视教育引导；既不能一味追求意志统一，又要充分保障学生权益；既要强调集体观念和社会需要，又要趋向于人的个体需求与素质发展。因此，21 世纪的高校学生管理首先必须对管理理念进行创新，并把这种理念创新当作高等教育大众化条件下学校管理工作的逻辑起点和必要前提。

3. 做好学生管理工作的应有之义和关键所在

经济建设需要人才，而培养出的人才只有为社会所接纳，并转化为生产力，才能发挥作用。没有先进的理念，工作就缺乏正确的导向。高校学生管理工作的现代化首先是管理理念的现代化。学生管理工作作为高校学生管理工作的重要组成部分，就要求冲破传统束缚和实践障碍，解决好工作中的“瓶颈”问题。因此，从某种意义上说，理念是管理的基础和先导，是管理的核心和精髓，是做好管理工作的关键所在。

二、正确理解学生管理工作理念创新的实质与内涵

从人类历史进步的角度看问题，社会的存在是以人的存在为前提的，社会发展的动力来源于人创造历史的活动，社会发展的程度最终是通过人的发展程度来衡量的，社会发展进步的根本目的是实现人的发展。同时，人是社会赖以进步的第一重要的起决定作用的因素，社会进步本质上是在改造客观世界的同时，不断改造人的状态、发展人的能力、提升人的价值的过程。育人是学校教育的第一使命，大学最根本的职能和最核心的价值是培养人才、促进人的发展。大学的历史使命是人的灵魂塑造者，是主流价值观的传播者，是先进生活方式的倡导者，是人类精神交流的传递者。从大学的社会功能而言，大学应该服务于先进文化的传承、创造和弘扬，应该服务于人类社会的整体利益，应该服务于国家和民族事业的全面进步。学生管理工作理应注重

学生整体素质的提高，注重学生自由、充分、全面的发展。其基本目的是让受教育者尽可能深入、广泛、多样地了解人所处的世界，了解人自身所处的生存状态。终极目标是最大限度地挖掘自身的潜力，提高学生的综合素质，从而为人类社会的全面进步提供精神动力和智力支持。学生管理工作理念创新的主要内容包括以下几个方面。

（一）转变思想观念，坚持育人为本的管理理念

人是手段与目的的统一体。这就要求既要把人当作目的，又要把人当作手段；既要尊重人、关心人，又要管理人、发展人；既要满足人的物质需求，又要满足人的精神需要。同时，人又是权利和义务的统一体，这就要求学生管理必须体现民主、平等的精神，在管理工作中公正地对待每一个学生，尊重和保护学生的权利，坚持做到有管有放、有宽有严，为学生的全面发展创造最佳条件育人为本，是人本思想在学生管理工作中的具体化，是科学发展观在高等教育领域的根本体现，是学生工作的根本出发点和落脚点。作为一种价值观，就是要以人为基础，以人为动力，以人为目的，强调唤醒人的自我意识，尊重人的主体地位；满足人的主体需要，尊重人的精神诉求；肯定人的自我价值，强调人的全面进步。作为一种工作方法，就是要坚持以学生的利益为出发点，既严格教育管理，又注重人文关怀；既严格纪律要求，又注重道德教化；既严格程序规范、又注重内容效果。作为一种思维方式，就是要转变思想观念，强化服务意识，坚持“一切为了学生、为了学生的一切”，逐步实现民主交流、平等沟通、相互理解、和谐统一。

（二）贴近学生实际，坚持精细化的管理理念

所谓“精细化管理”，就是将管理覆盖到每一个过程，控制到每一个环节，规范到每一个步骤，具体到每一个动作，落实到每一个人员。学生管理工作的一个显著特点是所管理的事务繁杂、琐细。因此，学生管理工作的核心就是在“细”字上做文章，在“实”字上下功夫。在精细化管理中，关键

要突出一个“细”,“细”有五层含义：一是规范，严格管理规章和工作程序，坚持制度面前人人平等；二是科学，善于运用现代管理方法和信息手段，积极探索和掌握学生管理工作的客观规律；三是到位，在学生管理过程中，每一个环节必须考虑到，不忽视微小的管理漏洞；四是明确，落实管理责任，将管理责任具体化、明晰化，要求管理的过程条理清楚、层次清晰；五是深入，把工作做得具体，做得扎实，追求一种精益求精的境界，使学校的管理水平迈上一个新的台阶。

（三）整合各种资源，坚持系统化的管理理念

任何管理都是对系统的管理，没有系统，也就没有管理。系统化就是从整体上构建学生管理的系统模型和综合模块，把学生管理工作作为一个集学习机制、竞争机制、奖惩机制、决策机制、评估机制、反馈机制等于一体的动态过程。学生管理工作是一项系统工程，它不仅是学生工作者的责任，也是全校教职员工的责任，必须高度重视，加强领导，通力合作，形成合力，始终坚持依靠广大教职工、学生政工干部和全体学生积极参与的全员管理。必须针对不同年级的不同特点和不同个体的不同特征，将学生管理工作贯穿于学生成长成才的全过程。它又是全方位的，涉及方方面面，必须始终坚持管理即服务的观念，把解决思想问题和解决实际问题相结合，为学生做实事、办好事、解难事；始终坚持教育管理的理念，努力提升学生管理工作的人文内涵，强化育人效果。

（四）增强自律意识，坚持自主化的管理理念

所谓“自主化管理”是指在学生管理人员和专业教师的指导下，学生自我教育、自我管理、自我服务和自我发展的教育管理模式。其核心是关注人的发展，营造一种宽松和谐的民主气氛，调动学生的主动性、积极性和创造性，培养学生的创新精神和实践能力。要充分发挥学生团组织、社团组织和学生党支部的作用，丰富学生的课余生活，拓宽其知识面，增长才干，陶冶

情操，培养特色鲜明的校园文化精神。要充分发挥学生干部和学生党员的先锋模范作用，让他们自觉地加入学生的管理工作中来，成为重大问题的参与者、决策者，在参与管理的实践中尝试管理，学会管理，懂得管理。要充分发挥学生的主人翁精神，突出学生的教育主体意识，实现学生干部队伍自我管理制度化。

（五）以培养学生创新精神为核心素质的管理理念

以培养学生创新精神为核心的管理理念是解决高校学生工作培养什么人的问题的思想随着知识经济信息社会的到来，创造力将成为社会经济进步的主要动力，成为市场竞争成败的决定性力量，那种传统的“唯文凭、唯分数、唯专业”人才观已不合时宜。教育工作的重点应放在提高受教育者的创造力方面，通过在教育过程中对创造力的发掘，训练、强化并激发受教育者的创造热情和创造才能，积极培养适应时代要求的创新人才。21 世纪的人才应是能够适应新技术革命的挑战，能够参与全球性竞争与合作，能够主动适应、积极推进甚至引导一系列社会变革的创新人才。

（六）突出主体、开发潜能、激发创造的管理理念

突出主体、开发潜能、激发创造是解决高校学生工作怎样培养人的问题的管理理念。传统的学生工作常常是管而不导，堵而不疏，这种治标不治本、浮在面上的学生工作方法已不能适应当代大学生的成长成才需要和现代高等教育发展形势。新形势下的学生工作要突出学生的主体地位、尊重学生个性的张扬与优化。通过理想信念教育，为学生进行自我选择和自我调整提供精神动力和行动指南；通过正面引导、反面惩戒来进行学生工作；通过动机激励、过程磨砺、利益驱动来进行学生的需要驱动等，激发创造学生内在成才动力。从道理上说服学生，让学生弄清是非，权衡利弊，从而正确规范自身行为，正确调整自身在学习、生活中的需要结构。而教育观念要打破统一思想、统一标准、统一布局的模式，适当地提倡拉开档次，铺开阶梯，允许

一部分人先走上去，再把另一部分人扶上来的育人阶梯原则。对广大青年学生，应当把他们当成能动地参加教育活动的主体，而不仅是教育的对象和受教育者，变以往的家长式、保姆式、灌输式的教育为疏导、启发、自我教育为主的方式。

（七）体现互动性、层次性、整合性的管理理念

体现互动性、层次性、整合性的管理理念是解决高校学生工作体制理念问题的指导思想。高效的工作体制可以激发主体的工作热情和兴趣，使主体在工作中不断产生自我满足感和成就感，从而不断产生工作主动性、自觉性、创造性的不竭动力；也可使整个工作群体形成团队意识、协作精神。传统的高校学生工作体制存在一定的缺陷：一是体制重心的错位，造成协调、服务部门忙于应付具体事务性的工作，而无暇对整个学生工作进行协调与把握；二是体制基层的虚位，学生工作基层组织的积极性没有充分发挥出来，使整个学生工作欠缺活力和创造力；三是体制的整体创造力的空位，造成领导机构、协调部门、基层组织的脱节。面对新世纪的高校学生工作必须适应培养高素质创新人才的需求，进行体制理念的创新，其中应注意三个方面：一是体制的互动性，有利于上层和基层相互激发工作活力与创造力；二是体制的结构层次性，有利于工作环环相扣，层层递进；三是体制的整合性，有利于局部服务于整体，全局指导、协调局部，发挥整个体制的凝聚力和资源整合力。具体来说，就是要形成“上”有“决策层”，总揽高校学生工作全局，把握基础性、全局性、前瞻性的大问题，坚持社会主义办学方向和育人原则；“中”要有“协调层”和“监控层”，对学校总体学生工作进行具体指导、协调和监控；“下”要有“责任层”和“落实层”，充分发挥基层组织的积极性，实行工作重心的下移，推行目标管理、量化考核的评价制度，建立竞争机制。这样整个工作网络就会形成一个动态、灵活的高效的“金字塔”体系。高校学生工作是一个系统工程，其不仅是某个部门的职责所在，学校应树立“全员育人”的教育理念，形成“人人皆教育之人，处处皆教育之地”“教学育

人、科研育人、管理育人、服务育人”的一个工作大格局。

（八）不断创新教育内容、服务内容的管理理念

不断创新教育内容、服务内容的管理理念是解决高校学生工作具体工作内涵的理念问题的指导思想。教育、管理和服务是学生工作的三大主题，但在新的时期这三大主题的结合方式，以及它们二者自身的内涵就存在理念创新的问题。传统上不同程度地存在以管理为主的工作理念，而教育、服务功能被弱化、淡化，使工作一直停留在较低层次水平。面对高校扩招，学生人数激增学分制的推广，后勤社会化改革，学生的学习、生活的主要场所及方式都发生了很大变化等新形势。传统的教育、管理方式已不合时宜，不符合青年学生的心理特征变化和他们的成长规律。高校学生工作要转变观念，逐步从管理型向教育型、服务型转变，转换工作职能。其一，要创新教育内涵理念。教育是一个系统工程，不仅要加强对学生的文化知识教育，而且要切实加强对学生的思想政治教育、品德教育、纪律教育、法治教育等方面的教育。要培养富有创新精神和实践能力的人才，对于高校学生工作的教育内涵来说，就是要进行以创新教育为核心、思想政治教育为基础的全面成才教育。而教育的方法主要是从说教式、灌输式的教育向后发式、引导式、激发创造式的教育转变。因为教育本身的要义就是要把教育内容内化为学生的内在需求，变以往学生被动地接受为主动地需要。其二，要创新管理内涵理念。高校学生工作要从传统的以制度和权力管理的模式中走出来，注重“导向管理”。管理的内容要从点上的管理到整个层面的深层次管理；管理的对象要从个别管理到抓典型的管理；管理的依据要从校纪校规的管理上升到依法治校、民主治校的高度层次；管理的手段要变直接管理为主到以宏观和导向管理为主，变教师管理为主到以学生自主管理为主。总之，就是要从被动式、强迫式的管理变为主动式、民主式的管理，从管理为主的工作模式走向以教育、服务为主的工作模式。其三，要创新服务内涵理念。这是探讨学生工作服务目标及方法。高校学生工作要从管理型的工作模式走向教育型、服务

型的工作模式，要为学生的成长成才创造各种有利条件，优化校园软硬环境，最大限度地激发学生全面成才的内在动力。服务内容要把握学生在学习、生活中不同层次、不同方面的合理需要；服务方式要在引进社区管理方式的同时，实现服务的最优质化、物质利益的最小化。学生不仅是受教育者，也是教育投资者和消费者，要为学生提供各种生活服务，改善生活环境，对学生社区进行物业化管理，健全社区功能，构筑集文化、休闲、娱乐、购物及健身为一体的文化社区；提供勤工助学服务，扩大勤工助学的网络与途径，帮助困难学生顺利完成学业；提供学习服务，指导学生考研、出国、创作发明等；提供就业服务，健全信息网络，加强政策、心理、技术各方面的指导等。

（九）树立运用现代科技手段进行管理的理念

树立运用现代科技手段进行管理的理念是解决新形势下拓展工作领域的问题的指导思想。网络技术的发展给传统的高校学生工作带来了新的挑战，同时也为学生工作提供了现代化手段，拓展了新的空间和途径。新形势下学生工作要转换教育观念，树立信息资源意识，主动超前介入网络教育平台，这是把握高校学生工作制高点的有效途径。网络的交互性、虚拟性、平等性、开放性等特点使学生教育管理工作也呈现新的特点，如教育、管理方式的隐形化、个体化、咨询化和平等化等。学生工作进网络还是一个尚待深入研究的新课题，这不仅是学生工作某个方面或某个层次的创新问题，而且是互联网时代条件下高校学生工作的全面创新问题，其中至少应把握三个要义。一是要找准学生工作进网络的立足点，用正确，积极、健康、科学的思想文化信息占领网络阵地，提高学生接受正确、有益的信息，抛弃错误、有害的信息的能力。二是探究学生工作进网络的切入点，采取与大学生心理需求、生理特征及成长规律相适应的生动活泼、喜闻乐见的形式和内容。三是要把握学生工作进网络的融合点，“进”不是简单将学生工作的内容放在网上，也不是单一地把它作为技术性质的信息交换系统，而要从本质上实现学

生工作与网络的融合，达到内容和形式、科技与人文的有机融合，充分发挥网络在学生工作运用中的服务功能、教化功能、引导功能和管理功能，趋利避害，规范网络道德，培养积极、健康、科学的网络文化。

三、高校学生管理工作理念创新的重点方向

（一）高校学生管理工作应秉持以人为本的理念

从人类精神解放及人的精神发展过程来看，以人为本是人本主义思想发展的较高层次。人本主义思想的发展经历了超越自然（神）本位、超越人伦本位和以人为本三个层次。在超越自然本位层次，人类相对摆脱了自然的束缚，开始看重和强调人类本身，确立了人类的中心地位，人类获得了相对的自由。在超越人伦本位层次，个人相对摆脱了传统人伦文化的束缚，开始看重和强调个体的价值，确立个体的人身地位，从而获得了个体的相对平等和自由。在以人为本层次，个人相对摆脱了自身的束缚，开始注重个体的异化，在不断否定自己的过程中，使自身的肉体和精神相对分离，个体获得了精神异化的相对自由。因此，它同以人群为本位而脱离自然（神）束缚，从而重视整体人群的价值，它是以个体为本位，要求个体摆脱人伦文化的束缚，强调个体间的自由与平等，强调一种以充分发挥个人价值的“个性主义”为原则。

以人为本与马克思主义学说的基本价值追求是一致的。纵观马克思主义的庞大思想体系，它构建了两个并行不悖、相得益彰的价值目标——建立共产主义社会制度，以及在高度发达的物质生产力基础上，全面发展的从必然王国走向自由王国的人。在《1844 年政治经济学哲学手稿》中，马克思构建了自己思想体系中的人道主义追求。在那里，共产主义的最高目标是为了人向真正的人复归。这种共产主义，作为完成了的自然主义，等于人道主义，而作为完成了的人道主义，等于自然主义。虽然马克思所设想的未来人主要是消灭了体力劳动与脑力劳动的对立，能够在生产过程中各部门自由流动的

人，但它已包含着人与自然、人与社会及人与人的矛盾的完全解决。按照人本主义发展的层次，它应该属于超越自然本位（解决人与自然之间的矛盾）和人伦本位（解决人与人之间人与社会之间的矛盾）之后的以人为本层次。由此可见，将“以人为本”作为工作理念是符合马克思主义的内在要求的。不可否认，人本主义思想具有多方面的局限性，但是，站在马克思主义人本思想的高度，对“以人为本”内涵的理解不应该仅从其发展过程上理解，尤其不应该因其局限性而否定其进步性、合理性，还应该从其层层递进的逻辑性上理解。由此而言，“以人为本”作为人类精神解放或人的精神发展的最高层次，必须涵盖三个方面：一是人与自然关系的合理解决，包括人（类）主体地位的确立科学主义精神的弘扬；二是人与社会的关系、人与人的关系的合理解决，包括合理的个人主义和集体主义原则；三是人与人自身的关系，包括人自身物质享受和精神追求的协调发展。

1. 高校学生管理工作中人本理念的含义

高校学生管理工作中的人本理念就是“以学生为本”的理念，即要进一步强调大学生在学生工作中的重要地位，进一步加强对学生的教育、管理、指导和服务，为学生的健康成长和全面发展创造条件、营造氛围；要调动学生的积极性、主动性和创造性，强化其在教育过程中的主体作用，发挥其自我教育、自我管理及自我服务的作用；要了解学生、尊重学生、理解学生并信任学生。同时，我们又必须明确，坚持“以学生为本”，不但不能放弃，而且更应加强教师的主导作用。学生始终是受教育者，尊重受教育者在教育过程中的主体作用并不是意味着要放弃管理者在教育过程中的主导作用，学生工作者始终负有教育、管理、指导及服务学生的责任，坚持“以学生为本”，就是要把这种教育、管理和引导的作用发挥得更好、更到位、更有利于学生的健康成长和全面发展。坚持“以学生为本”，强化对学生的管理。以学生为本并不意味着迁就学生、让学生放任自流、无所顾忌，而是对管理工作提出了更高的要求，要用更科学的方法管理学生，以保证学生沿着健康的轨迹成长和发展，坚持“以学生为本”要求我们明确学生工作的任务就是要努力

为学生的健康成长和全面发展创造条件、营造氛围。高等学校的根本任务是育人，作为高校基础工作的学生工作，最根本的问题就是学生的发展问题，要确立更佳的目标、创造更好的条件、采取更好的措施，为学生的健康成长和全面发展提供教育、管理、指导和服务。对学生工作而言，就要围绕学校人才培养目标，着眼于德的要求、生理健康和心理健康的要求，创新精神和社会适应能力的要求等方面，既突出创新精神和实践能力的培养，又全面体现素质教育的要求，在第二课堂上下功夫，在指导和服务上做文章，努力为学生的健康成长和全面发展创造条件，营造氛围，促进学生成为全面发展的能适应社会需要的人才。

坚持“以学生为本”，就要求把学风建设作为学生工作的切入点。学生的根本任务是成长和发展，成长和发展的重点是学习，尤其是对专业知识的学习。学生工作为学生的成长和发展服务就是要创造良好的学习环境，学风建设是创造这种环境的重要内容，抓学风建设是学生工作体现“以学生为本”的切入点和着眼点，以此可以防止学生工作与教学工作等其他工作相割裂的现象，避免出现“两张皮”的局面，切实有效地服从和服务于学校的中心工作。

坚持“以学生为本”，要求强化对学生的指导和服务。学生工作要从教育、管理为主的工作模式转变到加强教育、管理的同时，强化指导和服务的新格局上来，着力构筑指导、服务学生的工作体系，这既是“以学生为本”的工作理念的体现，也是满足学生多样化需求的必然要求。学生工作要注重科学化管理，实现日常管理的制度化和规范化。学生工作要注重学生的自我教育，自我教育是教育的最佳方式和最终目的，但在学生的自我教育的过程中要加强引导。学生工作要加强指导和服务，帮助学生解决各方面的具体困难。

坚持“以学生为本”，就要求着力推进全员育人局面的形成。首先要明确在教学科研并重型大学里学生工作与教学工作、科研工作及后勤工作的关系，要认识到学生工作不是一项孤立的工作，而是与三者紧密联系在一起的。教学、科研和后勤工作中都有育人的任务，要继续强调“教书育人、管理育人、服务育人”调动全校教职员工的育人积极性。同时，要实行系（部）主任负责制，系（部）主任要对所在系的工作负全面责任，其中很重要的一个方面就是对学生工作负责，既要关心学生工作，更要直接参与学生工作。专职学生工作者的基本职责是学生的日常思想政治教育，学生行政管理、对学生的指导和服务及主持学生中的党团工作，他们要在全员育人的环境下做更多更扎实的工作，发挥更大的作用，并且要带动广大学生自我教育、自我管理和自我服务。在条件成熟时还要将学校育人与社会育人、家庭育人更紧密地结合起来，形成更广泛的全员育人局面。

2. 高校学生管理工作创新的灵魂和核心

首先，贯彻“以人为本”的工作理念是形势所趋。从高等教育自身的发展来看，在计划经济时代，学校代表国家为学生提供福利性质的教育，学校和学生之间是教育与被教育的关系。随着高等教育改革的不断深化，学生和国家对教育费用实行成本分担，学生由单纯的享受国家福利变成了自身教育的投资者，学校和学生在一定程度上形成了经济学意义上的服务与被服务的关系，学生缴费上学，学校提供教育服务。高校是培养社会主义建设所需的各种人才的重要基地。可以设想，如果高校的学生管理工作不能体现“以人为本”的宗旨，那么社会就失去了对人才上保障。因此说在这样一种大环境下，在高等教育中贯彻“以人为本”的教育理念不仅有着充分的社会基础，也是社会形势向高等教育提出的新要求。

其次，贯彻“以人为本”的学生管理工作理念是学生管理工作的内在要求。有些学生管理工作者往往把学生管理工作理解为要“管住”学生，理解为通过外部强制作用规范学生的日常行为。这种工作理念严重限制了学生管理工作的开展范围和工作效果，甚至违背了学生管理工作的根本目的。过去我们过分地强调学生管理工作的行政任务，而忽视受教育者的主体价值；强调思想统一，而忽视大学生的个性培养。思想道德素质的培养其实是一个人格创新过程，包含着思维能力、判断能力和实践能力的训练过程。这个过程是由主体完成的，外在的因素只是起到引导、启发作用。过去有些人把学生

管理工作的目的理解成要把大学生们变成思想上无差别的个体，要求学生们整齐划一，这种工作理念必然导致采取家长式的工作方式。在这种工作理念指导下的学生管理工作不仅在本质上偏离了学生管理工作的根本目的，而且也不能在现实的工作中应对大学生们的具体情况。因此学生管理工作必须在理念上进行转变，要充分认识到学生管理工作的目的在于提高学生的思想政治水平、价值判断能力和道德品质修养，这就决定了学生管理工作必须获得学生们的主动参与，而只有在工作中最大限度地体现“以人为本”的工作理念，才能达到激发学生主动性、发挥主体能动性的目的。

最后，学生管理工作和思想政治教育相结合是贯彻“以人为本”工作理念的必要手段。贯彻“以人为本”的工作理念，要积极推动思想教育与学生管理相结合，在通过规章制度等约束人的行为的同时，把思想政治工作的柔性导向融入其中，把自律与他律结合起来。没有思想教育的学生管理是简单粗暴的，没有学生管理的思想教育是软弱无力的。过去我们的思想政治工作没有很好地把握和处理教育与管理的关系，使得思想政治教育失去了管理的依托，使得学生管理失去了其教育人的内涵，忽视了对大学生的主体性价值的尊重，从而削弱了思想政治工作的有效性。在新形势下，高校要坚持立足于教育、辅之以管理、寓教育于管理的思想政治工作原则，通过将教育落实到管理中，把管理上升为教育，使得两者相得益彰，互补互促，以达到塑造人、引导人及规范人的目的。

传统的学生管理工作比较强调灌输，普遍采取管理者集中式教育的方式，这样容易造成学生实践体验和独立思考能力的弱化。学生管理工作者应树立以学生为中心的工作观念，注重学生的独立思考和自我教育，根据学生成长的内在需要和规律，重视大学生所接收的信息的复杂性，在引导的基础上努力实现学生在教育过程中的主动参与，在参与中发挥其主体能动性，真正达到确立正确的世界观、人生观的目的。同时，学生管理工作内容上的创新和形式上的创新是分不开的。一种新的工作理念的实行、一种新的工作方法的运用，都需要在工作内容上进行相应的调整，而一种新的工作内容往往

也就意味着新的工作方法的引入。

3. 高校学生管理工作中人本理念的基本要求

在高校学生管理工作中真正贯彻人本理念，就一定要切实地尊重学生、关心学生、培养学生、激励学生、服务学生，把培养学生健康成长和最终成才，促进学生全面发展作为学生管理工作的根本目标。

首先，要尊重和信任学生。以人为本的核心就是管理者对人的尊重和信任。尊重和信任学生，就是充分尊重学生的人格、自由及权利，尊重学生的独立性和创造性，要积极地、有意识地鼓励和引导学生自己去摸索，让学生学会学习。这里的尊重与信任，并不是在管理上对学生不理不管，放任自流，而是以一种更积极认真的态度，把参与管理变为学生自身的一种需求，充分信任学生的自我管理能力、自律能力和相互协调能力，以激发学生学习和生活的热情，在尊重信任学生的基础上体现严格要求。管理者在与学生的交往过程中，应该成为学生的良师，对学生进行思想品德教育和行为准则教育，教会学生如何做人；同时还应成为学生的益友。在学习和生活上指导学生健康成长，帮助学生解决实际困难，维护学生的合法权益。这种良师与益友的关系在很多场合是交织在一起的，贯穿于学生管理工作的整个过程。

其次，要关心和爱护学生。要针对学生的特点，采取适应学生的有效措施，主动关心学生在学习中遇到的困难，及时为学生提供指导与帮助；关心学生的身心健康，经常与学生谈心，解除学生的一些思想负担，积极组织开展多种形式的文体活动；关心学生的生活困难，掌握贫困生的情况，帮助学生克服解决一些实际困难。关心学生的权利，在奖学金评定、评选先进、选拔学生干部、发展党员等方面增加工作的透明度，并力求做到公正、公平、公开。

最后，要培养和激励学生。学生管理最重要的任务是提高人的综合素质，而人的素质是在社会实践和教育中逐步发展和成熟起来的。通过教育，不断提高人的思想道德素质、科学文化素质和健康素质是管理工作的主要任务。因此全面提高人的素质，不断对学生进行培养和教育，就必然成为学生管理

活动的一项重要内容。实行辅导员助理制，在高年级培养选拔一批思想素质好、专业基础扎实、富有责任心的学生作为低年级学生的辅导老师，培养他们成为低年级学生学习上的指导者、生活上的辅导者、思想上的引路者及人生路上的影响者，使之在实践中不断充实自己、提高自己、丰富自己、完善自己。在学生管理过程中，灵活多样地运用各种适当的激励方式，对学生工作尤为重要。美国心理学家马斯洛认为，人是自然人与社会人的混合体，作为自然人他们有生理的需要、安全的需要，作为社会人他们有社交的需要、尊重的需要和自我实现的需要。要通过采取适当的激励措施来满足各种不同层次的需要，要根据不同的情况、不同的对象采取不同的激励方式，尤其要注意满足作为社会人的社交、尊重和自我实现方面的需要。要通过构建激励机制，努力去满足学生不同层次的需求。

（二）高校学生管理工作应秉持开放理念

1. 开放理念在高校学生管理工作中的重要意义

开放的中国需要开放的高等教育。开放的高校学生管理工作是开放高等教育的一个重要组成部分。落实科学发展观，构建社会主义和谐校园，弘扬社会主义核心价值体系，对高校学生教育管理提出了新的要求。开放促进了高校内部管理体制、教学方式及管理模式的改革，在学生教育管理方面呈现出以下一些变化：一是学分制的逐步实行，同班不同学，同学不同班，人数增多，使学生由班内走向班外；二是实践课程比重增大，理论教学课时相对减少，使学生由课内走向课外；三是后勤社会化的实施，分散住宿范围扩大，使学生由校内走向校外；四是法治观念的逐步强化，使学生维权行为由敢想走向敢做；五是大学国际化的推进，形式多样的国际合作办学增多，使学生由国内走向国外；六是网络的普及和便捷，已成为与家庭学校并列的第三种成长环境，使学生由现实世界走向虚拟世界。因此，高校学生教育管理工作，必须针对上述新变化，适应开放提出的新要求，审视开放带来的新挑战，采取扎实有力的措施，将教育管理的任务落到实处。

现在的大学生有崇尚自我、张扬个性的心理，面临着成才发展要求与教育教学，以及学习、生活条件相对不足的矛盾，越来越强的维权意识、自主意识与自律意识薄弱、抗挫折能力不足的矛盾，在日益开放和多样化的社会生活环境中自我价值的选择取舍的矛盾。学生的教育管理工作应贴近学生的学习和生活，帮助他们解决成人感与孩子气、求理解与易闭锁、尚理智与好冲动、理想化与现实性、社会多样化等困惑，帮助他们在包容多样中达成思想共识，在理解变化中促进健康成长，只有这样，高校学生管理工作才能得到有效的改进。高校的学生教育管理工作是一个具有特定功能的组织系统，开放是其重要特征之一。高校学生教育管理目标的实现和任务的完成取决于学生教育管理系统内部要素的合理建构和与外部环境的物质转移、能量循环和信息交换。高校学生管理工作的开放，一是指其系统内部的相互开放，即理性提升的教育系统、规范强化的管理系统、学习生活的服务系统等子系统有分有合，资源共享，互为利用，从而促进资源配置和利用效率的提高。二是指其系统的对外开放，即对社会开放。一方面接受社会辐射，积极扬弃，争取资源，为我所用；另一方面发挥高校思想高地的作用，影响社会，引领发展，增进和谐，促进学生教育管理水平的提高。因此，在改革开放的历史条件下，做好高校学生教育管理工作，需要强化开放的理念。

首先，开放理念是加强和改进高校学生管理工作的本质要求。“没有开放，就没有大学教育”“培养什么人，如何培养人”始终是高校孜孜不倦地思索追求、实践的根本问题。前者要求解决好教育的理想性和现实性相结合的问题。大学教育说到底是一种“完人”的教育，正如爱因斯坦所说的那样：“当学生走出校门的时候，他应该是一个和谐的人，而不应仅是一名技术人员。”和谐的人应具有社会中的共生意识、发展中的合作意识、理政中的法治意识、交往中的宽容意识和建设中的生态意识。后者则要求处理好教育的规范性和开放性相结合的问题。教育的规范性是通过制度、传统、习惯、氛围等环节来体现，而教育的开放性则表现为教师与学生、学校与社会、有形教育与无形教育的互动，实现的途径就是以开放的理念推进学生教育管理的

开放，使大学教育成为终身教育体系的一个重要环节，成为学习型社会建构中的一个重要园地，成为与家庭教育、自我教育及社会教育相贯通的一个重要枢纽，成为学生社会化过程中的一个重要阶段。因此，推进高校学生管理开放，不仅是理性的自觉，更是现实的需要。

其次，开放理念是加强和改进高校学生管理工作的原动力。开放促进高校学生教育管理改革，推动高校学生教育管理创新。开放使高校学生教育管理工作视野由窄变宽，动力由小变大，要求由低变高，措施由软变硬，导向由虚变实，负荷由轻变重，节奏由慢变快，从而使高校学生管理工作呈现三个鲜明的价值取向：一是“三力”合一，同频共振，即国家的意志力、学校的执行力及学生的内驱力在具体工作理念层面实现有机统一，使学校的发展目标与国家的战略需求相同步，学校的教育教学要求与学校发展目标相协调，学生的教育管理举措与学校的教育要求相匹配，学生的内在需求与学生教育管理的举措相一致；二是“三成”共举，协同俱进，即成人、成才和成功在具体工作目标层面实现有机统一，使学生真正地形成在淳朴中适应、在和谐中竞争、在厚实中创新的良好品格，使高校学生教育管理工作在促进全面发展与充分发展，课堂教学与实践锻炼的内在统一上尽责有为；三是“三有”并行，交汇融合，即有情、有理及有效在具体工作操作层面实现有机统一，把爱的教育贯穿于高校学生教育管理的全过程，把理论学习、教育和实践作为高校学生教育管理的一项重要任务，把解决问题、启迪心智、引导发展作为高校学生教育工作的重要切入点。

最后，开放理念是加强和改进高校学生管理工作的重要保证。开放的高校学生管理工作具有以下三个特点。一是自觉性。高校学生教育管理工作的加强和改进是一个不断求真、崇善、尚美的过程。求真就是合规律，高校学生教育管理既要符合教育内部的规律，还要符合教育外部的规律，否则就会事倍功半。崇善就是符合目的，高校学生教育管理要全面体现党的教育方针，做到让党放心、让人民满意、让学生喜欢。尚美就是符合形式，高校学生教育管理要在构建社会主义和谐校园中作出更大的贡献。二是自律性。开放的高校学生教育管理工作是对传统循规蹈矩、就事论事的工作方式的超越。开放不是放手不管，更不是放任自流，而是用开放的理念统揽全局，用开放的心态包容多样，用开放的举措推动工作。三是自为性。开放的高校学生教育管理有利于争取更多更好的教育资源为我所用；有利于营造良好的环境氛围为我所享；有利于促进教育管理队伍素质的提高为我所为。

2. 高校学生管理工作中开放理念的基本要求

首先，应牢牢把握高校学生管理工作开放的方向性，牢牢把握学生教育管理的指导权、主动权、话语权。一是要牢固树立中国特色社会主义的共同理想，引导学生自觉在党的领导下，走中国特色社会主义道路，为建设民主、富强、文明、和谐的社会主义国家而勤奋学习，建功立业。二是要大力弘扬民族精神和时代精神。民族精神和时代精神是社会主义核心价值体系的精髓，只有大力弘扬民族精神和时代精神，才能使青年学生始终保持昂扬向上的精神状态。三是要深刻认识社会主义荣辱观的科学内涵，真正弄清其与社会主义市场经济相适应、与社会主义法律规范相协调、与中华民族传统美德相承接的深层关系，科学把握其先进性导向、广泛性要求和群众性基础的内在统一，促进社会主义道德体系在学生心中扎根。

其次，应突出高校学生管理开放的主导性。一是要重视思想政治理论课教学在学生管理中的主渠道地位，教学有法，教无定法，贵在得法。应根据大学生的认知特点，不断丰富教学手段，加强实践教学的环节，强化课程研究，确保讲出新意和特色、说出深度和规律，讲出学生想听的和我们想说的，提高教学的针对性和实效性。二是必须始终坚守思想政治教育这块学生管理工作的主阵地，坚持贴近实际、贴近生活、贴近学生的原则，把学生公寓建设成为融思想教育、行为指导生活服务、文化熏陶为一体的“第二课堂”加强思想政治教育主题网站建设，综合运用技术、行政和法律手段，全面加强校园网络管理，防止有害信息在校园网上传播，加强网络管理工作队伍和网上评论员队伍建设，掌握校园网舆情，引导网上舆论。三是要切实开展好党团组织活动、高品位的校园文化活动、大学生社会实践活动、科技创新创

业活动和体育活动，引导学生在活动中受教育、长才干、做贡献。四是要重视学生管理工作队伍建设。做好学生教育管理工作，光靠经验和热情是不够的，必须有一批从事学生教育管理的高水平的专家。应从制度、政策、人事编制及职务职称序列上鼓励一些德才兼备又有奉献精神的同志去从事学生的教育管理工作，让他们真正把这项工作当作一项事业、当作一门学问、当作一个可以建功立业的岗位去钻研和奋斗。

再次，应增强高校学生管理工作开放的针对性。高校学生管理要从学生最关心、最直接、最需要、最现实的问题入手。一要引导学生学会学习，变“学会”为“会学”，更新学习观念，变革学习方式，创新学习手段，提高学习效率。二要引导学生学会自强，变“助我”为“我助”，进一步落实助学贷款，设立助学奖学金，建立与就业相结合的奖学金制度，组织好学生勤工俭学。三要引导学生学会创业，变“就业”为“创业”，把培养学生的创新精神、创业本领、实践能力放在重要位置，改革教学内容和课程体系。完善鼓励和支持高校毕业生创业的制度和措施，提供创业的优惠条件，加强对创业活动的指导和管理。四要引导学生加强心理健康知识普及教育，通过宣传倡导、教育引导、活动推导、家长督导等途径，做好心理健康教育工作，加强危机干预，消除潜在隐患。

最后，应强化高校学生管理工作开放的基础性。大学历来是社会文明的源头，是引领文化潮流、传播科学思想、开创文明新风的地方，倡导和谐理念、培育和谐精神是现代大学精神的应有之义，大学应该担负起和谐社会首善之区的使命。在建设社会主义和谐校园中，要发挥高校学生教育管理工作的思想导向作用，奠定和谐校园建设的强大思想基础；要发挥高校学生教育管理工作的价值引领作用，倡导和谐校园的正确价值取向；要发挥高校学生教育管理工作的道德规范作用，构筑和谐校园的坚强道德支撑；要发挥高校学生教育管理工作的文化建设作用，形成促进和谐校园的文化环境。开放的高校学生教育管理工作必须坚持教书与育人相结合、教育与自我教育相结合、政治理论教育与社会实践相结合、解决思想问题与解决实际问题相结合、

教育与管理相结合，以及继承优良传统与改进创新相结合。就管理而言，还应坚持从严管理和科学管理、民主管理和依法管理相结合。按照依法办学、依法管理的要求，建立起学生维权工作机制，使思想教育与维护和保障学生权益工作相统一，提高学生的权利和义务意识，使学生的各种权益得到切实维护和保障，凡是办理有关学生事务，制定出台涉及学生切身利益的政策、规定、程序，都必须通过一定渠道听取学生的意见，做到公开透明，真正建立起维护和保障学生权益的服务体系，确保培养目标的实现。

四、高校学生管理工作理念创新的实现途径

（一）加强高校学生工作者队伍建设

努力建立一支高效、精干、稳定、专业的学生工作者队伍，是做好学生管理工作的关键，是实现学生工作管理理念创新的根本。学生工作者要培养和造就高素质人才，自身必须具备较高的政治思想素质、合理的知识结构和较强的能力素质，并有较完善的自我形象和人格力量，作为学生工作者，如果放松了学习，思想就会落后于形势。因此，学生工作者要突破以往的思维定式，适应时代和高校发展的目标要求，重新定位自己，只有这样，才能担当起培养合格的社会主义建设者和接班人的重任，开创高校学生工作新局面。面对社会意识形态的复杂化，学生的学习、心理和就业等压力的加大，学生工作者队伍的地位和作用变得越来越重要，社会对这支队伍的要求和期望值也越来越高。一所学校纵然要有许多学识渊博、造诣精深的教授学者，要有许多先进的教学科研设备和优美的校园环境，但如果没有高素质的学生工作者加以管理和教育，也难以培养出高质量的创新型人才。高校学生工作者作为思想政治工作的主体，在高校思想政治工作中发挥着十分重要的作用。他们面对的是具有较高文化层次、思想活跃、反应敏捷、善于独立思考、敢于标新立异、涉及的知识领域越来越广的大学生，因此不能再按老框架办事，不能静等观望，而必须从现状中跳出来，按新时期对大学生培养模式的

要求发挥应有的作用。学生工作者是学生思想政治上的向导，是学生学习上的督导，同时是人际关系上的协调者和生活上的关心者。学生工作者独特的人格魅力在学生中具有一定的示范作用。学生多数远离家乡、父母，缺少关怀照顾，他们需要有人关心，更需要交流沟通。多数学生从心理上把学生工作者作为自己的知心朋友，学生工作者往往以师长、朋友的身份处处关心、体贴学生，为他们做好服务，使学生在润物细无声中愉快地学习、生活，健康成长和成才。因此，提高学生工作者的素质成为必要。

一支品德良好、品行端正、作风优良的学生工作者队伍，其一言一行、一举一动，将会成为学生优良品德形成的表率和楷模，因此，学生工作者必须做到坚持真理、忠于职守、为人师表、以身作则、办事公正、任劳任怨。尤其要坚持树立敬业创业精神和艰苦奋斗精神，发扬革命的献身精神和奉献精神，用自己的实际行动去影响和促进学生进步和成长。除了这种最基本的人格魅力之外，高校学生工作者要不断提高自身的思想素质、业务素质和政治水平。在当前思想观念、文化思潮多元化发展的趋势下，我们学生工作者必须转变观念，不断创新，应从以下几个方面着力提高自身的素质。

首先，要具备精深的思想理论素质和业务素质。通过自学、参加培训等形式，认真学习党的路线、方针和政策，学习高等教育理论与管理理论，了解高等教育改革的经验和做法，努力把握时代脉搏，提高工作的针对性和有效性。通过各种形式的理论学习和研讨，使自己从中汲取和改进工作的智慧和动力，对环境的变化要有敏锐的触觉，要不断发现新情况、研究新问题，用富有前瞻性的眼光审视学生工作实践，用理论研究的最新成果指导学生工作实践。高校学生工作者只有树立了坚定的马克思主义世界观，才能在教学与教育工作中，帮助大学生确立正确的政治方向，从而促进大学生马克思主义世界观的形成。学生工作者必须具有相应的文化水平和专业知识，才能接近大学生的共同的语言和心理特征。一支合格的学生工作者队伍，一方面要求他们是学生工作的实践家，另一方面要求他们是学生工作理论的研究专家。只有具备这种综合素质，才能博得学生的敬重和信任，更好地开展工作。

其次，要树立坚定的共产主义人生观。高校学生工作者只有树立了坚定的共产主义人生观，才能在教学与教育工作中，始终贯穿对大学生进行以辩证唯物主义和历史唯物主义的立场、观点和方法看待人生的教育。树立强烈的社会责任感和为人师表的爱岗、敬业精神，才能在教学与教育工作中自觉地把方便让给别人，把困难留给自己，以苦为乐，以苦为荣。要正确地面对竞争，在工作中要增强危机感、紧迫感和责任感，增强主动性、积极性和创造性，增强对荣誉、得失、风险、失败等的承受能力，始终保持清醒的头脑，做到胜不骄、败不馁，使自己的心态经常处于平衡状态。要敢于竞争，善于竞争，同时还要引导大学生树立积极的竞争观，并通过竞争培养大学生的顽强拼搏精神。

再次，要树立积极的创新教育观念。高校承担着培养和造就创新人才的重任，要通过创新的机制，保证教育内容、教育方法、教育载体及教育渠道上的创新，努力培养出广受社会欢迎的高素质创新人才。

一要重视制度的创新。学生工作者要尽快转变传统角色，用规范的管理和高质量的服务影响学生，构建民主平等的师生关系，确保学生在教育和管理工作中的主体地位，逐步把学校教育管理工作重心向学生主体转移。要将教育、管理和服务功能相统一，强化服务理念，突出服务功能，更加自觉、主动、积极地为学生服务。针对新形势、新问题研究制定一系列具有时代感、突出针对性和可操作性的新的规章制度，不断提高学生工作的科学化制度化、规范化水平。

二要注重教育内容的创新。学生工作是做人的工作，学生教育工作内容必须随着学生的思想变化而调整。对目前的大学生来说，他们已不再满足于传统的理念和模式，在实际教育中有时难以取得好的效果。可以借助易被学生接受的具有时代感的文化思想打动学生，但必须坚定不移地坚持弘扬主旋律，实现以科学的理论武装人，以正确的舆论引导人，以高尚的情操塑造人，以优秀的作品鼓舞人。

三要不断探索教育方法的创新。要讲究工作方式方法的艺术性必须树立“以人为本，学生至上”的观念，开展广泛的调查研究，切实解决学生中存在的苗头性倾向性问题，并以自身的实际行动做良好校风的建设者、维护者。把解决思想认识问题与解决实际问题相结合，充分运用现代化的传播手段，达到及时应变、有效控制思想舆论阵地的目的，增强学生工作的吸引力、影响力、渗透力。及时调整工作角度、转变思维方式，增强学生工作的针对性、实效性。要创造良好的育人环境，营造积极健康向上的校园文化家园，陶冶学生热爱集体、刻苦学习、团结互助、文明健康的情操，激发其爱国主义和献身社会主义事业的热情。要发挥学生团体和学生骨干的辐射作用，使之成为学生教育管理工作的重要载体。要具备强烈的信息意识，高校学生工作者只有具备了强烈的信息意识，才能学会和善于收集信息和运用现代化的网络技术获取所需信息，根据信息判断、推理并筛选出有价值的信息，再对信息进行检索、分析和利用，从而为学生工作的决策提供依据。学生工作干部在提高自己的同时，要注意培养大学生开发信息、储存信息、处理信息和转化信息的能力。要认识到教学与教育过程就是一个双向信息交流的过程。正确认识和处理这种双向信息交流，并使信息交流渠道通畅，是完成教学、教育、管理任务和提高质量的重要条件。因此必须加大信息应用力度，把学生思想教育工作的领地推向网络前沿，将网络的宣传、教育功能有效地引入思想教育和管理领域。

总之，应从全方位入手，提高学生管理工作者的素质和水平。应健全学生工作者队伍培养机制，定期进行专业培训，给他们创造学习提高的机会，自觉把学生管理创新理念与学生管理工作实践相结合；从人员结构职称待遇等方面入手，改善队伍结构，提高相关待遇，把学生管理工作作为自己潜心研究的专业、立志从事的职业和乐于奉献的事业；健全考核、评估、激励、反馈机制，坚持实事求是、公正全面的考核原则，努力激发学生工作者队伍的积极性，增强他们的事业心和责任感。

（二）创新学生管理工作的方法

在全球化的背景下，传统的学生管理方法面临着严峻的挑战。随着学科的建设和发展，学生管理也应当形成自身科学的实效的方法论。进行方法论的研究和创新已成为学科创新的当务之急。目前我国高校学生管理队伍中普遍存在着工作观念滞后、思路滞后、方法滞后、手段滞后等问题，跟不上时代发展的需要。学生工作人员要善于运用现代管理方法和信息手段，创造适合学生发展规律的、切合学生身心特点的工作方法，使学生工作更富感染力和实效性；要经常深入学生的学习和生活之中，重点关注学生中的特殊群体，使学生工作更富有说服力和艺术性；要深入挖掘和树立青年学生中的先进典型，树立可亲、可信、可学的道德榜样，使学生工作更富有吸引力和生动性；要定期进行学生状况的调查分析，为政策制定和方法研究提供可靠依据和参考资料，及时总结新做法、推广新经验，使学生工作更富有影响力和创新性。

第一，应借鉴相关学科的知识和经验，拓宽学生管理工作的研究视野。在继承党的优良传统的基础上，借鉴和吸收相关学科的研究成果和方法，是拓宽研究视野、深化理论认识，从而不断开创新形势下学生管理工作新局面的途径之一。更值得关注的是目前学生管理研究已不局限于社会科学的借鉴，而开始关注自然科学系统论或生态学视野下的学生管理，尽管这一探索还有待一定时间的实践来检验，但这种理论探索的精神还是值得我们拥有的。

第二，应注重以实证研究的方法检验学生管理理论的科学性。传统的学生管理研究方法主要是采用以思辨为基础的理论研究和逻辑研究。广泛地使用实证研究方法是对学生管理研究有益的补充，实证研究就是根据现有的材料进行统计、分析、实验，通过量化的，精确的测试得出结论，其中包括编制调查问卷、量化模型数量分析、矩阵概率数学方法等，以此客观真实地了解和反映大学生的思想现状与特点，坚持定性与定量方法相结合，真正实现学生管理决策的科学化。

第二节　高校学生管理工作模式的探索创新

一、我国传统高校管理模式的反思

总体而言，自中国有高等教育以来，传统的高校学生管理模式就是典型的行政型管理模式。不管是清末的京师大学堂，还是民国的各类高等院校概莫能外。特别是新中国成立后，国家对教育实行高度集中统一的计划管理，教育计划与国民经济建设计划紧密相连；学生就学全部免费，工作由国家包分配；高校学生工作的通常做法就是从学校的条条框框出发，要求学生去适应各种各样的规章制度和教育管理方式，各项计划和管理比较容易脱离学生实际。

第一，高校与学生之间的关系被定位为特别权力关系，在这种管理和服从关系模式下，学生成为师生关系中被动接受知识传授和管理的一方。在计划经济体制之下，学校是直接依据国家计划来办学的，学生从踏进大学校门起就被限定在一个严格的专业之中，直至毕业。除了按部就班地掌握本专业已经为他设定好的学习内容外，很少有机会按照个人的意愿和特点去自主学习，自我选择职业、工作地点等。

第二，过于强调外在规范管制，对学生自我约束的引导不足。目前，多数大学的校、院（系）、班三级学生管理的工作重心是用严格的校纪校规来规范约束的。以一种管束学生的强制性态度和检查、监督的方式对待学生，而忽略了启发、引导学生的自我管理意识和自我约束能力。在这种管理方式下，学生缺乏参与管理的积极性和自我管理的主动性，那些外在的各种社会规范，不仅很难内化为他们的自觉要求，而且容易引发学生与管理者的冲突，影响师生关系的和谐，并使管理工作的效率大打折扣。

第三，传统的能力评价观束缚了学生的自我发展。传统的学生管理体现

出要求整齐划一、大一统的思想倾向，对学生的评价、鉴定、奖励、就业推荐等一般是从相对固定的几个大的方面，以学生平均状况为基准，把每个学生的相对成绩表现划分等级。这种评价会给学生这样一个意识：考试分数高的同学就是能力强的学生，考试分数高就会有好前途和更多的发展机会。这种重统一、轻个性的模式化管理目标显然不利于学生主体结构的充分发展。

在传统的学生管理模式下，把所有学生当作一个整体，实行标准化、统一化管理，抹杀了学生的个性。受此影响，传统的教育模式习惯于让学生处于被动、从属地位，把学生仅当作受教育者，这显然不利于创新人才的培养。在传统的学生管理模式下，学生的教育培养呈现出以下特点。

第一，重知识轻能力。传统教育模式忽视对学生能力的培养，对学生的教育评价缺乏科学性，使“分数”成为衡量学生的根本标准，造成了“高分低能”现象的出现。

第二，重智育轻德育。传统教育模式过分地把学生的智力发展放在优先位置，甚至不惜降低对学生其他方面发展的要求，导致学生的发展不均衡、不全面。

第三，重共性轻个性。传统教育模式对学生实行“规模化”“批量化”培养，使许多学生的学习潜力得不到深入挖掘，同时又使许多学生受到强制性淘汰，得不到最适合自身的教育。

第四，重过程轻结果。传统教育对同一年龄段的学生实行统一入学、统一毕业的“工厂化”教育模式，过分注重程序与步骤的统一，忽视了学生个体差异对学习成绩和教育效果的影响。不能做到因材施教、因类施教。

第五，重灌输轻引导。传统学生观认为教师和学生之间是管理者与被管理者的关系，学生被要求无条件地接受学校的教育管理，学生的学习自主权得不到尊重。与此同时，学校在对学生的教育管理过程中，对一些日常性的事务管得过多，但对于学习方法及学生心理、就业择业观念等却缺乏必要的引导。

二、新时期高校学生管理模式的探索与创新

学生上学交费、毕业自谋职业、民间资本兴办高等学校谋利等，预示着中国高等教育已经走向市场化、产业化，大学生从一个高等教育的无偿受益者转变为高等教育的消费者，其角色转化自然导致高校学生与高校之间社会关系内容的变化，必然导致高校管理模式、管理理念的变化，而这种变化是应该遵循市场规律、适用市场规则的。

（一）大类招生背景下高校学生管理模式的探索

当前，许多高校在本科教育中采用了按大类招生的培养模式，即在高考录取时不分专业，按大类进行招生，学生进校后经过一定时间的基础课程学习后，再根据自身条件和社会需求选择专业，这样可以使专业选择更贴近学生志愿，更能反映社会需求趋向。由于这种模式与目前高校实行的学分制改革紧密联系，在人才培养上具有一定的灵活性，符合当今高等教育教学改革的大趋势，因而被越来越多的高校所采用。以往我们设置的专业划分过细、口径过窄、针对性过强，培养的学生思维较古板，创新性不足，已经难以适应现代社会大环境的要求，按大类招生及培养，能有效地在学校内部利用多学科的优势，克服原有院、系的框架，打通相邻专业的基础课程，实现多专业的有机组合。同时可以有效地使专业向复合型转化，进一步促进和加强新专业的建设，在学科或学科群的范畴里，对学生进行更全面的教育培养，以顺应科学技术发展综合化的趋势。但是，这种大类招生模式和高校普遍采用的学分制，给高校学生管理提出了新的要求和新挑战。

（二）高校学生管理工作应秉持契约理念

1. 引入契约理念的必要性

在我国，随着高等教育大众化时代的来临，传统的学生管理的模式，已不适应我国高等教育的发展。学生开始缴费上学，虽然学生所交纳的学费并不足以抵消学生平均培养成本，但这已使高等学校与学生的关系由过去单一的纵向行政关系转变为包括花钱购买教育服务的消费关系在内的多重法律关系。学生的权利得到强调和重视，学生已成为教育法律关系中独立的重要主体，这些都要求高校对学生的管理方式发生相应的变革。基于高校与学生法律关系在性质上的变化，契约式管理也应采取不同的形式，并严格遵守不同形式的契约原则。在校方提供教育服务和生活服务的过程中，高校与学生之间存在平等的民事法律关系，例如，高校与学生之间存在一定的民事合同关系。学生的报考和高校的招录，相当于合同缔结中的要约与承诺；学生入学，要向校方缴纳学费，作为回报，校方应提供一定质量的教育和生活服务。在学生付费，学校及其内部机构提供服务的领域，学校与学生地位平等，若有违约则必须承担法律责任。另外，学校的内部事务管理不能侵犯学生的财产或人身权利。学生身份的消费者性质，要求高校，特别是公立高校，作为教育公共部门，要提供相应的公共服务及其物质条件，其中包括承诺的教育水准、充分的校园安全、足够的教学设备、良好的学习与生活条件等。在高校提供的生活服务领域，高校不应以管理者的姿态侵犯学生作为消费者的权利。

高校和学生之间的民事服务关系，是一种平等的民事契约关系。学生享有完全的自由、平等权利，有权要求学校提供高质量的服务，例如，高校在收取学生缴纳的学费、住宿、生活用品、网络服务、餐饮等方面的费用后有义务按承诺提供相应的产品与服务。高校在特定范围内，特别是在确立、变更终止民事权利与义务关系的领域，如高校提供住宿、学生交纳费用，学生提供一定劳务，学校支付一定劳务费等，通过高校或高校职能部门与学生之间订立民事契约，达成一定目标，已成为世界各国普遍采纳的方式。从同为民事主体的角度来看，学校和学生之间应该是一种平等的关系，双方都对对方既有权利又有义务，学校在拥有对学生的管理权的同时，学生也拥有维护自己权益的权利。学校不再拥有绝对的权威，学生也不再是完全的被管理

者，二者之间具有平等的地位。目前，很多高校开始通过与学生订立合同的方式实施学生的宿舍管理、餐饮管理、网络使用管理、付费使用的校园资源管理等。然而，从大部分高校与学生签订的合同内容看，所谓的民事性质的合同大多流于形式。存在的问题主要是高校与学生签订的民事合同并未体现双方主体地位的平等性，学生缺乏选择性权利，仅规定学生的义务，缺乏学校义务性规定，高校与学生权利与义务的规定严重不对等；仅规定学生的违约责任，缺乏学校未提供合同承诺的服务违约责任；合同的制定缺乏学生的参与，仅仅是学校职能部门意志的体现。

与此同时，在学籍学位、考试评估教育教学秩序维护等教育教学管理领域，高校与学生之间存在行政法律关系依据我国法律规定，经法律法规授权的社会组织，可以成为我国行政关系中的行政主体，拥有一定的行政职权。高校就属于这一类行政管理者，依据有关教育法的授权，可以对学生进行教学管理，做出奖励或惩罚，并自主决定是否给学生颁发毕业证或学位证。在这些活动中，双方之间并不具有平等的地位，是一种强制性的命令与服从的关系。因此，从理论上可以认为，这种关系属于一起种特殊的公法上的行政关系。

高校与学生行政契约关系的建立，使学生可以真正参与到高校事务中来，体现学生的主体地位，不仅可以减少潜在冲突的发生，而且可以改善高校与学生的关系，建立彼此合作、相互依赖、相互尊重、平等对话的良性互动关系和双方主体间的伙伴关系。契约的应用与缔结，使高校与学生在契约的维持下保持持续、稳定的协作关系，有利于学校秩序的稳固化。

2. 契约理念的基本要求

高校与学生之间契约的本质，既是高校用来维护教育教学秩序的手段，又是学生对高校权力进行限制的方式，这对高校及高校学生管理工作者提出了新的要求。

首先，要求高校平等对待学生，把契约的平等精神引入教育行政领域，让学生在与学校具有平等地位的前提下商议教育行政目标的达成，使教育行

政减少不平等与特权性的因素契约的基础是双方主体地位平等、协商一致，契约的形成过程是民主的过程，契约充分体现了民主的本质与特性。我国强调公民权利、人格尊严、社会公正与社会责任。重视公民的参与，充分体现了契约的精神。现代教育行政在法律授权的前提下，具有裁量性、能动性，在学生管理中引入契约理念，不仅与依法行政具有相容性，而且可以凭借契约手段灵活应对学生管理中出现的复杂、动态和难以预见的问题。

其次，要求高校尊重学生意志，把契约的自治精神引入教育行政，使学生有选择的权利，进行商议的过程也是其利益权衡的过程，选择是契约精神中的应有之义通过选择建立沟通渠道，这也是行政契约最突出的优点和功能。而一般行政行为缺乏沟通功能。契约作为一种制度、观念、方法，已在行政运行秩序中得以建立、吸收和广泛应用在行政法学中，我国学者对契约能否在行政权力行使过程中予以运用或许会有不同看法，但对行政契约的存在、行政契约的特征及行政契约的基本类型等问题的观点则大体一致。因此，考虑到教育行政的民主参与、教育行政方式的多样化和教育行政的目的等因素，应允许在高校学生管理中“讨价还价”和“议价行政”。

最后，要求高校重视学生的权利，在行政契约中同样规定了学生的权利。通过行政契约使高校更加尊重学生权利，同时通过学生权利的实现来制约高校的权力。考虑到高校权力制约的需要，以及高校与学生之间的行政契约关系的特殊性，在高校与学生之间行政契约的缔结过程中，应有以下几个方面的限制：一是职权限制，高校必须在法律赋予的职权范围内缔结行政契约，不得越权行政；二是法律限制，高校缔结行政契约不得与法律法规的规定内容相悖；三是内容限制，行政契约的目标是实现公共利益，因而行政契约的内容不得违反社会公益。由于高校在行政契约的缔结中处于优势地位，可能会导致实践中滥用职权、违法行政的情形，如高校的行政契约与其行政命令同构化，强制与学生缔结行政契约；高校滥用选择权，“暗箱操作”害学生利益或国家利益。因此，必须限制行政契约的内容和目的。在高校学生管理中强调契约精神，重视契约观念、契约手段及契约制度，并不意味着完全以

契约取代权力高校的学生管理权力在教育法中仍然存在并发挥着应有的作用。由于契约意味着人性尊严、平等诚信、公正责任等，因而契约在高校学生管理中的引入，可以增强学校与学生的协作，提高学校教育服务的水准。

（三）依法治校，实现高校学生管理模式的法治化

1. 高校学生管理模式法治化的必要性和紧迫性

首先，高校学生管理法治化是依法治国的重要组成部分。依法治国，建设社会主义法治国家，已成为加强社会主义民主和法治建设中的最强音。全面的依法治国应当将社会中各种关系纳入“法治”的范围，由“人治单元”组成的“法治社会”是不可想象的。同时法治社会也必然对其构成因子产生此种客观要求，这两者存在互动关系，在这样一个大背景下，学生与高校的关系发生了变化，过去我国高等学校运行的经费来自国家拨款，高校管理者的管理权是行政权力的一部分。虽然从宏观上讲，国家行政权来自人民的公意，但细化到学生与学校的这一具体关系，则是一种纵向的服从与被服从的关系。但自 1997 年以后，普通高校全部实行并轨招生，学生自费就学，自主择业，学校收取费用，提供相应的服务，学生与学校之间的关系转变为契约关系。管理者的管理活动不再是依据其作为管理者的身份，而是依据契约。与学生达成的契约及学生之间达成的契约，这二者之间时有交叉。由此高校学生管理工作中学校更多的是以民事主体的身份出现的，当然也不排除其出于社会公益目的而为公法授权之行为，例如，依据《中华人民共和国教育法》对学生学籍进行管理，依据《学位管理条例》授予学生学位，依据原国家教委《普通高等学校学生管理规定》行使相应的行政管理权，但其管理活动需纳入“法治”的轨道是毋庸置疑的。

可见，高校学生管理模式法治化是高校社会主义办学方向的自我要求。高校作为社区、社会生活的重要组成，作为科技、文化的辐射源，对于整个社会的法治化建设都具有重要影响。党把依法治国、建设社会主义法治国家确立为我国新时期党和国家重要的治国方针，这是政治体制改革的基本要求

和主要任务。社会主义法治化国家的建立，不仅需要有完备的法律体系，更需要全体公民具有良好的法律意识和法律素质。高校培养的人才是未来我国经济和社会发展的重要力量，其法律意识、法治观念如何直接关系到大学生在今后的社会生活中的行为方式是否符合法律规范的要求，关系到国家事业的成败。同时大学生作为较高文化素质的人才，其言谈举止对社会具有较强的影响和示范作用，通过对他们进行法律意识、法治观念的教育，运用法律手段来规范他们的学习、生活，促进他们素质的全面提高，使他们形成遵纪守法的习惯，有利于推进全社会的法治化进程。

其次，高校学生管理模式法治化是培养创新人才的必然要求。高校的管理环境是创新人才成长的土壤，强调公平、效率与秩序的法治环境能为人的创造性的发挥提供保障。有人担心高校学生管理模式法治化会人为设置一些条条框框，不利于创造性的发挥，这是对法治的误解。为鼓励创新提供的最有效的保障就是在高校中建立公平竞争的环境和机制，这样才能保障学生创新的积极性不受挫伤，学生通过自身努力得不到回报，或者发现那些没有通过努力而采取其他不正当方法的人也取得了和自己一样的效果，这都会对学生的积极性造成了极大伤害，因为高校是他们踏入社会的第一步，在高校获得的社会经验对以后的人生会产生莫大的影响。高校管理如不能从制度上保障学生的权利，不能让所有人在公平的环境下竞争，将会从根本上扼杀学生的创造力和积极性。因此可以说实现高校培养创新人才的目标，必须依靠高校学生管理模式法治化。

再次，高校学生管理模式法治化是高校管理体制改革的内在要求。在市场经济体制下，高等学校已从计划体制下的纯公益性事业单位转变为既坚持公益性又有产业性的教育实体。学校作为独立的事业型法人，享有办学自主权；学生享有自主决定报考学校及专业类别、缴费上学、接受高质量的服务和受教育的权利。学校与学生的行为受符合法律法规的双方各自利益意愿的约定，即合同的调整。学生报到注册取得学籍，即表明做出接受学校的教育、管理和服务，遵守学校的规章制度，缴费上学的承诺。学校接收学生入学，

表明学校要按约提供优质的教育教学服务，使学生圆满完成学业。双方依合同约定享有权利和履行义务。如果学生违反合同，不履行遵守校纪校规的义务，则学校按法律、法规规定及合同约定行使权力给学生以处分，学生将承担违约责任。反之，学校不履行义务，构成违约，则学生行使权利，如请求权、申诉权甚至使用诉讼权维护自己的正当权益，学校应承担违约责任。随着高校内部管理体制改革的不断深入，高校后勤社会化的进程日趋加快，学校不再依据其作为管理者的身份，而是依据与学生达成的契约对学生进行管理，社会化的后勤系统实行开放式的管理，要使大学生既能适应后勤服务社会化的管理，又要实现高校教育培养目标。实现学校管理与社会管理的接轨，就必须实现高校学生管理模式法治化。

最后，高校学生管理模式法治化是改善和加强高校学生管理工作的现实要求。虽然我国高校开设了大学生思想道德修养和法律基础公共课，但是不少大学生对这门课并不重视，有些学生即便学了也是为了应付考试，最终学用分离，重学轻用，法律意识淡薄，不考虑自己的行为责任，更谈不上用法律来严格规范自己的行为。他们总感觉自己还是学生，还不需要用正式社会成员的标准来要求自己，法律应对他们网开一面。因此，在校园生活中，一些学生随心所欲，破坏公物，胁迫他人违纪、违法行为时有发生，这些完全可以从《中华人民共和国刑法》《中华人民共和国民法典》《中华人民共和国治安管理处罚条例》等法律、法规条文中找到处理的依据，然而在实际处理中总是按校规来处理，而大学生们认为校内的制度是有弹性的，即使处理了，他们也只认为是违纪，而不认为是违法。这就混淆了法律和纪律的概念，无视法律的尊严。甚至有的司法机关出于对大学生前途的考虑，在处理学生违法行为时就低不就高，就轻不就重，将违法作为违纪处理，这在某种程度上助长、放任了学生的违纪、违法行为。实现高校学生管理模式法治化，用法律法规来调整和规范大学生的行为，有利于提高学生管理工作的效率与质量。

高校学生管理模式法治化的紧迫性。一方面，从我国高等教育大的层面来看，法律规定的缺位、滞后与粗糙是高校学生管理模式法治化进程中亟待解决的问题。在我国高等教育方面法律规定的缺位，最突出地表现在缺乏必要的纠纷解决机制方面，尤其是缺乏受处分学生对处分不服如何申诉的法律程序众所周知，从改革开放至今，尤其是近些年，我国高等教育取得了突飞猛进的发展，高等教育领域正在进行着一场深刻的革命。目前我国的高等教育已经基本上完成了从“精英教育”向“大众教育”的转变，加之近些年社会经济、文化的迅速发展及人们观念的改变，我国高等教育正面临着前所未有的新形势，这些当初计划经济占主导地位时期由“政府推进型”立法所产生的法规本身就笼统、粗糙，在新形势面前已经显得“力不从心”，如《普通高等学校学生管理规定》第六十三条规定对品行极为恶劣，道德败坏者，学校可酌情给予勒令退学或开除学籍处分。在高校管理中，对于学生偷食禁果的处分一般都套用该规定而对其予以勒令退学或开除的处分。但是，对于偷食禁果的学生是否属于德行极为恶劣，道德败坏者。在今天人们的观念已经能够容忍避孕套自动售货机堂而皇之地设置在一些大学校园内，新形势下，是否继续沿用以前的思维值得进一步思索。另一方面，具体到各个高校，学生与校方纠纷的增多也使得高校学生管理模式法治化成为现实而紧迫的问题。例如，为了严肃考风考纪，有些学校规定，考试作弊一经发现即对作弊的考生处以勒令退学或开除学籍的处分，被勒令退学或开除的学生其命运与前途往往就此毁于一旦，如此规定是否违反高等学校教育人的宗旨等，就其规定本身来说，其实就是不合法的。按照《普通高等学校学生管理规定》第十二条的规定，对于考试作弊的，应加以纪律处分；第二十九条规定应退学的十种情形之中，并没有不遵守考场纪律或作弊应予退学的规定；第六十三条虽然规定了违反学校纪律，情节严重者，可给予勒令退学或开除学籍处分，但前提是高等学校的学校纪律规定本身应该符合我国有关法律的规定，而不能在法律规定之外任意扩大、自我授权。因此，这种仅依据学校内部的一纸超越甚至违反我国现行法律规定的管理规定，就剥夺受处分学生享有的受《中华人民共和国宪法》保护的受教育权，其合法性实在值得怀疑，也难免有些学生因此而将校方告上法庭。

2. 法治的主要内涵和目标

把握法治的内涵首先要澄清两种模糊认识。其一“法治”不同于“法制”。从本身的含义来说，“法治”是指严格遵法、守法，依法办事的原则，而“法制”是指一定范围内的法律制度或法律上层建筑系统；法治是以法律及其制度为基本手段和方法来治理，是法制的功能要求和动态过程，是包括法制在内的更大的系统。其二“法治”是指“依法”管理，即将法作为学生管理的最高权威，没有任何个人或利益集团可以凌驾于法之上。而不是“以法管理”不能将此仅作为学生管理的一种工具和手段，否则就会陷入法律工具主义的误区。从某种意义上讲，法治实际上是对社会的权利、义务、权力、责任等进行合理分配的一种制度设计和安排，权力是法治的一个重要因素，权力具有极大的权威性。一方面，权力的权威性会给人民和社会带来利益，它是法治所要建构的社会秩序产生的前提，也是法律真正得以实现的基础；另一方面，权力的权威性使之存在着对社会和他人潜在危害的可能。因此它也是法治所要制约的主要客体。权力的制度化、法律化，是使权力在运行过程中依照已由法律规定好的行为模式合法运行。权力的制度化应包括几个方面的内容。一是保证权力具有极大的权威性，以实现权力的正当目的，这主要是指权力用以维持社会秩序与安全、保障自由和权利及实现社会发展目标，但制度化的权力只与特定的职位相联系而非人格化。而职位是对所有公民平等开放的，这有利于防止因权力的过分人格化而出现的利用权力谋取个人私利的腐败现象的出现。二是应确立保证权力分立的制度。权力过分集中在某个人或某个机关之中，一方面，由于缺乏权力内部的分工，而降低权力的效率；另一方面，更为重要的是由于权力的过分集中，使权力间失去互相制约的可能，而产生更大的任意的可能，这种任意如果由好人来行使，也可以使好人无法充分做好事，甚至会走向反面，而一旦由坏人来行使，过分集中的权力将极大地损害社会和公民的权利。在人治社会人们只能依赖圣君贤相，但法治合理的权力制度可以把权力的潜在危害性降到最低点。三是以权利作为权力的运行界限。早在 18 世纪孟德斯鸠就认为：一切有权力的人都容易滥用权力，这是万古不易的一条经验。有权力的人们使用权力只有在遇到权力界限时才有休止的可能在法治下，应形成以制度化的权利制约权力的机制。基于这样的设计，权力的制度化包括以宪法、行政法、诉讼法等法制确定权力的产生、构成、限制、运行、保障、责任和监督制度。权力的制度化，使法律成为使权力合法化的唯一手段，通过法律可以准确地确定官方权力的范围和界限，从而有利于实现通过法律对权力的控制，以确保权力的行使符合正当的目的，防止出现权力的误用和滥用。

权利是法治的另一要素，以法律的形式对权利和自由进行合理分配是法治的目的。权利的制度化是指将社会中的权利要求转化为法定权利。现代社会起源于商品市场经济的发展，在这种经济条件下，社会关系主要体现为物质利益关系和平等交换关系，这就必然产生人们对利益和平等的权利要求。但是仅有权利要求是不足以保证权利的实现的，加之现代社会各种利益的冲突，人们的权利要求也各不相同，只有将这些权利要求通过立法者的选择和平衡，在具体的法律法规中将其制度化，才能确保权利真正受到保护和得以实现。权利的制度化具体表现在以下几方面。

一是有关权利主体的制度主要指对权利主体地位的规定，权利主体不仅包括公民、法人，还应包括政党和其他社会组织；具体权利义务的规定，如公民政治权利的规定，主要有选举权和被选举权，言论、出版、集会、结社、游行示威权，知情权和参与决策权；经济方面的权利，如所有权、劳动权、平等权、继承权、投资权。但权利永远不能是任意和无限的，权利行使的绝对化，必然会导致无视权力和他人权益，给社会造成灾难，因此法律在将权利制度化的同时，也通过义务的设定，使权利主体在享有权利的同时也承担义务、责任方面的制度。任何主体包括公民、法人、政党等权利主体对权力的滥用和对义务的漠视都应承担法律责任。

二是有关权利实现的制度。将法定权利转化为实有权利，这才是法治所

应追求的目标，在将权利要求转化为法定权利时，必须考虑到权利的经济、政治和法律保障制度化。

三是权利救济制度，当合法权利受到非法侵害时，法律应提供有效、及时的法律救济方法，这主要表现在各种诉讼制度上。

保障公民基本权利的宪法和其他法规，以产权制度、法人制度和契约制度为核心的现代民商法，都在致力于实现权利的制度化。完善可行的权力和权利制度是判定一个社会是否真正实现法治化的最基本的制度准则。以此为出发点形成一系列的法律制度、规则、原则和概念，它们共同构成法治的制度标准。实现学生管理的法治化，单纯仰仗制度是不够的，而且要建立一个学生管理法治系统，这个系统应包括：法治的主体系统——民主系统，即校园内以民主形式组建的对学生管理工作具有决定性影响的组织；法治的思想观念系统——学生管理工作的主导系统；法治的教育系统——包括对管理人员的法治观念的培训及对学生的法律教育系统；法治的辅助系统——包括学校的学生处、保卫处及校园文化心理、伦理道德等系统；法治的信息反馈系统和监督系统——前者包括国家和学校相关部门的内部反馈系统及校刊、广播站等外部反馈系统，后者包括国家、政府的监督，党委、校长的领导监督，学生代表大会的监督及民间社团、校内传媒等社会监督，还有来自学生的直接监督，二者时常是你中有我、我中有你。

第三节　高校毕业生就业指导工作的探索创新

一、高校毕业生就业面临严峻形势

当前，我国正处在经济转轨的关键阶段，大学毕业生的就业形势十分严峻，劳动力市场已经出现了“僧多粥少”的局面。根据各省人力资源和社会保障部的有关统计，近几年社会对大学毕业生的需求量不断下降。然而大学毕业生人数却不断上升，当前大学毕业生就业难已是不争的事实。大学生就

业难主要表现在两个方面：就业率低和就业满意度低。一方面，尽管各高校都用尽浑身解数提高就业率，但从总体上看，就业率连续走低已经是一个不争的事实。另一方面，低就业率下还存在着大学生就业满意度低的现实，主要体现在大学生对薪酬、专业对口率、就业稳定性、事业发展预期空间等满意度较低。究其原因，主要是近年来学生就读高校的成本大幅度提高，但毕业后的就业回报率却相对降低，并且就业质量提高得比较慢等因素的影响。

1. 大学生就业难的现状

首先，从就业需求角度看，由于宏观经济环境的影响和高校规模的高速扩张，造成工作岗位的数量与结构均存在问题。就数量而言，工作岗位数量增长缓慢，与大学毕业生的增加形成反差。大学毕业生就业难是客观存在的。其次，从供给角度看，既存在毕业生不愿从事的大量工作岗位，也存在着因毕业生就业能力不足而无法从事的职业。因此，可以说，当前大学生就业难还有一个来自学生自身的原因，即毕业生的就业意愿与就业能力。现在的应届毕业生普遍存在着期望值过高、缺乏实践锻炼、意志力薄弱、动手能力差等弱点，这也成了很多单位不愿意招收应届毕业生的主要原因。最后，从供求匹配角度看，主要的问题是就业信息不对称，缺乏针对大学生的职业指导体系，缺少专业的职业认同等。由于大学生就业绝大多数属于初次就业，他们对劳动力市场运行的了解不充分，如果没有适当的职业服务体系来提供就业信息与职业指导，大学生就业的市场过程显然面临着市场效率的低下。毕业生因为不了解某些单位工作的性质，而误解为工作地域不好而不愿应聘的现象比比皆是。

2. 大学生就业难的现状分析

第一，大学毕业生就业难是高等教育大众化快速发展的必然结果。自1998 年高校开始扩招，2001 年扩招的大学生毕业以来，高等教育大众化进程就与大学生就业难联系在一起。一方面，随着高等学校毕业生人数的不断增加，高学历人才的供求关系发生了显著的变化，高校毕业生就业市场转向

买方市场，毕业生在传统的大学生就业市场上“供大于求”的现象日益突出。另一方面，热门专业供不应求、长线专业就业困难、应用技术类专业形势较好、基础理论类专业就业困难等现象也表现出来，体现出高等教育设立的专业结构与社会需求的专业结构之间的矛盾。

第二，政策方面不合理的限制因素也是高校毕业生就业难的严重阻碍。在就业体制越来越市场化的今天，我国原来形成的一整套与计划体制相适应的就业体制日益表现出不合理性，有些政策还成为大学生就业的障碍因素。例如，档案管理制度，档案材料是毕业生成长过程的记录，档案材料本来是为了证明毕业生的人生经历、促进毕业生顺利就业、帮助用人单位更好地了解毕业生而存在的，但在高等教育已经实现大众化的今天，档案管理制度在某些情况下反而成了限制毕业生流动、阻碍毕业生顺利就业的因素。尽管人事制度改革催生了许多新的改良方案，如人事代理制度等，但档案仍然是毕业生到基层、中小企业及三资企业就业的限制因素之一。而毕业生选择自主创业或成为自由职业者时，其档案都会成为一把悬在头顶的达摩克利斯之剑，在将来毕业生向档案管理较为严格的部门（如党政机关，国有企事业单位、部队等）流动或继续深造时造成麻烦。

第三，大学生在能力与素质方面的欠缺，也是制约就业的一个重要因素。有相当比例的高校毕业生存在着高分低能、知识面窄、缺乏合作精神、心理素质不够等问题。这不仅是我国的国民教育体系在素质教育方面的不足，也源于大学生对“成才”的理解和实践不足。当前，社会对技术技能型人才的需求非常强烈，毕业生的动手能力、创新能力、语言应用能力、沟通协调能力、分析能力、学习能力等方面都成为用人单位的考察重点，而心理素质和职业素养也开始受到关注。高校毕业生在具有高学历的同时，具有与之相应的学习力、就业力才会受到用人单位的重视。

第四，学校就业指导与服务方面存在的问题也是影响就业的因素高校的就业指导服务能否尽早为大学生指明努力方向，帮助他们为就业竞争做好知

识准备、能力准备和心理准备，并在大学生毕业前为他们提供充足的就业信息、较为完整的市场形势分析信息及准确的就业政策信息，帮助他们处理就业过程中遇到的心理、政策、程序等方面的问题，对大学生能否顺利就业影响很大。同一地区同类高校间毕业生就业状况的差异，在很大程度上是由学校提供的就业指导与服务的差异造成的。

二、高校就业指导工作的现状

高等院校的就业指导工作对于实现人才培养目标和满足社会需要起着重要的桥梁和纽带作用然而，由于历史和观念等方面的原因，当前我国高等院校的就业指导工作尚不尽如人意，难以满足青年学生成才和发展的需要，因而客观认识我国高校就业指导工作的地位和作用，剖析当前存在的问题，对于提高和改进高校就业指导工作具有重要意义。随着我国高等教育招生规模的逐步扩大，社会大众对高等教育的期望将会越来越高。在家庭对于高等教育投资不断增大的同时，社会大众普遍关心高等教育能否有合理的投资回报和投资效益，因而接受高等教育培养的大学生能否顺利就业，不仅关系到大学生自身的成长和发展，也关系到我国高等教育的形象和地位，关系到社会大众投资高等教育的积极性，进而影响到我国高等教育大众化战略目标能否顺利实现。而就业指导则是实现教育的投入与效益产出之间的桥梁，是实现教育回报的前提条件。随着我国高等教育改革的逐步深入，高校毕业生就业率将成为衡量一所学校办学质量好坏的重要标志。高校毕业生就业的好坏、就业率的高低，不仅直接影响一所学校的招生形势和生源质量，从长远来看，也关系到一所学校的生存与发展，因而高校就业指导工作的重要性日益突出。

高校大学生就业工作是一项系统工程，需要社会、学校、毕业生和家长等多方面的协同配合。目前，我国大学生就业指导工作尚处于起步和探索阶段，在高校招生制度和毕业生就业制度改革的推动下，高校积极开展就业指导讲座、举办校园招聘会等，但总体上就业指导工作还比较薄弱，在学校教

育中所占比重偏小，尚未将就业指导工作贯穿于高等教育的全过程。目前我国大多数高校的就业指导工作主要是围绕当年的毕业生就业工作而展开的，开展就业指导的时间基本上限于毕业生“双选”期间，就业指导的内容也仅停留在对就业形势的一般介绍和对就业政策、规定的诠释。由于缺乏对就业指导工作的全局考虑和总体安排，就业指导工作功能单一、内容狭窄，在对大学生就业观念和价值取向的引导、职业判断和选择能力的培养，以及职业道德教育等方面着力较少，难以适应当前就业形势的要求。在就业指导的方法和手段上，普遍存在着手段陈旧、方法单一的情况。目前高校就业指导工作较为常见的方法是通过大会“灌输”，即召开毕业生就业动员会和就业形势报告会，而缺乏针对学生个体特点的专门咨询和有效指导。同时由于缺乏对地方经济发展和人才需求变化趋势的了解，加之高校就业部门尚未实现从“等米下锅”到“找米下锅”的信息搜集方式的转变，因信息来源分散致使就业指导工作缺乏有效性和针对性。许多高校没有对就业指导工作的全局考虑和总体安排，开展就业指导的随意性大、内容空洞且方法单一，仅停留在讲解就业政策、分析就业形势、传授择业技巧、收集需求信息等方面，关于学生个性的塑造、潜能的开发，创业创新能力的培养、就业观念和价值取向的引导、职业生涯的规划等方面的内容较少。在就业指导的机构建设和队伍建设方面，存在着就业指导队伍建设薄弱的问题，人员素质有待提高。尽管目前我国大学的组织体制中专门设立了毕业生工作的机构，但这些机构很难代替就业指导的职能。事实上目前高校毕业生工作机构由于忙于应付大量的与就业有关的事务性工作，难以有固定时间和精力来开展针对性的就业指导工作。就业指导工作是一项专业性很强的工作，从事此项工作的教师需要掌握就业政策、就业指导、职业生涯规划、心理学、教育学、人力资源开发与管理、法律法规等多方面的知识。目前，大多数高校从事就业指导工作的人员多为党政干部，且多为从事学生工作兼毕业生就业指导工作，全校专职从事就业指导工作的人员一般很少。同时，就业指导人员又缺乏完整的、系统的专业培训，个人素质和工作能力参差不齐。

三、新时期高校毕业生就业指导工作的探索与创新

（一）加强高校学生管理者队伍建设

1. 充分认识高校学生就业工作的重要性

高校要认真落实教育部颁发的关于高校就业指导工作的各项规定，充分认识大学生就业工作的重要性，成立专门的就业指导服务机构，为就业指导工作提供组织保证。各高等院校应成立由学校主要领导挂帅，集教育管理和服务职能于一体的、独立的就业指导服务机构，形成一个学校领导重视、主管部门支持、各个院（系）积极配合的就业工作新体系。最终促进毕业生就业指导与服务工作的制度化、规范化和科学化。但是目前许多高校的毕业生就业指导部门都缺乏独立性，一般从属于学生处（部），就业指导工作只是学生工作中的一个方面。因此，建议高校的毕业生就业指导工作应从一般的学生工作中独立出来，成立独立的就业指导中心，一方面有利于突出就业工作的重要性，另一方面也有利于理顺各种关系，促进就业指导工作的有效开展。

2. 加强指导队伍建设

在加强就业指导队伍职业化、专业化建设的同时，应考虑对学生就业指导者在某些方面有所倾斜，使他们能安心工作。加强就业指导队伍建设是做好就业指导工作的关键，拥有高素质的就业指导队伍是开展高水平就业指导工作的人才保障。各高校应该按照教育部的相关规定，配备具有高水准的就业指导服务人员，提高就业指导教师队伍的整体水平，建设一支具有开拓创新精神、较强的事业心和责任感、高尚的思想品质和职业道德的就业指导队伍。同时，他们还应该掌握与就业指导相关的心理学、教育学、社会学、法律等学科的基本理论与方法，熟知大学生就业政策、就业管理业务和就业教育方法，从而真正地为大学生就业服务，为推动就业工作队伍向职业化、专业化方向发展，学校应从多方面努力，制定就业指导队伍的培养和教育规划。

通过各种形式对现有的就业指导人员进行培训，为现有就业指导教师的学习、深造提供条件，合理安排他们的工作和进修，使他们通过在职业余学习、进修或短期脱产学习，或者到有关院校深造，系统地学习有关理论知识和专业知识，从而改进他们在就业指导工作上的不足。还要建立切实可行的管理评价体系，这是加强就业指导队伍专业化、职业化、专家化建设的重要条件。因此，必须在就业指导人员岗位职责范围内，根据就业指导人员自身特点，加强对就业指导人员的管理，对他们履行职责提出严格的要求。应该研究制定客观、科学的考核评价办法，对不称职的工作人员要及时调离工作岗位。通过规范化、科学化、制度化的考评，实现就业指导队伍的严格管理，建立能进能出、竞争择优、充满活力的聘用机制。与此同时，高校要对从事就业指导教师的长远发展做出统筹安排，对政治素质高、业务能力强、有发展潜力的中青年就业指导教师重点培养，条件成熟时，根据工作需要逐步提拔到领导岗位。有些教师可以作为骨干进一步加以培养，继续留在就业指导岗位，也可输送到教学科研工作或行政管理岗位。一般来说，凡在高校就业指导教师岗位上工作满三年者，可以根据工作需要及本人的条件和志向，进行有计划的定向培养，以解除其工作的后顾之忧。

（二）指导高校毕业生转变就业观念

1. 指导高校毕业生认清就业形势，正确把握就业方向

大学生就业从国家包分配走向双向选择以至自主择业，出现这样的就业形势是必然的。但是，我国社会主义市场经济体制还不完善，人才资源使用效率不高，人才资源的配置还不合理，人才信息和人才市场相对闭塞，公开、公平、公正的大学生自主择业就业体制还有待健全和规范，大学毕业生要正确认识到，目前的就业压力是就业体制过渡时期特殊阶段的矛盾冲突，大学生的显性过剩并非人才资源的真正过剩，只是在人才资源配置上还有一些矛盾没有得到解决。随着社会的发展，人才资源的配置将会日趋合理，大学生的就业前景会有所改观。

首先，党和国家对大学生就业高度重视。党和国家根据不同的就业形势，每年都制定出台相应的就业政策和措施，为引导、协调、安排大学生就业提供了有力保障。同时，随着社会的迅猛进步，多种经济成分的共同发展，社会对人才的需求量越来越大。非公有制企业、乡镇企业、广大基层和欠发达地区更为大学生提供了施展才华的广阔用武之地。

其次，应该看到，大学生就业难并不是大学生的过剩，相反，由于我国人口素质普遍偏低，大学生数量极为有限。

最后，大学生就业市场的饱和是一种假象。这种假饱和是人才资源配置与人才需求矛盾调和的特殊表现形式，无论是行政、企事业单位，还是其他社会各部门，在人才资源配置上都要遵循连续、合理、有效的原则。但目前相当一部分单位存在人员老化、文化素质偏低、办事效率不高等问题；也有一部分单位人员青黄不接，出现断层，合适的人进不来，不合适的人出不去。

因此，我们可以说，一部分单位人员的饱和只是一种假象，这种假象最终必定会被良性的人才配置关系所替代，低年龄、高素质的大学生在这种配置关系中占据着明显的优势。

2. 指导高校毕业生解放思想，转变就业观念

大学生就业由计划走向市场，有一个渐进性、阶段性的演变过程。就业制度的变化需要大学生主动适应，放开眼界，转变观念，勇敢应对社会的选择。

一要改变一次性就业的观念。随着社会对人才要求的变化，人才资源总是在不断的交换和流动中得到优化配置，用人制度的改革和人才市场的建立，必将使失业和就业成为今后大学生一生中经常遇到的事情。因此，每个大学生在一生中，都要有多次就业的思想准备。

二要改变一步到位的观念。大学毕业生择业不可能一次就能找到合适的单位，即使是找到了合适的单位，也不见得就能找到合适的岗位，所以要树立就业逐步到位的观念，不断努力，积极上进，在反复的工作经历和多次的工作更替中，充分施展自己的才华，实现自己的人生抱负。

三要看淡单位的所有制性质。从目前我国的就业环境来看，国有单位并不是唯一的就业渠道，多种所有制经济共同发展为大学生择业提供了广阔的天地。私营企业、民营企业及合资企业进一步发展，其灵活的用人机制将会吸纳更多的毕业生就业。

四要改变对户口、档案看得过重的观念。随着我国市场经济的发展，一次就业定终身的观念将会被彻底改变，合同用工、招聘将会成为大学生就业的方向，劳动力市场的开放和人才流动也将为就业提供新机遇，过于看重档案、户口就等于限制了自己的就业范围，减少了施展才华的机会。

五要抛弃职业等级观念和“官本位”思想。例如，学机械专业的学生不愿意去机械行业，学地质专业的学生不愿意从事勘探工作，师范专业的学生不乐意奉献讲台，工科专业毕业生不愿进企业等。在市场经济下，没有不体面的职业，只要用心去干，就能干出成绩，就会得到社会的承认和肯定。有的毕业生认为只有留在大城市、进机关才算学业有成，大城市固然是施展才华的舞台，而基层、农村、边远地区同样是孕育成功的沃土。

新的历史时期呼唤创业型人才的培养。高校作为人才培养的前沿阵地，必须与时俱进，更新观念，在世界经济和社会发展的大背景下理解创业型人才培养的深刻含义，把培养大批高素质的、创业型的人才作为重要任务来抓。只有这样，才能抢占人才培养的制高点，才能使中国特色的社会主义事业在更高层次和更广的领域直接面对全球技术、繁杂信息和资本市场的竞争。

3. 开展创新创业教育

（1）开展创业教育的意义

知识经济时代，高科技产业的发展状况是一个国家国际竞争力的主要决定因素，这就要求高校应把培养具有创业意识、创业心理及创业能力的创业型人才放在首位，从科教兴国的战略高度来认识创业教育的重要性因为从现实看，经济的发展对传统工作岗位已造成冲击，未来工作岗位将越来越脱离传统的模式和要求，更多潜在的或前人未涉足的新型岗位会不断涌现，而未来的新型岗位必须由具有创业意识和创业能力的人才来开拓。在知识经济条

件下，一方面，大量新知识的产生和应用技术的飞速发展，催生了大批的新兴产业，提供了大量的创业机会，呼唤着新时代的创业英雄；另一方面，大量的科技成果需要转化为生产力，也需要大批的创业人才。但从我国的情况看，根据科技部提供的资料，我国科研成果中能够转化并批量生产的仅有20%左右，形成产业规划的仅 5%左右，产生这一问题的原因是多方面的，其中缺乏创业意识、创业技能是主要的制约因素之一。要解决这一问题，就要适应时代的要求，大力开展创业教育，充分挖掘大学生的创业潜能，培养大学生勤奋进取、开拓创新的个性，使大学生由知识的拥有者变为社会价值的创造者。另外，创业对经济发展的促进作用主要是通过其技术创新和工作创造等实现的。我国当前和今后一个较长时期内将面对巨大的就业压力，完全依靠政府和现有的企业将难以解决就业问题，唯一的出路就是大力倡导以创业型就业为主导的多种就业形式，并创造适宜的创业环境。学生就业困难表面上看是社会经济发展需求和产业结构不合理造成的，而实际上反映了学校教育内部的问题，高校需要在教育思想、教育方法和人才培养模式方面进行改革。提高学生创业能力、择业能力和适应能力，在计划经济时期，社会的就业岗位是一个常数，招多少人和用多少人都按计划分配。在知识经济时代，社会的就业岗位是一个变数，只要通过开发，就会出现社会需要的新岗位，就会扩大就业人数。而开发就业岗位靠谁来完成呢？除了靠经济发展和社会需求外，归根结底还要靠具有创业能力的人才的努力。所以说，开展创新创业教育具有带动社会整体发展的作用。

在知识经济时代，知识信息的创造加工、处理、传播与应用将成为经济增长的最重要的源泉。集教学、科研和社会服务三项基本功能于一身的高校要适应时代发展的要求，发挥经济发展动力源的作用，就要提倡创新、创业精神不再仅是产生理论家、思想家的摇篮，更要培养出具有现代经营理念的优秀创业型人才。我国高等教育当前正处于从“精英阶段”向“大众化阶段”过渡的重要时期，这不仅是大学门槛的简单降低，而应该是培养目标、培养模式、教学内容、教学方法等一系列教育理念的转变。随着高等教育由培养

精英向大众化的转折，高等教育的重心要分层次地下移，有些学校重心可以下移到社区、下移到农村，使大部分毕业生从象牙塔中走出来，成为求真务实的劳动者。同时要培养学生的创新精神和创业意识、提高学生的创业能力，使学生不再满足于“打工”而是要做“老板”，从“求职者”转变为“创业者”“企业家”。如果大学生只会等待就业机会的来临，而不去积极地开拓事业，将会造成智力资源的损失，会延缓高等教育大众化的进程。因为高校为社会输送的大量毕业生如不能顺利就业，就会制约高等教育的发展，阻碍我国高等教育由精英教育向大众化教育阶段迈进的步伐。就业教育与创业教育是两种不同的培养模式，也是两种不同的教育质量观。创业教育就是要改变就业教育思维模式，使高校毕业生不仅是求职者，而且是岗位的创造者，这种以创造性就业和创造新的就业岗位为目的的创业教育，是实现我国高等教育大众化的必然选择。

当前我国的就业形势出现虚假的饱和状态为：热门行业、沿海地区人满为患，而不景气的行业、边远地区又难以引进和留住有用之才。很多高校平时不注意培养学生的创业意识，仅在学生毕业前开展一些就业指导，并不能使学生转变靠政府、靠学校、靠他人的被动思想必须从入学时就培养学生的创业精神，加强对学生的创业教育，变学生被动接受就业指导为教会学生自主创业、自我发展，变被动的就业观念为主动的创业观念，鼓励学生敢于创业，支持学生自我就业。值得注意的是，创业是一项综合技能的展示，需要一个人具有很强的运用和驾驭知识的能力，要将知识转化为生产力，大学生们还必须努力学习，通过综合的技能培训，进行系统的创业训练，掌握娴熟的操作技能，才能真正适应社会发展的需求。

（2）大学生创业的未来趋势与对策思考

尽管就目前的状况而言，我国的大学生创业机制还不完善，还存在着诸多问题，但随着时间的推移，大学生自主创业必定会越来越普遍，外部环境也会越来越好。同时随着政府支持和社会关心的进一步增强，大学生自主创业的观念也必定越来越科学，行动也将越来越理性，创业成功的机会也会越来越大，正如鲁迅所说的，“这里本来没有路，走的人多了，就成了路”，大学生创业势必将从现在的羊肠小路，转变为一条康庄大道。

1）大学生创业是时代的要求

严峻的就业形势要求更多的大学生选择创业之路。就业难是近年来无论是社会上还是在校大学生说得最多的一句话，昔日迈进象牙塔的骄子如今变成了四处求职的“焦子”。21 世纪主要的失业者将是大学生，这个预言将很快变成现实。在这种就业越来越难的背景下，自主创业已经成为大学生新的选择，已逐步成为市场洪流中一股新的力量，是潮流，是不可阻挡的趋势。创业不但是一种就业形式，而且还可以为他人创造就业岗位。第二届国际职业教育大会就明确指出，就世界范围而言，21 世纪有 50%的中专生和大学生要走自主创业之路，不远的将来，大学生自主创业将形成气候。

大学生自主创业迎合了产业发展转向“知识经济”的趋势。随着知识经济在中国的逐渐形成，经济增长对人才的需求也渐渐由过去的简单型转为复合型，由知识型转向技能型。高科技产业、第三产业和民营经济将是人才需求的增长点，但从全国经济发展的产业结构来看，包括研究与发展、教育、信息及高新技术产业在内的知识产业在国民经济中的发展水平，即知识产业发展水平仍然很低。鼓励大学生自主创业，可以打破大学生委尊屈就的人才高消费现象，使有可能从事知识、技术产业的从业人员比例大大增加，刺激知识产业发展攀升，从而使高层次人才资源发挥较高的使用价值。因此，大学生自主创业既是社会发展的必需，也将成为越来越多的大学毕业生的选择，大学生自主创业者的队伍也必将越来越大。

2）大学生创业必将进一步得到政府的支持和社会的关心

要加强对大学生的创业培训和创业服务，明确表示要把大学生创业培训纳入当地创业服务体系，提供项目开发、专家指导、小额贷款等服务，帮助他们成功创业。通过加强创业教育培训、落实创业扶持政策及强化创业公共服务，引导和帮扶更多高校毕业生自主创业，逐步提高高校毕业生创业比例。国家市场监督管理总局规定，大学生创业，一年内免交 5 种行政费用。各级

地方政府也都推出了相应的政策鼓励大学生创业，并为大学生自主创业做了不少实事，如有的地方政府由财政出钱，为大学生进行免费的创业培训，对大学生的创业行动进行专项指导。同时，各地高校也举办了阶段性、局部性的创业大赛，还有计划地导入创业教育，对大学生的自主创业进行科学的指导，使大学生自主创业形成规模，形成气候，如北京大学创立了集融资服务、营销服务与管理服务于一体的创业模式，有效地促进了大学生创业；复旦大学在设立“创业学”课程的基础上，成立了创业中心，对促进大学生进行创业发挥了积极的作用；中山大学通过举办创业大赛方式，为大学生创业大赛优胜者提供场地的支持；其他高校也分别出台了相关优惠措施，有力地支持大学生创业，在缓解大学生就业压力的同时，有效地提高了科技创新水平。在得到政府政策支持、资金扶助及培训指导的同时，社会各界也越来越关注大学生自主创业，大学生的家庭也越来越理解大学生自主创业。在绝大部分家长的传统观念中，孩子从小学读到大学，最关键的问题是找一个工资高、地位稳定的职业，而事实是这个社会现有的岗位是有限的，与其让自己的孩子与几个甚至几十个人争一个岗位，还不如支持他自主创业。自主创业既可以为他人创造就业机会，运作较好的话，还可以为自己带来财富，对社会、对自己、对家庭都是非常有利的。

3）大学生自主创业将更加理性

自主创业不仅是大学生成才的重要模式，更是就业的重要途径，当越来越多的人认识到这一点时，大学生自主创业已经成为非常普遍的现象，大学生的创业行动也必定更加理性。

创业之初，一些学生心中总想着比尔·盖茨、张朝阳，想着高科技，想着一夜暴富，这是很不现实的，也是很不理性的，这些人在选择创业方向时容易走入误区，不屑于从事服务业或技术含量低的行业，醉心于挖掘第一桶金的美梦。首先，随着创业教育的普及和深入，大学生在创业方向的选择上必定会把重心下移，不是只盯着大商机、高科技，而是会从实际出发，从第三产业和科技含量低的行业练兵开始。其次，有的大学生在创业方向确定后，

就匆匆忙忙开始经营，既没有目的性又没有发展规划，创业活动有着很大的随意性，这是行不通的；应该认真进行市场调查，在此基础上制订切实可行的计划，并且在企业人力资源、资金等方面科学管理，减少随意性。

近 10 年来，大学毕业生直接创业的人数与比例均非常低。清华大学创业中心的一项调查报告显示，我国大学生创业比例不到毕业生总数的 1%。大学生创业者属于知识分子人群，经过国家多年的教育培养，背负着社会的种种期望。面对大学生创业路上的种种困境，可以从以下几个方面入手。

① 重视对大学生创业素质的培养，注重在思想上和精神上锤炼自己，大学生要想成功走上创业之路，必须按照创业者素质的培养规律，重视创业素质的自我培养，注重培养自己的能力、锻炼自己的胆子，同时培养自己的创业人格、创业思维和创业意识与技能，克服中国传统教育模式下培养出的积累型、继承型，掌握的知识多，运用的知识少，胆子小，生存能力差的局限，要克服万事俱备再去创业或者自己具备全部创业条件再去创业的错误观念，如果那样，没有人能创业，因为不可能有一个具备创业者全部特质的人。创业者素质的培养是有规律的，其成长也是有过程的，从实践中汲取经验和教训是创业者成长的捷径，要树立自信、自强、自主、自立的意识。自信赋予人主动积极的人生态度和进取精神，相信自己能够成为成功的创业者，尤其在遇到失败和挫折时更需要自信。自强就是在自信的基础上，通过企业的实践，不断提高自己各方面的能力，一步步磨练自己的意志。自主就是具有独立的人格，具有独立性思维能力，不受传统和世俗偏见的束缚，不受舆论和环境的影响，能自己选择自己的道路，善于设计和规划自己的未来，并采取相应的行动，凭借自己的努力和奋斗，建立起自己生活和事业的基础。

② 加强大学生创业教育，培养其创业能力。大学生获得的最关键的创业知识来自所在学校。高等院校创业教育是针对创业学生所开展的系统的创业知识传授，通过创业教育强化大学生的创业意识，培育大学生的创业能力和创业精神，使大学生能够在走向社会之后，顺利实现自主创业，解决就业问题。首先，在教育体制方面，应该大力开展宣传，转变高校教师和学生的就

业观念，让教师和学生都能够认识到自主创业的意义。高校创业教育要重视培养学生的创新能力社会适应性，以及冒险精神和处理不确定风险的能力。其次，应将创业教育纳入高等院校教育必修课程体系之中，逐渐改变我国高等教育人才培养模式，通过加强高校创业教育的课程体系建设和创业理论研究来优化创业教育效果，通过创业模拟训练、案例分析及参观调查实习和专题讲座等方式，加强高校的创业教育。最后，要不断地提升高校创业教育师资队伍素质。高校创业教育中创业教师队伍是其中的关键力量，高等院校要逐渐建立起一支成熟的经验丰富的创业教师队伍。

③ 为大学生创业营造良好的社会环境。从前面的分析中可以看出，高校学生在逐步获取自身创业条件之后，要想成功开展创业行为，还需要良好的创业环境。首先，社会应从行动上及相关的物质上给予大学生支持。通过各方面的支持可以使创业的学生胆子更大些，行动更勇敢些。其次，在生活中应给予更多的宽容与关心，当创业大学生遇到挫折与失败时，应予以更多的关注与宽容，帮助他们分析原因、总结经验，使他们能更加坚韧地去面对这一切，振作精神重新踏上创业的路。最后，应该给予创业学生更多的政策支持，这样可以使他们能有更加宽松的环境，更加自由地挖掘自己的潜能，这在一定程度上能极大地激发大学生的创业精神与创业欲望。政府管理部门应该看到学生创业所带来的好处及其未来的趋势，通过相关法律法规的出台来支持学生的创业活动，并提供相关的创业平台，促进大学生创业行为的开展，提升创业成功的可能性。

④ 通过在校创业实践，培育大学生的创新精神。首先，实践环节能使创业学生在校期间积累创业经验，是培养创业能力的有效途径，所以大学生在校期间要积极参与创业实践活动，如大学生创业大赛。其次，创业学生还可通过参与社团组织活动、创业见习、职业见习、兼职打工、求职体验、市场和社会调查等活动来接触社会，了解市场，提高自己的综合素质。再次，高校创业学生平时可多与有创业经验的亲朋好友交流，甚至还可通过电子邮件和电话拜访自己崇拜的商界人士，或向一些专业机构咨询，这些人的经验往

往比从书本上学的知识更有用。通过这种人际交往途径获得最直接的创业技巧与经验，将使创业学生在创业过程中受益无穷。最后，大学生投身于真正的创业实践，在真刀真枪的创业实践中提高自己的创业能力，这些活动成为创业学生步入社会大课堂的第一步，同时创业学生在参与实践的过程中，既为他们将来开展创业活动积累了经验，也培养了他们分析问题和解决问题的能力、组织协调能力、管理能力、应变能力、语言表达能力等，有利于增强创业学生的创业意识和创业热情，促进创业成功。

第三章　信息化思维下高校学生管理现状及重构

第一节　高校学生管理现状与问题

一、高校管理现状

改革开放使我国的经济发展进入快车道，经济的发展为高等教育的发展提供了必要的物质基础。随着与国际的逐渐接轨，人们越来越认识到教育对一个国家发展的重要性，同时随着国民生活水平提高，负担高等教育费用的承受力也提高，国民接受高等教育的愿望不断加强。

自 1999 年以来，我国高等院校连续几年大幅扩招，到 2003 年，我国高等教育毛入学率达 17%，这标志着我国的高等教育已经进入了大众化时期，2006 年我国的高等教育毛入学率已达 22%。高等教育的大众化并不只是意味着接受高等教育的人数的大量增加，而且还包括与规模增长相应的教育观念的改变、教育功能的扩大、培养目标和教育模式的多样化及课程设置、教学方法、入学条件、管理制度、高等教育与社会关系等一系列的变化。与此同时，随着我国加入世界贸易组织，以市场为导向的观念融入社会的各个领域，高校教育管理在这一过程中，也受到了很大的冲击。多方面的变化，对高校学生管理工作提出了更高的要求。

管理制度上存在的问题各高等学校均依据有关法律法规和新《规定》对本校的学生管理制度进行了修订，但这些管理制度仍然存在一些缺陷，主要是在于法律法规规章授权的自由裁量权的限制不严格，部分条款的描述和行为性质的确定不准确，条款之间缺乏统一的法理性；同时，与之相配套的教职工管理制度严重缺失。

1. 管理程序上不够规范

当前，高校学生管理程序违法、违规的现象，在高校学生管理中最为突出，因为学校及教职工的管理程序违法、违规等不正当行为而损害学生的权益的现象，尤其是管理干部及教职工在日常事务、教学、考试考务等管理中，有章不循、有规不依、随心所欲，甚至滥用学校管理权等现象十分严重。

2. 思想工作体制落后

现在的学生基本都是独生子女，普遍受到家庭的呵护，使得他们个人集体观念弱、相容观念弱、责任观念弱。同时，由于社会对人才的素质要求逐年提高，学生分配实行双向选择，学生的就业压力、学习压力明显加大。另外，由于学生缴费上学，部分家庭困难学生的生活压力加大。另外，现在信息传播速度加快，广大学生接收信息的途径较多，各种有害信息对学生的思想冲击较大。

3. 学生工作干部人心不稳

目前，我国高校学生工作队伍补充大多采用从本科生、研究生中选留的方法，在队伍组成上大部分采用专兼职结合的方法，很大程度上暂时解决了学生工作人员短缺的问题。但是绝大多数学生工作人员在留校后仍然是把学生工作岗位当作一个短暂的存身之处，并没有把学生管理工作当作一个终身岗位，存在着学生工作队伍人心不稳的现象。

二、高校学生管理现状

通过对我国高校学生管理的现状的调查，总结出以下几点高校学生管理现状，主要从学生的思想政治教育现状、高校学生后勤管理现状，以及高校学生就业管理现状三方面进行分析。

1. 高校学生思想政治教育管理现状

高校学生的思想政治教育怎样，将直接影响高校的发展。根据调查结果，当前高校学生的思想政治主流是积极健康的，绝大部分学生思想端正、积极，上进心强，紧跟时代的步伐，但也有一小部分的学生存在着思想认识问题。

（1）高校学生思政教育工作体系

当前，为做好大学生思想政治教育，大多数高校建立了以党政为领导，以六支队伍为主体的工作体系，在领导体制上实行“三个层次”，在管理运行上配备“六支队伍”。

三个层次：一是决策层——院校党委（党总支），其职责是根据中央的教育方针、教育政策和学校工作任务来规划学校的思政教育工作，负责制订学校思政教育工作计划及要求；二是执行、管理层——机关、系（部）党、思政、工团、学生处等管理部门，其任务是负责实施党委制定的思想政治教育工作计划并加强对实施过程的管理；三是执行层——以班导为核心，开展日常的思政工作。

六支队伍：一是各系专业和公共课教师，他们在上课期间间接对学生进行思想政治教育；二是思想政治理论公共课教师，这是一支骨干队伍，直接对学生进行思政教育，其任务是向学生进行马列主义基本理论教育及人文素质教育；三是学校党政干部、共青团干部队伍；四是辅导员、班主任，他们将面对面地与学生进行交流；五是心理健康教育队伍，他们帮助学生开展心理健康和心理咨询辅导；六是学生干部，这是学生自我教育、自我管理、自我服务的队伍。

（2）高校学生思想政治教育管理

绝大部分学生思想活跃，关心时事政治和国家大事，但对深层次、复杂性问题缺乏本质上的认识，针对这种现象，政治辅导员应加强学生思想政治教育，引导学生正确认识党的路线、方针、政策，关心党和国家大事，拥护共产党的领导。据调查，高校领导非常重视学生思想政治教育工作，加强辅导员队伍建设，有专职的辅导员专门负责学生的思想政治教育工作，提高他

们的社会责任感和政治参与意识，对社会和生活充满了信心，主要表现在积极入党，关心中外关系，对上海世博、北京奥运、神舟飞船、“三农”问题等大事都表现出极大的关注，但是仍然有部分学生对国家大事和政治学习兴趣不够浓，政治观念较为淡薄、政治心态较为幼稚，缺乏一定政治鉴别力和政治敏感性。在人生价值方面，高校学生人生追求的基本心态是积极、进步向上的，有志向、有抱负，有美好的人生追求，但现实性、功利性比较突出，不少学生的个人价值取向徘徊在高尚和实惠之间。总体来说，高校学生思想政治教育工作主流是积极向上，高校领导对学生思想政治教育工作队伍的建设也是十分关心和重视。

2. 高校学生后勤管理现状

后勤管理通常涉及对学生的衣、食、住、行的管理，关于高校学生后勤管理，笔者从中选取了贫困生资助管理和学生的宿舍管理作为代表。

（1）贫困生资助及管理基本情况

尽管高校大部分学生家庭都比较富裕，但仍然有相当一部分学生的家庭经济条件还比较困难，为此笔者特去了江西两所本科院校就有关贫困生问题访谈了有关领导及其学生。据调查学校贫困生（含特困生）占据了学校学生总人数的7%～8%左右，这两所高校学生人数都在万人以上，可见贫困生绝对数目不少。学校对贫困生非常关心，都相应建立了学生资助管理中心。但由于受到各方面因素的影响，资助幅度不大，涉及面不广。

高校对贫困生资助通常有以下几种形式。

1）国家助学贷款

相对于公办高校来说，辐射范围不大，只是少部分品学兼优的学生可以获得国家部分贷款。

2）国家助学金

国家和政府为鼓励大学学生成才，在高校设立国家助学金，对品学兼优的学生，国家提供每生每年2 000元的助学金，帮助贫困大学生完成学业。

3）国家奖学金

与公办大学一样，现在的高校学生也享受国家奖学金待遇，最高奖额为每生每年 8 000 元。江西许多高校还设立了国家“励志”奖学金，其奖学金额为每生每年 5 000 元，条件必须是品学兼优的大二以上的学生。其目的就是鼓励高校学生好好学习，将来为国家建设服务。

4）学校奖学金

如江西蓝天学院专设了于果扶贫助残奖优基金，南昌理工学院分别设一等奖（600 元）、二等奖（300 元）、三等奖（100 元）以鼓励学生刻苦学习。勤工俭学，提供学生岗位。为了帮助一些贫困生自食其力，一方面让他们能够赚取一部分的生活费；另一方面也可以锻炼学生的社会实践能力。

高校为此每年都会拿出一部分资金用来设置勤工岗位，加大对贫困生的扶植力度。

（2）学生宿舍及管理状况

一方面，随着高校扩招和学校办学规模的不断扩大，许多高校对学生宿舍的需求量不断增加；另一方面，随着人们生活水平的提高，当前宿舍的软硬件设施跟不上时代的发展，使得高校学生宿舍管理陷入两难境地。以下是目前面临的一些问题。

1）学生宿舍基础设施较差

尽管现在许多高校已经脱离了租借宿舍难堪的境地，但学生宿舍仍然存在结构不合理，设施不齐全的问题。普通寝室仍然保留多年前的 6～8 人一间，甚至更多，人均活动空间小，没有单独卫生间，行李储藏室小，没有电视、电脑等一些现代化居家必备设施，这些都不便于学生学习和生活，还有些实力不强的高校仍然存在着通风采光不好，阴暗潮湿的学生宿舍，极不利于学生宿舍管理和学生健康成长的需要。根据设计问卷“你觉得你所在的宿舍的条件好吗？”竟然有 40%以上的同学说条件差。

2）宿舍管理人员素质与宿舍管理工作的需要差距较大

尽管许多高校对宿舍管理非常重视，但宿舍管理员素质仍然有待提高，大多数高校为节约成本，聘用的宿管人员多是临时工，且文化水平差、年龄大，缺乏基本的管理知识，对学生宿舍管理完全“照本宣科”，机械地执行“制度化”管理，缺乏与学生的沟通、交流，还有宿管人员竟然会私自拿学生的财物，因此他们无法成为“不上讲台”的老师。在问卷调查中竟然有35%以上的学生说宿舍管理不规范。

3）宿舍大多数实行“制度化”管理，缺乏“人性化”

在江西许多高校，为加强宿舍管理，为学生提供舒适的学习环境，都制定了《宿舍管理制度》和《宿舍管理条约》等规章制度，出台了一系列的规定，强行推出“不准……，不要……”等，宿舍实行的是“制度化”管理，缺乏“人性化”的关怀，如规定学生晚上 11 点之前必须回宿舍，严禁在公寓内搓麻将和赌博等，违者将得到严厉处分。

4）宿舍精神文明建设有待提高

宿舍是大学生的家，除了到教室上课时间外，学生 2/3 的时间在宿舍中度过。近几年来，高校学生宿舍整体风貌得到极大改观，很少出现大的学生问题，但是一些小问题——不健康、不文明行为仍然存在，例如，破坏公共财物现象较常见，私自接电源、使用禁用电器、留宿他人、打麻将、大声喧哗等屡禁不止。高校学生宿舍管理存在的问题应该引起高校管理者的高度重视。

3. 高校学生就业管理现状

近几年来，有很大一部分高校面向市场进行特色办学，学校所设的专业基本上符合市场的需求，尤其注重对制造业和服务业技能型人才的培养，学校非常重视他们的技能训练与实际操作，毕业生大多深受用人单位欢迎。

各校通过发展校内外招聘会，加强校企之间的合作伙伴关系，开拓各个经济发达区就业市场，极力推荐毕业生就业。各大高校都十分重视就业问题。在就业管理方面，各校普遍建立了就业工作领导小组及就业指导中心，下设职能部门，实行层层管理。

对学生就业指导有以下四个方面。

① 调整大学生就业心态，降低标准，提倡从基层做起。

② 强化大学生职业生涯规划的理念，扩大职业生涯规划的普及程度，让学生普遍感受到就业的紧迫性，从而激励他们努力学习。

③ 对快毕业的学生进行就业技巧的指导，教会学生如何应对面试。

④ 鼓励大学生拿“双证”，进行职业技能培训，提高自己的实践能力及动手操作能力，以便更好地适应市场竞争。

三、高校学生管理工作的思考

以创新为目标，抓好教育引导工作。高等学校的三大职能：培养人才、发展科学和开展服务社会。培养人才是高等学校的基本职能和中心任务，是高等学校之所以是高等学校的根本理由。发展科学是高等学校的重要职能，它既是高等学校培养高水平人才的保障，又是高等学校不同于其他层次学校的本质要求。社会服务是高等学校前两项职能在当地社会的合理延伸与实际应用，既是高校对应当地社会应尽的义务，也是高校本身发展的内在需要。所以，必须牢牢抓住培养人才这一中心任务，正确处理好三项职能之间的关系。人才的培养需要一个相对宽松的环境和一个合理的激励制度，如何将学生培养成才是每一个从教者都在关注的问题，在这方面我们可以借鉴促使英国产生第一次工业革命的政策——专利保护。万能蒸汽机的发明者瓦特就是通过出售这项技术从一个一贫如洗的失败商人变成了富有的发明家。作为高校管理者，从这件事上应该学到什么是人才的标准，人才不是各科成绩都非常好的只知道学习的学生，而是具有创造力的学生。

经常有这样的指责，现行教育制度是抹杀学生创造力的罪魁祸首，各方面的证据也隐隐说明了其中的一些关系。作为教育者，应该明白这样一个道理，如果学生认为他需要某一方面的知识时，他是会投入时间和精力在上面的。学生经常会问这样的问题：“我不知道学这一门课有什么用。”这个问题揭露出了学校在学习引导上的问题。学生不是为了学位证书而学习，如果学生把取得学位作为学习的最终目标，那就违背了我们的教育目标了。让学生认识到所学知识的重要性是培养人才的关键性的一步。如何才能做到呢？这并不是说要极力宣称开设的课程有多么的好、有多么的重要，而是尊重学生的自主选择，就像到市场买菜，无论菜农怎样说自己的菜好，都是要选自己需要的和自己喜欢的。在现在的高等教育价值中，不仅应该注重社会价值，更应注重个人价值，没有了个人价值，高等教育就无从反映和促进社会的发展，其社会价值也就无从谈起了。

学生管理者要有责任感，要给学生更多的关心与关爱。学生的非专业教育主要包括了理想教育、责任教育、价值观教育等。作为学生管理者首先要有责任感，对学生进行耳濡目染的理想教育、责任教育、价值观教育，让学生感到有所追求是多么快乐的一件事。同时要给学生一个自由的空间，发表他想说的。当他把他想讲的都说了，我们就能发现问题的关键了。

除此之外，大众化教育的开始，同时宣告着师道尊严时代的结束。在我国长期的历史的影响下，一直都有“一日为师，终身为父”的认识。在学生管理过程，往往要求这个要求那个，认为这些都是应该的，缺少对学生的人文关怀。作为学生管理者，存在的价值是帮助学生变得更好，彼此之间更重要的是做朋友，而不是长辈。要相信学生能做出正确的选择。我们只是要根据经验告诉他做某些事需要付出的代价是什么，让他根据情况进行选择，而不是替他做好决定。

抓好工作两条线，做好目标导学工作。当前的社会非常看重学生的文凭，而现在的文凭的取得主要是看学习成绩，这是一个非常现实的问题，虽然说文凭和能力不是矛盾的，应该是彼此相长的，但是他们并不是呈线性关系的。高分低能的一种现象已经出现了，这时候，作为教育管理者，如何寻求其中的平衡点很重要的。第一，应鼓励学生学好本学科知识，让他们明白学习也是一种能力，一种接受新鲜事物的能力。第二，除了奖学金外，并不把学习成绩作为各项考核的唯一重要指标，只要学生成绩合格，他就应该具有各项奖评的条件，其他的奖评条件应该注重学生其他方面的成绩和他所特长方面作出的贡献，即工作中的一条线是保证学生能拿到关乎他前途的文凭，

另一条线是帮助学生树立自己追求的目标，注重个性化发展，培养他们适应社会、解决问题的能力。

高等教育发展迅速，学生人数急剧上升，难免会存在各种各样的问题，给高校学生管理工作带来了前所未有的压力。通过调查，发现高校学生管理工作主流是好的，积极健康向上的，但在学生管理过程中仍然有许多不可忽视的问题，这些问题足以引起高校高度重视。

1. 强调制度本位，忽视学生本位

合理的规章制度是有效实施教育的基础，各高校都根据自己的实际情况制定了严格的学生管理制度，如学籍管理方法、学生奖励条例、考勤请假规定等，对学生的学习和日常行为进行规范。但在制定政策时缺乏考虑对学生的人性关怀没有将更多与学生成长息息相关的切实利益引入到管理制度的范畴中，没有真正将学生视为学校的主人、消费者纳入管理体系，在管理中不会太注重考虑学生的权益，如在学生助学贷款、勤工俭学活动及社团活动中未能以制度为保障提供较好的服务与指导等。许多高校存在过分强调制度，喜欢用条条框框来规范学生的行为，要求学生“不能……”“不要……”。据调查，绝大部分同学反对学校“制度化”管理，而偏爱“人性化”管理。

2. 高校学生管理工作队伍匮乏

目前高等教育改革虽然不再继续扩大招生规模，但是高校的招生人数与以前相比却是大大增加了。由于学生人数的大量增加，高校的准备还不是很充分，例如，学校一些相应的软硬件设施不能及时配备，师资队伍也不能及时补充，管理工作者相对缺乏，而且大多数管理工作者没有学过管理学及心理学知识，也没有在高校接受过有关高校管理的专业知识培训，大多数管理者没有高校管理的经验，甚至只是把做好管理工作当作调换工作的跳板。另外，有的老师甚至是兼职做管理工作，这些老师一方面面临管理学生工作的压力；另一方面还面临着给学生上课及科研的压力。

高校管理工作本来就比较繁杂，事情较琐碎，因此大多数管理者只能做些表面工作，工作流于形式，难以达到高效、科学、规范的目标，也无法形成科学有效的管理队伍，严重影响了高校学生的管理工作。

随着高等教育大众化步伐的加快，在校学生人数猛增，高校准备不足，导致教室、宿舍、实验室、食堂、图书馆、活动场地等大量硬件设施无法及时配套，师资队伍也没有得到及时的补充，师生比悬殊。大众化进程对高校学生管理工作最大的挑战是辅导员队伍匮乏，具体来说体现在以下几个方面。

（1）学生辅导员队伍数量严重不足

2006 年 9 月，教育部《普通高等学校辅导员队伍建设规定》中明确规定，辅导员数与所带学生数之比为 1:200，而实际上达到教育部要求的高校很少，有的学校达到了 1:600，甚至更高，这在一定程度上加重了辅导员的任务，无法在时间上和精力上对学生进行过细的思想政治工作，无法及时给予心理问题的疏导。

（2）学生辅导员队伍质量参差不齐

从人员构成上说，目前高校辅导员主要由专职与兼职人员两部分组成。

兼职辅导员主要包括两种情况：一种是由青年业务课教师兼职，实行思想政治教育和业务工作“双肩挑”；另一种是由研究生党员和高年级本科生兼职，他们一边学习，一边从事学生思想政治教育工作。

随着市场经济体制改革的不断推进，高等教育事业也不断深化改革，对管理水平的要求日益提高，原有的“双肩挑”模式开始受到挑战。社会竞争的激烈使得高校的青年教师在科研、教学等方面面临很大的压力，担任兼职辅导员的业务教师在兼任辅导员工作的同时，需要承担任务很重的教学工作，他们最终的发展还是对业务水平和教学科研能力的衡量。角色和时间的冲突，使他们精力分散，难以全身心地投入到学生工作或教学中，因而很难在教学研究与行政管理上并行发展。担任兼职辅导员的研究生同样面临着专业上的压力。三年时间（有的学校甚至是两年）必须完成学习多门专业课、公开发表论文、撰写硕士论文、导师研究课题等任务，因而很难将精力集中在学生思想政治教育和日常管理工作上，很难做到“两手抓，两不误”。

（3）学生管理队伍不稳定

班级辅导员是班级管理的核心，是学生思想政治工作的组织者和指导者，在学生日常管理和思想政治教育工作中起着举足轻重的作用。随着招生规模的日益扩大，学生管理队伍严重匮乏的问题已无法回避，很多大幅扩招的院校聘用优秀毕业生或由教师专兼职结合的方式担任班级辅导员工作，在一定程度上缓解了人手短缺的问题。但目前班级辅导员实际承担的工作已远超过本职工作范畴，除兼任院系教学任务以外，往往还需要负责团委、党委、学工处等院系行政职能部门的日常事务。班级辅导员职责的不明确性、学院奖惩激励体制的不健全，导致班级辅导员队伍不稳定，人员流动性较大，多数班级辅导员没有真正把学生管理工作当作毕生事业，责任心不强，在工作一两年后就急于转向全职专业课教师或考研、考公务员等。班级辅导员队伍的不稳定已成为影响高校学生管理工作深入开展的重要因素。

另外，高校中从事学生管理工作的队伍主要由本校留校的本科生或研究生构成，他们中很少有人专门学习过管理学或心理学的知识，同时又缺乏进修以提高自身专业水平的机会。高校学生管理工作内容庞杂，事务琐碎，全校凡涉及学生的各个部门的工作最后的落脚点都要落在辅导员身上，千条线一根针，导致学生管理者无法避免地每日陷于事务堆中，疲于应付，这就致使管理工作表面化、肤浅化，从而流于形式，难以对学生日常行为、生活学习等方面进行高效、规范、科学的管理，严重影响着学生综合素质的提高。

（4）辅导员工作存在两极化倾向

辅导员是班集体的领导者、组织者和管理者，在高校班级建设和实现学生成长目标的过程中，具有不可替代的作用。当前，在许多高校中，辅导员对学生的管理工作存在两极化发展的态势。一方面，过少地接触学生，认为学生已经是成年人，应该有自己的生活方式和行为规范，老师不必过多干涉，所以主要是借鉴公办高校辅导员管理方法，平时与学生交流得少，了解得少，有时当学生碰到棘手的事情，而学生自己又不能处理时，却很难找到辅导员。另一方面，一些辅导员缺乏对学生的信任，夸大学生的缺点，压抑学生的独立性，采用中学班主任的管理方法，全包全揽班级事务，这种极端的做法，往往不利于学生的主动性、创造性和学生的个性的充分发挥。

3. 学生工作形式化，没有真正落到实处

凡涉及学生的各个部门工作最后的落脚点都要在学生工作上。现行的工作体系和工作内容的庞杂，导致学生管理工作者每日陷于事务堆中，疲于应付。从事学生工作的管理者似乎什么都在管，但在学生成长最关键的地方，如专业方向的选择、心理问题的开导、就业指导等引导得较少。总的来看，学生管理者被动等待问题多了些，管的枝节末梢多了些，而主动研究一些学生工作规律、大学生的特点、思想动态等问题则少了些，学生工作较多地趋于表面化。

4. 高校学生管理工作环境闭塞

高校学生管理工作的主旨在于培养学生发展的能力，并为其终身的发展奠定基础。为了更好地实现高等教育的目的，落实高校学生管理工作的主旨，必须改变和设计那些“偶然的环境”。在高校学生管理工作实践中，我们习惯于运用制度规约、榜样力量，过多地干预和建构高校学生管理的工作环境，投射到学生管理中的都是积极的、正面的因素，无视真实的生活图景，割裂校园环境与生活环境、社会环境的联系，强制性的理想主义道德说教只能导致社会的道德虚伪：用理想主义来说事，用现实主义来做事，奉行的是两套伦理原则，造成“5+2=0”的尴尬局面。事实上，关起门来做高校学生管理工作是不行的。随着网络的迅速普及和高校校园网的建设与日益完善，大学生已成为网络社会的主要群体之一。网络时代所构筑起的新的社会生活方式，对大学生的思想和行为产生了强烈的影响。人的本质是一切社会关系的总和，大学生的身份不仅是校园中的学生，更是与社会有着千丝万缕联系的人，不可能独居校园象牙塔中，从这方面讲，高校学生管理工作所依托的工作环境必须是开放性的。另外，开放性体现在大学生与高校管理工作环境的相互作用，苏霍姆林斯基认为，教育过程中最微妙的领域之一就是不仅应利用环境教育受教育者，而且应利用受教育自己创作的环境来教育他们自己。

德性本身就是来自于社会生活规范，学生要学习和掌握社会生活规范，就必须参与社会生活，参与人际关系，只有在生活中才能学会生活，只有真正反映生活、接触生活，才能真正认识生活。因此高校学生管理不应在虚拟的环境中自娱自乐，必须回归生活，以开放的姿态构建高校学生管理的大环境。

5. 高校学生管理工作理念落后，与大学生观念相脱节

高校学生管理的对象是学生，是具有个体独立意识的人。长期以来，高校学生管理者充当长者的角色，采用行政化的方式，说教训导，削弱了学生的主体地位，强调整齐划一的管理，忽视学生个性的发展。强调制度之于学生的约束和规范作用，忽视了学生判断能力的培养，忽视了学生作为主体的人的存在。若把学生确实看作一个完整的生命体，以此审视目前的高校学生管理工作，就会发现无论是对时代的认识，还是对学生的认识，学校教育的认识，都只侧重于认知，在一定意义上是乐观的理性主义和科学主义。学生简单的被视为“容器”，被动地接受知识的灌输，被动地接受制度的规约，但是，大学生的身心发展日渐成熟，渴望独立，渴望理解，如果单纯的看作无生命的“物”而忽视其自身的主动意识，会取得适得其反的效果。

一直以来，我国高校学生管理工作都只停留在事务层面，管理体制大多从以前的管理体制中沿袭过来，在管理的过程中，学校管理者处于主导地位，起主导作用；而学生往往处于听从安排、服从管理的地位，有时管理者还会利用权威对学生进行压制，以顺利完成学校的管理任务，这既能满足学校管理工作的要求，又能使学校处于稳定和谐的发展状态中。但是这样的管理理念不仅抹杀了学生独立个性的发展，还会使学生经常处于一种被动、服从的状态，不仅不利于学生养成独立思考问题的能力，也使学生失去了自身的主体地位，对学生今后的发展将会产生严重的影响。因此，随着当代社会的不断发展变化，高校的管理理念需要随着形势的发展变化及时进行转变，为当代大学生的不断发展提供一个更为广阔的发展空间和平台。

我国高校学生管理体制僵化，落后于时代发展，对学生的管理一刀切，

要求学生绝对服从。随着外界环境的变化，大学生思想越来越活跃，自我意识增强，喜欢接触新事物，紧跟时代发展步伐。同时因为学生来自不同的地方，学生的个体差异较大，加之社会上不良风气的影响，大学生的思想价值观念发生变化，功利性比较强，奉献的意识淡薄。大学生处于一个过渡时期，逐步走向成熟，但是大学生的自我控制能力还比较差，不能自我约束，会出现一些问题。这些特点都令辅导员感觉到学生管理的难度越来越大，如果不结合大学生特点制定出新的管理方式，还用旧的管理方式是不会有好的效果的。

另外，高校学生管理工作是高校教育工作的重要组成部分，应予以体现教育的终极价值。但是在忙于众多事务性工作的遮蔽下，重管理轻服务，简单停留于让学生服从管理，听从安排，重视满足学校的现实需要，即稳定和发展，而忽视学生的长远发展要求，用经验代替民主管理，问题式管理代替发展式管理，事后处理代替预警机制，渐渐丧失了对高校学生管理工作的本真认识。在新形势下，高校学生管理迫切需要转变理念，为学生的发展创造一个广阔的平台和空间。

6. 封闭式管理抑制了学生个性

目前，大多数高校对学生管理采用了封闭式的管理，在这统一封闭式学生管理下，制约了高智力学生的学习主动性和创新性。封闭的学生管理同时也忽略了学生群体是由丰富的个体组成这一特点，漠视了人的主体性和发展的完整性，从而压制了学生的个性发展。这种管理形式同样也忽视了学生素质的差异，阻碍了学生全面发展的可能性。高校选择封闭式学生管理不完全符合教育本身的规律和要求，一方面是为迎合家长的心理需求——要求学校严格管理好他们的孩子、加强学习，以便成才；另一方面学校更多考虑的是学生的安全，谨防学生发生意外，因此，这种管理模式应该进行改革。

7. 高校学生管理工作方法单一，体制落后

目前我国大多数高等学校依然沿用传统的管理模式，传统的高校学生管理模式固然有其存在的价值，但是随着社会的发展变化及高校规模的不断壮大，旧有的管理模式与现存的新情况、新问题必然会产生冲突，不能很好地

实现其现代高校学生管理工作的职能。先前的高校教育管理体制是以班为单位的，与学年制相适应，学生的组织管理层次比较清晰，人员也较稳定，但是现在大多数高校的教育体制实行的是学分制，学生自主决定选修专业、上课时间、修业年限及任课教师，淡化了班级及年级概念，班级成员也不再一成不变。在这种情况下，班级职能将随之发生变化，教育管理基层组织对学生的管理能力随之下降，无法达成有效教育管理的目标，使得现行的学生工作运行体制也无法像以前那样正常地运行。

目前我国大部分高校的管理方法仍然停留在先前的强制、约束的层面上。虽然用强制、约束的方法看上去很快就能见成效，但是多数情况下学生只是表面应允了，实际却并不当回事，仍旧我行我素。而且在当下多元文化发展背景的冲击下，学生受到各种文化思潮、不同价值取向的影响，必然与学校单一的管理方式、方法产生严重的冲突。因此，高校的管理方法需要随着社会文化的发展而相应地发生变化，为当代大学生提供一个有利的发展空间。

8. 信息网络的发展与普及给学生管理工作带来困难

科学技术的迅速发展，网络对大学生的学习、生活及思想观念带来了重大影响，给学生管理工作带来了便利，更带来了新的问题。网络信息涵盖面较广，内容比较丰富，学生可以从网络上获得各种知识，为人的交往提供了便捷的渠道，对传统的以学校、教师为权威的思想产生冲击。网络普及的情况下，大学生能够借助这个网络媒体更迅速地获得信息，包括积极向上的有益信息，也包括腐朽落后的有害信息。大学生沉迷网络，使得一些学生精神空虚、封闭自守，甚至走上犯罪的道路，可见网络对大学生的负面影响比较大。

高校扩招使得高学历的人才成倍增长，毕业生越来越多，与此同时，金融危机以及国家体制方面的改革，缩减了对人员的需求。供给与需求之间产生反差，造成毕业生压力增大，致使一部分毕业生因为就业压力产生心理问题。还有现在的学生独生子女比较多，这些学生有些生活自理能力较差、人际交往方面存在障碍，这些都是需要疏导的心理问题。

四、高校学生教育管理问题思考

面对急速变化的校园外部环境，当代大学生思想观念、价值观念、生活方式、行为方式等都发生了深刻的变化。毋庸置疑，也给高校学生管理带来了新的问题，从当前高校学生管理教育的实际情况看，教育工作集中反映在以下几个方面。

1．“发展个性”与“严格管理”

发展与完善受教育者的个性或者说为受教育者个性的发展与完善提供良好的教育环境，是高等教育内在主要的使命之一。在传统社会向现代社会的过渡中，对人的个性的要求不仅是量的改变，更重要的是质的改变。

简要地说，其中一个主要方面就是要解放个性而不是要泯灭个性，是突出发展个性而不是压抑个性，是要完善个性而不是要统一个性。马克思关于人的学说的一个重要观点，就是社会的发展是不断健全人的个性发展与完善的过程。而这种发展与完善具体表现为个体兴趣、爱好、知识、能力的多样性满足和由此构成整个社会协调性的发展。市场经济比计划经济更要求个性的多样性，这一点毋庸多言，现在学生要求个性的呼声日高。发展地看，这是符合社会发展规律的，应给予充分的肯定和积极的鼓励特别是科学的引导。在发展个性问题上，有一种值得引起注意的倾向，就是不少学生把发展个性同严格管理对立起来。特别是对日常生活等方面，他们认为是小事，不用严格管理严格要求，否则容易压抑学生个性。有的教师、管理工作者也包括有的领导干部，似乎对此也有同感，思想深处也认为大学生的主要任务是学习，学习好了，其他方面要求不必太苛刻。当然其表达方式，可能因所处的位置不同，看待问题的角度不同，也各有自己的特点。

发展个性和严格管理是现代社会对人的素质和活动的两个基本的辩证统一的要求。发展个性问题前面已经谈过，这里简要谈谈严格管理问题。首先，严格管理的目的是保证整体的协调、高效、有序；其次，整体的严格管理要求个体必须自觉严格要求自己，任何放纵自己的行为对他人对组织都是

有害的，社会越发达越是如此；最后，对自己严格要求最基础的东西是遵纪守法和具有良好的社会公德。大学生作为社会中处在较高层次的群体，应该实现发展个性与严格管理的有机统一。只强调一个方面，而忽视另一方面的想法和做法都是不对的，在实践上则是有害的。

2.“民主意识”与“法治观念”

近几年来，随着全社会民主与法治建设的逐步推进，高校师生的“民主意识”与“法治观念”是增强的趋势。“民主意识”的增强突出表现在对“权利和义务”认识的深化和参与精神的提高；“法治观念”的增强突出表现在依法治校和对依靠行政权力主观任意行为的限制等方面的要求。以下将结合实际情况做些具体的分析。总的来看，不同的层次、不同的角色对“民主”与“法治”的要求各有侧重。学生对“民主”的要求更强烈一些，他们要求有更大的学习选择的自由，不仅有选课的自由，更想有选择老师的自由，同时要求有更好的学习条件，至少有他们认为与他们所缴学费相符的学习条件。但对管理的认识大多数停留在服从上，对学生对学校应尽的义务则缺乏理论层面的深入思考。管理者对“建章立制”方面的客观压力要更大一些，因为他们首先要考虑或不能考虑的问题是怎样把职能范围内的事管好。教师中相当一部分人则更习惯于讲求有更好的秩序，至少能保证教学任务的顺利完成。这些情况表明，师生的“民主意识”和“法治观念”尽管有了一定的提高，但总的说来，还停留在比较表浅的层面，多数人还习惯于依靠行政手段进行行政管理。这和高校的地位、性质、作用是很不相称的。高校尤其要重视“依法治校”，行政权力和行政管理及各种领导活动都不能超出法律规定的范围。在当前高校学生管理教育中，一方面作为管理者对学生应享有的基本权利缺乏事实上的尊重，主要表现为主观随意性的和领导意志性的东西一直占有很大的比例。另一方面作为被管理者，学生本身对自己应享有的权利和应尽的义务也都缺乏全面的明确的认识，以至于在许多时候和许多方面，该享有的权利不去争取也不会保护，该尽的义务也不去自觉履行。鉴于上述情况，高校的民主与法治建设任重而道远，特别是在学生日常教育管理中，这方面还只能说刚刚起步，要切实加强理论研究和实践探讨。

3.“个人奋斗”与“团队合作”

市场经济的多元化要求发展亦应多元化，从这个角度纯粹从理论推论，个人奋斗的思潮应该有市场。但市场事实上为什么不是这样呢？因为市场经济的充分发展，必然由卖方市场变为买方市场。在买方市场中，消费者才是上帝。生产者的生存和发展，取决于消费者的满意和认可程度，而任何一个生产者同时也必然是一个消费者。这就意味着在市场经济充分发展的情况下，生产者与消费者之间的互相依存、互相制约关系比过去任何时候都更加直接。这种依存性强化了平等、民主与合作关系，任何独立的个体、组织、团体，想不和别的个人、组织或团体发生关系是不可能的，而这种关系如果不是在平等、民主基础上合作的关系也是不行的。合作意识和团队精神是社会对现代人基本素质的要求之一，这一点和社会主义所要求的集体主义精神是相贯通的，或者说至少是不矛盾的。在我们日常管理教育中，一方面要创造条件提供良好的外部环境，鼓励学生要有自己的个性，激励他们自己去做切切实实谁也不能替代的努力；另一方面又要形成浓厚的“团队精神”，强调每个成员要自觉增强合作意识并提高合作能力。这两个方面的有机结合，对集体和组织来说，能收到 1 加 1 大于 2 的整体合力；对个体来说，能在集体和组织中得到个性的发展完善和服务集体与组织的过程中充分地实现自己的价值。

4.“自我认识”与“规则默契”

“自我完善”这个口号这几年提得比较多，这个口号比较完整的说法是“自我管理、自我发展、自我完善”。从理论上推导，“自我管理”是起点，“自我发展”是过程，“自我完善”是目的。这里所说的“自我”包括学生个体的自我和学生群体的自我，是相对于教育者和管理者而言的，是着重启动学生内因着重挖掘学生自身潜力和调动他们的自觉性、主动性、创造性的。现在看来这个口号是不太全面，少了一个“自我认识”，而“自我认识”是“自我管理、自我发展、自我完善”的前提，只有正确地认识“自我”才能保证

后面三者合乎逻辑地运行。实践证明，只注重后三者，学生的自我管理仅停留在管理的组织形式上，没有教育者管理者的外在约束，这种自我管理往往会流于形式或者只是行政管理的附属物。总结这方面的经验教训，我们应当善于创造条件引导学生重视自我认识、学会自我认识。自我认识就是一个人对自己和社会的需要适应程度的认识，这种对社会适应度的认识，小可以到你生活的周边环境，大可以到整个社会环境。只有拿社会需要这把尺子来度量自己，才会发现自己的长处与短处，发扬长处、克服短处的过程就是自觉地“自我管理、自我发展、自我完善”。所以提高认识自己的能力是至关重要的。是一个人基本素质中最重要的组成部分之一，甚至可以说是之首。在每个个体能相对正确认识自我的基础上，社会各群体就会出现“规则默契”的现象。所谓“规则默契”就是在许多没有明文规定的情况下，人们都会自觉地、自发地遵守某些实际存在的规则，其产生的社会效果就是群体各组成部分的协调进而构成整体的平衡。

实际上许多明文规定的东西在形成文字之前，早已部分地或整体地实行了。假定每个个体都相对认识了社会需要和自己的努力方向，即使他并不知道其他个体对类似问题的认识程度，但是由于他自己按社会需要去努力了，实际上就把自己纳入了整个社会需要的轨道。如果每个个体都进入社会需要的轨道，再加上其他因素的作用，那么看似无序的个体运动在整个社会就形成了相对有序的运动，而社会只要有序运动便会产生无序运动所不能比拟的综合效益。如果上述说法成立，那我们把这些思想运用到大学生管理教育工作中去，是不是可以更大程度上减少外在的强迫的约束，调动学生自身的内在潜力，使我们的管理教育更有成效呢？

第二节　高校学生管理信息化现状及重构

在信息社会里，人们学习的方式在时间和空间上发生了突破性的变化，不再拘泥于传统的课堂、纸质的书本、学校的教室等，听世界高等学府的课

更不必舟车劳顿，只需一台能上网的电脑或智能手机便可随心所欲。然而这种变化并不是将传统课堂搬到网上那么简单，它实际上代表着信息技术在解放人们本身所具有的学习能力和潜力上所具有的不可估量的价值。

同样由于信息技术的高速发展，各种组织机构的管理也正从人工的定性、单一管理向信息化的定量、系统、科学综合管理转变。但这种转变在高校这一组织机构的管理中特别是学生管理中呈现得并不明显，显然这与信息化技术使用状况不佳，决策前没有准确、全面的定量统计和数据分析，决策过程没有科学依据做指导有着密切的关系。如何利用信息技术的优势提高高校学生管理水平，增强大学生的服务能力，显得尤为重要。

一、高校学生管理信息化现状

目前，我国各大高校在校园信息化基础设施的配置和信息化管理平台建设方面已经相对完善，基本实现了对各项学生事务的信息化管理。

1. 高校学生事务管理信息化基础设施建设的不断完善

20 世纪 90 年代以来，我国的教育信息化建设呈现不断增长的趋势，校园信息化基础设施建设、计算机系统建设及高素质的信息化人才培养方面都取得了不错的成效。目前在全国范围内已经逐步建立起了中国教育科研网、地区性教育网等，各大高校也逐步普及了校园网，它们大都和因特网直接相连，校园里各种多媒体教室、数字图书馆、自助校园导航终端等纷纷出现。当前，教育信息化进入了一个新的更加便捷的发展阶段，这些大学的基础设施建设中，广泛应用了先进的通信和计算机技术，很多大学在新生入学、学期注册、咨询服务等方面都实现了信息化。

2. 高校学生事务管理信息化系统和平台建设日趋完善

教育信息化的一个重要的方面就是构建一个适用于教育领域的庞大的信息资源系统。信息化平台不仅是一个事务管理系统，而且是一个集决策支持、行政事务管理等为一体的综合管理服务平台，它是以高校信息资源管理和应用为核心，建设基于高校管理与服务，适应学校发展与创新需要，构建

一体化、多层次的高校管理信息系统应用体系。在具体实践中，数字化校园信息平台由以下几个层次结构组成。计算机硬件基础设施建设是高校信息化平台建设的基础，其包括各种计算机设备、交换机和校园网专用服务器等，这是高校校园网建设的基础。数字化校园的核心是数据库，由学生信息库、教师信息数据库、档案信息库、教学资源信息库及管理信息库构成，为信息化平台建设提供数据支持。各个数据库相互独立但是也存在着很强的关联性，学校可以通过不同数据库之间的内在联系把各个数据库链接起来，方便师生查询。基本信息服务是指数字化校园在以信息共享的软件基础上，能提供给我们的各项基础应用，包括校园一卡通管理系统等。

利用数据挖掘技术对数据库进行应用挖掘，生成的各个应用系统直接管理各种信息资源，校园网用户可以直接使用。高校是教育信息网络资源技术的中心，同时，高等学校拥有信息化的最重要的资源——通信、网络及计算机专业的专门人才，拥有强大的技术优势。各大院校相继建立了校园网，校园网涵盖了学校概况、师资力量、后勤服务、就业服务、论坛等各个方面，为学生的学习生活提供了一站式服务。信息化系统和平台建设逐步完善，从数字信息化建设开始到现在各高校信息化平台的建设更加完善。

二、高校学生信息化存在的不足

虽然我国高校在学生管理方面初步实现了信息化管理，但是在信息化方面仍有一定的不足，具体如下。

1. 传统教学管理模式掣肘明显

（1）传统教学观念的阻碍

一方面，不少的高校对信息化建设的必要性和紧迫性没有充分的认识，没有将教育信息化作为学校事业发展的一项重要的基础性工作来抓，没有相应的建设规划、组织机构及配套的政策和措施，信息化建设流于形式。

另一方面，在传统的教学观念中，教师是教学的主体，教师常常以一种教育者的姿态高高在上地出现在学生面前，传授知识的方式是单向灌输式，并且认为自身是学生知识来源的主要渠道。他们在面对知识化、信息化浪潮冲击的时候，不是主动地适应，而是在传统观念的影响下有意识地回避，甚至是阻挠信息化建设。但是信息时代的到来为学生提供了多种渠道、广泛摄取知识与锻炼思维的机会，因而他们完全可能在某些方面甚至是本学科领域领先教师。教师作为权威者的地位逐渐减弱，正在形成一种平等民主的新型师生关系，这是对高校教师传统地位的一个较大的冲击，影响到了他们的利益。因此，他们不会也不愿意认识到信息化建设的重要性，也就不会关心信息化建设之中存在的风险，更不用说参与到信息化建设风险管理之中去。

（2）狭窄教育技术观念的制约

传统的教学手段就是一块黑板、一支粉笔和一本教材的结合，也就不存在对高校教师在教学技术上有什么很高的要求。然而，现代教育技术的发展，对高校教师提出了更高的要求，高校教师必须从理论到实践对现代教育技术有一个全面的认识，但部分高校教师由于受到狭窄教育技术观念的制约，没有认识到信息化建设对于当前高校教学发展的重要性。

2. 管理者对信息技术掌握水平较低

（1）信息素养有待提高

信息素养关系到教师能否主动、迅速、有效地针对信息化建设中存在的风险做出反应。在信息社会，每个人最起码要具有六种信息素养能力即具有获取信息、处理信息、存储信息、传输信息、应用信息及创新信息的能力，以及在此过程中发现风险、化解风险的能力。良好的信息意识、较强的信息素养、一定的信息技术是高校教师必须具备的素质。

（2）缺乏信息化管理意识，无系统的、科学的上层设计

众多的信息化技术中很大一部分来源于高等院校，但许多高校由于部门间联系密切性不强，致使许多信息技术不能很好地应用和推广到学生管理中去，相当多的、缺乏信息化管理意识的高校学生管理人员排斥或不能主动、

积极地学习和应用学生管理的信息化。有的高校虽然也尝试在学生管理中应用信息化技术，但依然处于起步阶段，无系统的、科学的上层设计，整体信息化效果不佳。

（3）缺乏高端的信息化系统，处理信息的效率不高

近年来，高等院校在教育大众化潮流的影响下生源大幅度上升，给各高校的学生管理工作带来的压力颇大，众多工作如学籍档案、招生就业管理等时常出现活多人少的状况，使得过程管理中很多非结构化数据的呈现。现今仍然有很多高校依靠一个又一个文件夹来储存数据，且存放路径随心所欲，既缺乏逻辑性又显得杂乱无章。有的高校尽管开发或引进了先进的学生管理信息系统，但也因为缺乏科学系统的上层设计，致使每个子系统间所存信息缺乏交互性或交互性弱，系统查询和处理信息的能力大大降低。

（4）学生管理数据缺乏结构性，处理和挖掘起来困难较多

高校的学生管理工作涉及面多而广，经常会产生许多数据，如文字文档、图像视频、文本、报表、网页、电子邮件、资源库等。对于这些结构化程度低的数据，现今的信息技术对其的挖掘和处理能力还非常低，目前仍处于探索阶段，致使在针对性、系统化程度、决策支撑力等方面的负面影响较大。

（5）缺乏先进的信息交换系统，信息传输效率低下

信息化管理是高等院校学生管理工作的发展趋势，一些院校已经在尝试使用信息化管理。然而不容乐观的是，许多高校的学生管理工作系统陈旧，整合信息能力差，不能紧跟信息技术发展的步伐，信息数据的传输主要还是以电子邮件等第三方完成，传输效率不高。随着高校学生人数的不断上升，学生管理部门相应增加，部门间系统的通畅性受各种因素的影响壁垒颇多，造成数据申请过程复杂。高校的辅导员等学生管理工作的基层人员担起了数据传输的媒介，然而学生管理工作的数据较为庞大、繁琐，无疑给数据的传输带来了困难，致使一些非常重要的数据错过了处理的最佳时机，既增加了辅导员的工作量，也使数据信息传输的有效性降低。

（6）缺乏流畅性好、兼容性强的系统

因为高校学生管理工作的范围宽，要管理的内容多，所以高校设立的相关管理部门也比较多，根据工作性质的不同，划分相应的部门来承担相应的工作并储存相应的学生信息，如学生的党团信息储存在学校的党委组织部门，由团委、学工部主管，各院系党总支、学生科及团总支协管。各部门储存的学生信息一般仅在部门内部共享，其他部门需要时必须向本部门负责人提出申请，得到允许后，所需信息才能被申请部门使用，整个过程浪费了很多人力和物力，效率非常低下。虽然一些高校已经认识到信息化对学生管理工作的重要性，尝试在学籍管理、奖助学金管理等一些学生管理工作中实现信息化，但由于各个工作子系统的开发者不同，使用的开发语言也有所不同，各类子系统工作相对独立，致使各子系统间传输信息时环路密闭性差，出现误差的概率增大，加上系统间数据格式不具有兼容性，使得各系统间协同工作效率非常低，信息的共享性变弱。

（7）对信息化的认识不足

信息化在我国的起步较晚，我国社会缺乏信息化的社会基础，高校工作信息化快速推进的原因在于上级领导的指示，而不是高校工作的实际需要。因此，对于信息化的规律缺乏必要的认识，也没有较多的信息化经验可以借鉴，就很难形成较成熟、符合现实的信息化方案，加上目前还有不少人对高校工作信息化的价值取向和定位的认识上还存在着一些偏差。有部分领导认为信息化是可选项，信息技术在高校工作中的作用不大，如果能实现信息化，通过信息技术整合信息资源，实现资源共享，那充其量只是为高校工作锦上添花，但是没有信息技术的支持，高校工作也照样可以顺利开展。有一些领导对信息化产生了一些误解，认为信息化就是购买机器和软件，重形式而轻内容，只要肯花钱，信息化就能实现，没什么大不了的。有的领导认为信息化很容易，是可以一蹴而就的事情，搞搞突击就能实现。也有的领导认为，信息化是技术人员的事情，是信息机技术人员要负责的，跟管理层没有任何关系，管理可以不用信息化。还有的领导很热衷于信息化，但是却过分

追求新技术，新产品，忽略信息化的基础建设。因此，在高校工作信息化建设中很难找到前进的方向，不利于高校工作信息化建设的顺利推进。

（8）信息化管理程度低

目前，我国高校信息化管理程度偏低，大多数沿用传统模式，尽管有的高校把学生管理信息化放在首位，但是缺乏认识，例如，某些高校以为管理部门装配电脑就是信息化管理，认为信息化系统的作用是办公自动化和提高工作效率，忽视了信息系统在推动知识与信息创新方面的重要作用。

实际上，实现学生管理信息化，主要是为了简化学生工作流程、共享信息资源等，而低下的学生管理信息化程度严重影响了社会信息化水平的提高，进而影响高校的办学质量。信息技术的广泛应用及现代化的学生管理体制都对学生管理工作提出了更高的要求，学生管理信息系统建立与应用的成功与否、学生管理信息化转变的成功与否，取决于学生工作管理人员信息化能力的高低。

从目前情况来看，信息化的队伍建设存在两方面的问题。

一方面，管理人员信息管理意识还比较淡薄，管理工作效率不高。在学生工作管理信息化建设进程中，不论软件和硬件如何先进，如果学生工作管理人员的计算机信息技术水平很低，不懂得或不愿意利用现代信息技术，那么信息化建设也无法取得成效，采用现代信息技术来提高工作效率、强化管理也只能成为空谈。

另一方面，虽然到目前为止，大部分高校的学生工作部门都有自己的专业计算机管理人员，但人们对他们的定位往往容易走入误区，认为他们既然是计算机管理人员，就应该在计算机技术上有较深入的了解。

但事实上，在计算机技术高速发展的今天，专业计算机技术人员要在几个应用领域全面跟踪计算机发展的最新技术是非常困难的，甚至是不可能的。他们最重要的任务不应该是学习新的计算机技术，而是了解本单位的业务，协调信息技术与实际业务的关系，提出学生管理信息系统的建设方案。

学生工作的主管领导对这些计算机管理人员的错误定位往往会令他们混淆自己的任务，阻碍了学生工作管理信息化的进程。

（9）信息共享水平偏低

在信息时代，信息共享水平偏低会影响工作，这也是高校学生管理信息化不足的明显特征。高校信息共享主要在业务部门的内部业务之间，满足内部的信息共享和业务流转需求，实现管理工作的自动化。受传统观念的影响，管理人员对学生工作信息化的必要性认识还不够，信息管理意识淡薄，加快推进信息化的开放意识和紧迫感不强，抱着用得好就用，用得不好就算了的态度，对信息技术的学习不够主动自觉，甚至不少管理人员对学生工作信息化产生了疑问和抵触情绪。另外，由于各部门管理人员的观念转变程度不同，对学生管理信息化的重视程度也不同，造成各部门的信息资源开发水平参差不齐。有些部门由于领导的充分重视，对信息化建设的软硬件加大投入，很快就开发出适合开展本部门工作的管理软件；而有些部门由于没有充分认识到学生工作信息化的必要性，对信息化建设的硬件设备、人员配备等的投入不大，致使信息化程度偏低，影响整个学校的信息化水平，以及各部门之间、学校与外界部门之间的沟通和交流。

但是，从现有高校学生管理信息化的现状来看，他们都有着独立的业务部门，大多数部门只管自己内部资源，使得学生管理信息出现了孤岛现象。许多院校缺乏统一的规划，部门与部门之间互不相干，各信息系统数据不一致，资源严重分离，不利于挖掘数据，这一切导致了整个高校学生管理的信息共享水平偏低。

（10）信息化的开发和利用实施效率低下

首先，学生管理信息化过程中往往容易出现各部门信息资源低水平重复建设的问题。目前很多高校部门往往因为考虑到本部门某一具体的业务或者需要而独自开展信息化建设，信息化实施过程中缺少对兄弟部门的兼顾，致使出现各部门信息化建设各自为政的现象，特别是学生管理信息系统的开发层面上，如果缺乏全面的规划指导和统筹协调，很容易造成各部门的系统

之间互不兼容，学生管理信息数据不能通用，无法共享和互换数据等问题。同样，因此而造成人力、物力、财力的巨大浪费也是目前高校广泛存在的一种现象，例如，学生处的学生信息管理系统与图书馆的图书借阅管理系统，因为两个系统分别服务于不同的职能部门，他们在开发过程中往往只考虑最大限度地满足自己工作的需要，最后虽然系统中都存在学生的基本信息，但是由于从一开始他们就没有考虑协调共享，开发出来的软件往往造成学生信息不能互用甚至软件互不兼容的现象。这就造成各部门资源低水平重复建设的局面。

其次，很多高校的软件开发缺少统筹规划。在高校，如果职能部门在开发系统时没有考虑由于信息技术发展的速度较快而信息化建设的周期较长的问题，在建设初期没有重视系统发展和升级的应用，必将导致新系统无法适应已有系统，也很容易出现同一产品的不同版本都不能兼容原有数据的问题。再加上现有设备的使用价值往往因为硬件设备的快速折旧而不能得到充分地开发和利用，其也容易因为使用效率不高而造成资源的浪费，这些都是导致资金和资源产生巨大浪费的原因。

同样，部分高校的管理人员虽然在学生管理信息化上使用了诸如新生报到管理系统、学生日常管理信息系统、学生教务管理系统、大学生实践就业系统等现代化的手段。但是，这些系统从一开始就是因为某项独立的功能而设计的，它们很多都是独立运行，在当初设计时也没有考虑到资源共享和协同办公的需要，因而通过这些系统所获得的数据也是不连续的、不全面的，连续性和完整性也不足，更重要的是使用这些系统的工作人员往往只是单纯地获取和存储数据信息，却不知道如何深度去挖掘这些数据的潜在信息，缺乏数据分析的意识，从而造成信息资源利用效率的低下。

（11）学生管理数据信息不易汇总

高校学生管理工作将学生的很多非常重要的原始信息及参与学校各项活动的众多动态信息都囊括在一起，数据信息多，且结构复杂，类型五花八门，几乎涉及每一个学生管理部门。同时，基层获得的数据与要求上交的数据有时在形式上存在差别，数据汇总过程中无用数据的存在或信息数据格式发生操作性偏差，这两个方面都非常容易导致无效信息对汇总结果产生不良影响。

3. 信息化人才队伍落后

高校学生管理信息化还存在信息化人才队伍落后的问题，阻碍了现代高校学生管理机制的推进。要想全面推进高校学生管理的信息化建设，拥有一群专业知识丰富的优秀人才至关重要，然而，绝大多数高校缺乏信息技术人才及信息管理人才，二者兼备的复合型人才更是少之又少，遇到技术难题时，高校往往求助于软件开发企业，严重脱离本校实际需求，忽视了本校信息化人才的培养，这在一定程度上制约了高校学生管理信息化人才队伍建设。

信息化的发展需要学校各方面的配合，但是最重要的是要有信息化建设的专业人员。然而，在高校工作信息化建设过程中，相关信息化建设人员的配备却出现了以下两个方面的问题。

一方面，高水平信息化人员在人才市场的高待遇与在学校非教学、科研主战场而不被重视之间的巨大落差。在人才市场中，有个高水平信息化的人才是相对比较少的，而且由于具有专业的技术水平，其在待遇方面都是要求比较高的，但是这些人员进入高校后，却属于一般的技术人员资格，他们很少参与教学和科研，也因此受到冷落。

另一方面，各部处院系的信息化服务需求强烈与人员多用兼职之间矛盾。高校工作信息化建设中的网站建设、维护、更新，以及设备的维修等都需要有专门的技术人员来负责，在高校中，一般来说高校工作信息化建设是由高校网络中心来负责的。但是，这些工作人员他们往往身兼数职，他们要对高校工作信息化地进行规划管理，对服务器进行维护和管理，对数据进行更新，对硬件进行更新和管理等，这些工作繁而杂，需要有专门的人来负责处理，如果没有较好的分工，没有较多的专业技术人员，就会导致高校工作信息化建设困难重重。

4. 高校学生管理工作的信息化缺乏科学的理念支持

尽管教育信息化经过十余年的建设与发展暂时取得了显著成绩，社会各个层面对教育信息化的认识也有了很大的提高，但是在高校中，仍然很缺乏能够准确把握教育信息化在教育事业发展与改革中战略地位重要性的领导，部分领导只将信息化看成是锦上添花，不愿意全面参与信息化的决策，思想观念上认识也不到位，缺少统一规划和长远的目标。高校领导只有对信息化有较深的理解，能够对教育信息化这项庞大的系统工程进行统筹规划，才能取得信息化建设最后的成功。相反，如果高校的信息化建设没有统一思想和认识，也没有合理规划和组织协调，往往会产生信息化设备的配置不平衡等诸多问题。在调研中我们发现，目前高校信息系统的开发很多都是由校内各职能部门根据自己业务分工的不同而自行组织实施，各部门所开发的系统由于采用的技术架构和技术实现方案差异很大，往往会造成代码缺乏统一的标准，以及一些关键性的数据的不通用，各种应用系统因为各自为政而显得零乱和低效，系统之间也因为信息共享非常困难，在很大程度上影响了信息化资源的有效利用。

另外，很多管理人员由于受传统观念的影响对学生工作信息化的必要性认识还不够，他们信息管理意识淡薄，对加快推进信息化的开放意识和紧迫感不强，平时也往往抱着用得好就用，用得不好就算的将就态度，不喜欢也不会对信息技术进行主动学习，甚至不少管理人员对学生工作信息化产生了疑问和抵触情绪。在调查中发现，个别辅导员往往因为对信息操作不当而产生重复劳动，他们因此而对信息系统提出质疑，甚至认为以前在操作中没有使用信息系统一样可以把工作做好，而如今使用信息系统反而让效率降低。

5. 管理手段不能满足学生管理工作信息化现状要求

（1）学生管理信息化建设管理水平低

随着社会和经济的发展，很多高校规模在不断扩大，高校的人数也在不断地增多，高校管理组织机构的划分也因此而越来越细致。

因此，很多高校都在学生管理工作中使用了信息化的手段，但是不少高校往往因为缺乏专门负责信息化建设的专业管理人员而无法从整体上把握校园的信息化建设，这也使得高校管理水平一直无法与信息技术的发展同步提高，管理上的人员结构变化也不能跟上信息技术不断发展的步伐，同时学校各部门与相关机构之间也因为很多计划与规划也跟不上信息技术的发展步伐而缺乏协调和共享。

（2）缺乏良好的双向互动和高效的学生意见上传渠道

目前，很多高校由于学生和管理者地位的不对等，在管理规章的制订和实施过程中往往缺乏考虑学生意志表达的途径和空间，一般也很少在学生层面进行进一步的调查，学生很难在学校管理的全过程拥有选择的机会和意志表达的途径，高校学生管理过程的执行也是更多地把学生当作被动的对象来管理，高校的这些现象忽视了学生的主体意识，遏制了学生个性的发展，在某种程度上已经脱离了学生成长成才的实际需要。因此，如果能够加快建设信息化管理系统，使用信息化的手段加强学生与管理者之间的高效频繁互动，能够为学生提供更大的意愿诉求空间，为民主决策、科学决策提供一条更为迅捷高效的互动途径。

（3）缺乏有效的信息安全保障措施

安全问题已是目前妨碍信息化应用的一个重要因素，特别是在网络时代，病毒感染、黑客入侵等网络现象丛生让信息化在深入开展的同时也面临着各种安全问题，致使高校学生管理在信息化过程中的信息安全问题也日渐突出。

6. 对信息的有效的监管和保护体系匮乏

高校工作信息化的建设除了需要有相应的硬件配备、人员配置等外，还需要一个较好的“软环境”，也就是管理环境，但是，高校工作信息化建设的不成熟也使其监管不是很到位。

一方面，学校领导作为管理人员对信息化的建设有一定的重视，但是却不能理解相关的概念和理论，不懂真正的信息化需要些什么，因此容易出现概念化、虚无化等问题。

另一方面，相关技术人员即使很努力地为信息化服务，但是也出现了队伍建设困难等问题，使得对技术人员的管理也出现了不到位现象。再者，在高校中，各个部门都有自身的职能，他们有各自的特色，却很难在信息化的建设中统一步伐，这使得信息化的组织协调没能找到好的方法。高校工作信息化的建设需要用到比较先进的信息技术设备，但是这并不意味着其原有的职能可以被简单地复制到网络上。在信息化过程中，还需对信息设备、信息内容、信息透明度、信息的有效性等进行科学的管理。因此，在应用先进的技术设备来武装高校工作的时，如果管理不到位，就会使高校工作走更多的弯路，影响高校工作信息化的顺利推进。

信息化建设是需要建立与之配套的规章制度和政策方针的一项长久而可持续发展的工程，然而许多高校因为缺乏完善的关于信息化工程的规章制度，缺少对于信息化建设过程中相应的管理、使用和维护政策和规定，最终不能很好地规范信息化的建设，也不能有效地利用信息化成果。同样，高校只有设立统一的、强有力的校级信息化管理机构管理校园信息化建设，才能使基础设施论证、规划和建设和相应制度、政策制定和日常管理等涉及学校的各个方面都会使存在的问题降到最低，因为高校学生管理信息化不仅需要一个强有力的技术支持部门，同样需要管理部门、业务部门和学术机构的密切配合和参与。

7. 对信息化的绩效评价体系缺失

在信息化的绩效评价方面，高校如果没有度量，就会缺失管理，而缺少管理则无所谓目标的实现。同样，IT 和业务战略一致性、价值的交付、风险的管理，以及对资源的有效利用等在没有度量和监控信息化的框架下都将无从谈起。从近年来相关文献看来，往往存在着企业或者高校在信息化方面已投入很多资金，也建成了很多信息化的系统，但应用于工作中一直使用的却没有几套。很多信息化项目一开始的设想和规划都做得很好，但建成之后才发现不是自己当初想要的，最终只能以失败来定义所谓的信息化项目。在对部分高校学工一线人员进行调研时发现，对于高校信息化产品，往往是系统完成时便任务完成，基本没有所谓的后期绩效评价问题，很多甚至刚开始完成一项系统就由于该系统不符合实际要求而被遗弃很少使用。绩效评价是管理学和经济学领域重要的课题之一，相较于信息化的建设领域，管理学和经济学中无论是项目管理、工程管理，还是人力资源管理都非常重视评估工作。而作为新生事物的信息化建设领域，由于缺乏可具体参照的标准，尽管项目的实施通常会经过前期立项、可行性研究和预算审查、招投标及专家评议，规划会议及技术方案研讨会，以及项目结束时的测试、验收和总结等阶段，然而在回答管理信息系统项目到底有多大价值，或者能产生多大绩效贡献的时候，常常只能用业务处理速度改善、工作效率提高，使用更加便捷，资料保存和更新方便等模糊指标来回答，致使绩效评估成为一个最为薄弱环节，而同样缺乏完善绩效评估体系的高校学生工作信息化一样产生了一系列的问题。

8. 学生管理信息化理念不够科学

高校学生管理的对象是具有独立、自主和创新意识的大学生。一直以来，高校学生管理者往往把自己定位在管理者的角色，对服务理念、服务意识有所忽略。学校管理者主要更类似于长者身份，在管理学生方面更多的是采用说教式的行政化方式，强调标准统一而忽略了学生个性化的发展。虽然这样的管理方式可以在某些方面提高工作效率，但忽视了学生的主体地位的重要性，学生在制度的束缚下只是被动地接受灌输的知识。在信息化的背景下，信息技术的快速发展使网络广泛地出现在了高校校园里，校园里大众传媒不仅是报纸、广播、电视、书籍等，微信、微博等通信手段使信息的传播日益迅速，大学生的身心发展日渐成熟，日益独立，对新事物的接受比较快。众多实践表明，大学不只是“有大师者也”，学生是高校的重要组成部分，而高校学生管理工作又必然成为高校教育工作的重点之一，但是对于学生工作往往是重管理工作而轻视服务工作，简单地让学生服从管理，把重点放在了学校的稳定和发展水平上，这样有点本末倒置，忽视学生的长远发展，违背了办学任务与初衷，这种僵化的管理模式反过来又阻碍了学校的办学水

平的发展。这种用经验式、问题式、事后处理式的管理模式代替了民主式、发展式和预警式的管理模式，必然会阻碍学生和高校自身的发展，使得我们对高校学生管理工作的认识模糊不清。在学生管理与快速发展的信息化融合发展的背景下，这就要求高校学生管理者的工作理念适时做出改变。学校应当为高校学生的学习、成长与发展创造广阔的平台与空间，满足社会对高层次人才的需求。

总的来说，信息化技术作为社会快速发展的一个最为重要的标志，近年来它在社会各行业领域发挥着重要的作用，对高校的学生管理工作也产生了一定程度的影响。信息化时代促进着高校学生管理工作信息化的重构，不但可以保证高校教学活动的有序开展，而且更能提高学生管理水平，帮助高校管理层在准确了解学生动态的基础上做出科学的管理决策，提升学生管理部门在学生管理工作上的决策质量及效率。

三、重构高校学生管理信息化

1. 重构原则

（1）上层设计原则

做好学生管理信息化重构工作需要在人力、物力和财力方面下功夫，为了提高产出比，遵循上层设计原则甚为重要。在上层设计原则的指导下兼顾好学生管理信息的综合性、系统性和整合性，同时在学生管理工作信息化的规划、投入、建设及管理上采取统一标准设计出学生综合管理系统，逐步创新实施以学生需求特点为出发点的学生各项事务流程信息化，从而开发出系统化程度较高的学生管理工作信息化系统。

（2）循序渐进原则

学生管理工作作为学校工作的重要组成部分，其信息化建设不是一朝一夕能够完成的，而是贯穿于学校管理的整个过程且呈动态变化。实现学生管理工作信息化需要精湛的信息技术，系统、全面的相关理论与实践知识及先进的管理理念等。在实施信息化管理过程中，不能急于求成，必须循序渐进，既要考虑科学性、广泛性、系统性，又要注重开放性和长远性，达到逐步实施、稳步推进的建设目标。

（3）保密信息安全原则

高校大学生的大量个人原始信息几乎全在学生管理工作系统中以各种形式存在，这些信息对学生本人来说非常重要，某种程度上属于机密信息。这些信息一般情况下是绝不能外泄的，一旦外泄将会给学生带来意想不到的麻烦，甚至对学生的人身安全产生威胁。

因此，学生管理信息化重构必须采取相应的保密措施，如使用先进的信息技术、制定严密周全的安全保障制度及实施严格的监督和管理手段等，保证学生信息的安全，确保学校和师生的利益受到保护。

（4）信息交流通畅共享原则

高校学生管理工作中各部门之间的信息交流不通畅、信息闭塞现象时有发生，信息化重构只有遵循信息交流通畅共享原则，才能满足学生日常学习、生活所需，促进学生全面发展。

通过建立综合性数据服务中心，方便从事学生管理工作的部门间相互交流，实现信息资源共享，提升管理水平。

（5）开放包容原则

随着信息技术的快速发展，开放性和包容性是信息社会中重构信息化系统必须考虑的因素，一个能够在众多网络交互协议基础上具有很好的兼容性和扩展性的信息化系统，才能达到对信息的实时传输和及时更新。

2. 信息化重构的思考

围绕学生工作信息化平台建设内涵，学生管理信息化平台应满足以下功能。

（1）围绕沟通互动性

应设有管理平台和学生平台，管理平台主要用于管理者进行数据录入和维护，学生平台主要用于学生及所在集体对相关信息的查询，并进行反馈和沟通，例如，学生要申报国家奖学金，就直接通过学生平台申报，管理者则通过管理平台进行顺序审核，学生在校园网上可以随时查询审核信息。

（2）满足功能性

围绕学生从入校到离校的所有相关信息的查询、维护功能。此功能是学生信息管理平台的最基本功能，学生从入校到离校的相关文件信息都要予以数字化，学生档案信息就是一个数字化的电子档案，通过此功能可以查询到某学生在校期间的所有信息及其与其相关的信息，例如，学生某段时间的到课情况、学生某学期的综合素质测评得分情况、学生某学期各科考试成绩、学生家庭贫困状况、学生某时期受奖励处分情况、学生所住班级某学期表现情况、学生某学期表现情况、学生某段时期受资助情况等。

（3）满足相关管理特性

学生工作管理是一项系统工作，既要注重学生素质教育又要抓队伍建设，因此学生信息管埋平台需要有针对某项学生管理要求的特性，例如，为了加强班风、学风建设，作为高校可能强调班级的到课率、学生考试成绩的及格率、学生职业资格证的合格率等，这些作为班级考核内容应该在平台运用中得到体现。

要实现以上功能，学生管理信息化平台至少应有以下功能模块。

1）学生基本信息管理

该系统应详细反映在校生的基本概况，包括学生姓名、性别、学号、班级、民族、身份证号码、政治面貌、家庭住址、籍贯、寝室号、寝室电话、手机号码、个人基本简历、爱好特长、家庭贫困状况、心理状况，以及父母的姓名、工作单位、联系方式等基本信息，且该系统能进行修改、保存和删除，并能按照一定项目查询和统计。

2）学生奖励处罚信息管理

该系统记录学生在校期间获得的各级各类奖励、竞赛获奖、处分等，以及时间、地点、等级、原因、文件号；并且具备编辑、统计、查询功能。

3）学生资助信息管理

贫困生资格认定的申报审核；助学贷款、勤工助学及助学金、奖学金的申报审核；助学贷款的发放时间、额度；勤工俭学的岗位、服务时间、报酬；

助学金获得的时间、额度；学费减免的时间、额度等，并且具备编辑、统计、查询功能。

4）学生综合素质测评信息管理

在学生综合测评指标体系下，根据分项人工打分，通过系统的自动计算功能，计算出学生一学期的综合测评成绩，作为排名评优的依据，并且具备编辑、统计及查询功能。

5）学生党团建设信息管理

该系统记录学生入团申请书、入党申请书等上交时间，思想汇报的数量与上交时间，发展为入党积极分子的时间、培养情况，发展为预备党员的情况，预备党员的培养情况，参加党的各类会议和培训情况，党费上交情况、组织关系转接记录等，以及入团的相关记录，该系统也应具备编辑功能和查询统计功能。

6）学生工作信息发布管理

该系统主要为学生工作人员新闻、通知、公告、公示等内容提供发布渠道。根据发展，该系统还可以对邮箱、论坛等信息进行回复。根据管理需要和管理特性还可以有班级考核管理、宿舍考核管理、辅导员考核管理等功能模块，这些功能模块包含了学生的成绩信息、学生的到课情况信息、学生的职业资格证获取情况信息、班级和寝室考核信息，以及辅导员分学期考核信息等。

7）数据维护备份系统

该系统为维护数据，导出、导入、备份数据提供接口。

3. 信息化重构方案

合理进行上层设计与整体布局，上层设计和整体布局是做好信息化重构的首要措施。各类高校在学生管理工作相关基层设施的筹划建设、机制的成立、人才的储存、信息化资源二次优化等方面必须以纵观全局的视角来开展工作，对学生管理信息化重构经费的投入、资源的再次分配，以及信息化重构的执行和监测等方面进行上层设计和整体布局。

（1）引进和培养高素质人才

人才是各项工作顺利开展的保证。高校学生管理信息化重构要想取得良好的成绩，必须重视信息化人才的培养和引进工作，并制订相应的人才培养和引进计划。在计划的引领下，一方面通过对校内现有学生管理人员进行信息技术等相关知识与技能培训，提高管理人员的信息化能力，搭建促进管理人员能力发展的学习平台；另一方面通过引进技术精湛的专门人才，加快学生管理工作信息化前进的步伐。

（2）合理整合资源，提高资源利用率

资源缺乏是普遍存在的问题。对于高校学生管理工作资源不足的问题，必须采取有效措施，合理整合学校各种与学生管理工作相关的资源，并充分利用，使其物尽所用。同时搞好信息化学生管理工作的实施环境，利用多种途径加强与外界交流，了解国家政策，力争获得国家相关的政策支持、财力支持和技术支持，从而提升学生管理工作的效率。

（3）加强中间环节监督，做好科学评估

任何工作的规划与实施都需要在严格的监管下完成，同时科学的评估对工作的改进起着非常重要的作用。学生管理工作信息化建设同样需要进行严格的过程监管，成立相应的评估部门，制定行之有效的评估办法，对其工作情况进行科学评估，顺利建设学生管理信息化工作。

（4）大力营造信息文化氛围，促进广大师生信息文化建设

素质的养成信息技术在未来的社会中会发挥越来越重要的作用，高校的学生管理工作也会越来越依赖信息化系统的发展，信息文化内化的过程就是重构高校学生管理信息化的过程。在重构信息化过程中，通过构建信息化系统、设计政策和方案、信息道德的宣传等手段营造信息文化氛围，使信息文化深入师生心中，提升广大师生的信息文化素养。

4. 信息化重构成效展望

（1）提高工作效率

高等院校作为我国的重要教育机构，对国家的经济发展和社会进步起着

非常重要的作用，在高校的整体建设过程中必须采取科学的管理办法来处理实际工作中遇到的各项管理问题，保持高校工作能顺利的实施。

高校同时又是一个为国家培育高等人才的地方，在教育方式上不仅注重学生专业知识的学习，同时还必须加强身心和综合素质的全面提升。为了积极有效的落实这项基础工作，教育辅导人员需要各项基础的辅导工作，将工作细致到学生的生活中去。这一系列的工作都需要信息化的管理作支持，保证工作顺利实施。

高校工作中对学生教育的管理是非常重要的一项工作，关系到高校核心工作的开展和学生基础工作的进行。为了全面完善这些工作的内容和管理模式，需要将信息化管理的制度和模式应用到高校学生管理建设中来。通过将这样的信息化系统的科学引进，使全校学生根据自己的不同需求对相关信息进行查阅和浏览，极大地方便了所有使用人员，为高效的工作提供了有力的保证。信息化管理系统之所以能如此高效的开展工作在于其管理系统本身的特殊性，它将学生的各类信息进行综合的整理和处理，将最终的结果放在公共平台上方便大家的查阅，这项信息化的管理系统在信息查阅上显示出了非常大的优势，为高校的学生管理工作带来了极大的便利，在提高高校的管理水平、增强团队意识和协作精神方面都有一定的促进作用。

只要上互联网，通过平台可以实时查询从学生到相关集体的各项信息，例如，学生成绩、学生某天到课情况，某个学生某期间受奖励、处分情况，某系部某期间的到课率、成绩及格率等，软件的运用让学生管理工作得心应手，并能很快了解掌握学生、班级、寝室及系部的各项动态数据，依据数据可以针对性的开展工作，大大提高了工作效率。

（2）强化了内部管理，优化了管理流程

学生管理工作是多方面的，通过软件的运用我们可以及时了解各种信息并做出处理。例如，通过软件可以及时了解某班某同学的到课情况，根据相关规章制度可以马上做出处理，通过软件可以及时了解学生贫困状况，可以作为评定贫困生的依据之一，通过软件甚至还可以了解到某个心理异常学生

状况，心理咨询部门可以借助此信息进行干预，通过软件还可以了解各系部某时间段内的班风、班纪情况，然后根据结果进行有目的的管理。总之，软件的运用有助于随时掌握静态和动态的相关信息，作为学生管理部门可以依据软件所反映的信息马上做出反应。

高校的学生工作中，涉及了很多繁琐的事务性工作，例如，国家助学贷款的办理、助学金的评定、勤工助学，以及困难补助等事务性的工作，这些工作的流程都是按照一定的规章制度来执行并实施的，需要经过每个职能部门的安排布置后由各个院校传达给学生。此项工作流程的最大特点就是具有线性的传递方式，在信息化管理系统引入以后则对以前的传统模式进行了优化和完善，通过信息平台实现了学生与事务性工作人员直接进行信息反馈和材料的交换沟通等事宜，在这样更为简捷的方式中提高了事务工作的效率，节约了时间。同时因为网络平台不受时间和空间的限制，最大化的服务了学校工作人员和学生，是一个重要的特征表现，对实现信息化管理在学校各职能部门的协调运用起到了非常重要的作用。

（3）实现了资源共享

作为学生信息管理平台，只要赋予了权限，各部门都可以查询所需要的数据，就会在最大限度内实现了资源共享，提高了工作效率，使得部门之间的沟通更加便捷。

第四章　高校学生管理模式的多元发展

高校学生管理涉及学生的方方面面，包括学生的思想、心理、身体、学习、生活等诸多方面，对学生知识的摄取、品格的陶冶、个性的发展有着深刻的影响，但是，高校的扩招、教学管理模式的改革、学生公寓管理社会化等一系列高校改革政策的实施，一方面使学生的思想行为等发生一系列的变化；另一方面给高校的学生管理工作也带来了新的挑战。因此，探索适应新时期、新挑战的高校学生管理模式成为必然。

第一节　高校学生人格化管理模式

综合各国对于新时期人才的要求，可以发现，现代的人才需要更多的能力和素质，肩负了更多的使命，例如，要具有良好的社会责任感，要树立明确可行的生活目标，要具有学习能力和创新能力，要具有不断适应时代需求的能力等。上述一系列能力的培养都需要一种现代的、注重学生内涵培养的管理模式。人格化管理模式注重对学生内涵的培养巩固，发扬已形成的良好内涵，革除不好的甚至是劣质的品质，开创新的精神，这对于学生的成长、大学文化的繁荣都有重要意义。

一、人格化管理模式的内涵

所谓人格化管理就是在管理过程中充分关注人性要素和以充分挖掘人

的潜能为己任的管理模式。

人格化管理是一种“以人为本”的管理方法，就是从管理的指导思想到具体的管理原则和方法，都是从人出发、以人为核心的管理，它的实质在于充分尊重和理解被管理者的个性和创造才能，充分调动他们的主动性、积极性和创造性，并使其更好地投入工作，更有效地实现组织。其具体内容可以包含很多要素，如对人的尊重、充分的激励、给人提供各种成长与发展的机会。

同一所大学的学生往往有着一定的共性，例如，清华大学的学生务实严谨，北京大学的学生浪漫民主，很多大学的学生因其大学的底蕴等方面的不同，形成了不同的“学校人格化”。同一班的学生也会有一定的共性，呈现出各个班级不同的风貌，形成不同的“班级人格化”，这种状况也出现在大学公寓里，形成“公寓人格化”，人学校园还存在其他很多方面的人格化，这些“人格”都是从心理学角度定义的，指的是这一类人的内涵。这一系列的人格化与学生能否顺利步入社会，积极参与竞争，收获事业、生活的成功有很大关系。

二、学校人格化管理的实施内容

学校人格化管理工作要从以下三个方面实施。

① 强化规章制度的管理。

② 确保良好的学习环境和学习氛围。

③ 形成良好的精神风貌。

学校人格化管理属于学生管理的高级层面，掌握着整体的动态，起着统筹、规划及指导的宏观作用。这类管理要从领导层面出发，在学校的基础设施、师资力量、学术建设等方面投入更多的人力、物力和财力，制订相关的工作计划，树立长远目标，要务实求真，不可急功近利、只图表面功夫。

三、班级和公寓人格化管理的实施

班级、公寓作为学校管理的基层单位，起着非常重要的基础作用，基层人格化的实现要从以下三个方面努力。

（一）个别学生发挥人格力量

在一个班级中，总会有在领导方面有突出能力的学生，这些学生的人格力量影响着班级人格化。个别学生人格力量的发挥会引导、带动其他学生，对班级人格化起到调动作用，但个别学生的人格力量又有积极、消极之分，积极的人格力量会对班级和其他学生起积极作用，反之则会带来消极的影响。因此，学生人格力量的发挥需要辅导员的有效管控，辅导员要把握尺度，引导、鼓励积极人格力量的传播，化解消极人格带来的不良影响。

（二）教育工作者发挥人格魅力

对于学生尤其是新生而言，教师、辅导员等教育工作者代表了权威，在他们心中形成了一种特殊的地位，学生对他们崇拜的教师、辅导员会特别尊敬并存在模仿的现象。辅导员是班级人格化管理的组织者、策划者、调控者和实施者，教师是管理最主要的辅助者。这两者在班级人格化管理中发挥着重要作用。因此，辅导员要有良好的工作态度、生活态度和办事作风，以便更好地感染学生；教师要有严谨的治学态度，帮助学生树立良好的学习态度和工作态度；教师和辅导员要给学生树立榜样，促使班级人格化向良好的方向发展。

（三）公寓人格化管理注重细节

辅导员要选那些热心、负责任、宽容大度、积极为同学办事的学生担任寝室长，用他们的能力管理寝室，用他们的行动感染寝室的其他学生，还要建立良好的寝室环境，形成和谐的舍友关系，创建多彩的公寓文化等。公寓人格化的形成为其他方面的人格化奠定基础，为学生的生活创造良好环境。

第二节　高校学生社区化管理模式

随着高校社会化改革的不断深入，对高校学生社区化管理的重视也应加强。学生社区应该成为培养德、智、体、美、劳全面发展的“四有”人才及管理育人、服务育人的重要阵地，应该是影响学生成长成才的重要环境和学校精神文明建设的窗口。因此，高校学生社区化管理应该成为高校改革的重点，有些传统的管理模式已不能适应高校的发展，学生社区化管理势在必行。从高校社区化管理的发展方向来看，不断完善学生社区的教育管理机制，积极探索学生社区管理的新思路、新办法，建立新型学生社区化管理模式是今后发展的方向。

一、高校学生社区化管理产生的背景及科学内涵

（一）高校学生社区化管理产生的背景

1. 适应学生群体特征

加强和深化高校思想政治工作，需要一种更切合实际、具有实效的教育管理新模式。高校学生思想政治工作者必须根据变化的情况，及时调整工作思路，做出应对之策。面对高等教育的日趋现代化和国际化，特别是教育教学改革的不断深化和高校改革向纵深发展的新形势，高校学生社区化管理如何坚持社会主义办学方向，是一个值得认真研究和探索的重大实践课题，很多高校在开展党建与思想政治工作及日常教育管理工作方面，与时俱进，不断创新，探索出了一条符合形势发展要求和高校实际的学生教育管理需求新路子，即高校学生社区化管理。高校学生社区化管理是加强和深化新时期高校学生思想政治工作的需要。

2. 教育管理的新模式

为了克服高校持续扩招带来的后勤设施不足的困难，中国高校革新后勤

管理体制，或引进社会资金，或集资联建，或贷款与集资相结合，大力兴建学生公寓，并推行了后勤社会化管理，较稳定、快速地解决了学生的住宿、餐饮、娱乐等一系列学习、生活、文化活动设施存在的经费短缺的问题。但同时也带来了高校管理的“二元化”问题，即教学计划行政管理与社会化管理事实上存在着两个体系，高校学生工作面临的挑战是怎样将行政管理与社会化管理两个体系合二为一，从而实现学生人格教育的统一，在这种新情况下，高校实行社区化管理势在必行。

3. 改革传统管理模式

面对高等教育的改革和发展的现实情况，尤其是高校学分制改革的逐步深化，传统的班级概念趋于淡化，以班级为思想政治教育的基本组织形式和主要工作渠道的情况正在改变，社区日益成为学生学习、生活的重要场所。同时，随着高校后勤服务社会化步伐的加快，学生社区的环境氛围、社区的文化设施和社区管理服务的质量如何，以及社区管理模式怎样，这些都是对传统的高校学生工作提出的新问题。因此，高校社区化管理被提上了议事日程。高校学生社区化管理需要适应高等教育改革与发展的时代要求。

（二）高校学生社区的科学内涵

随着我国高校改革的进一步深入，以寝室为单位的学生社区的地位日益突出。学生社区是社区概念在学校管理中的反映，学生社区是大学生在校学习、生活和休息的基本活动场所。社会学研究表明，社区是一种地域上的存在，同时它的实质是人的聚居与互动，就第一层意思而言，社区的特点是居民的共同居住；第二层意思表明社区具有文化功能。学生社区也是一个社区，就一所高校而言，它指这所高校的所有寝室和周边环境（学生公寓），以及这种环境所能达到的最大的育人功能。

与社区概念相对应，学生社区这一概念也包含两个内容：一个是指区域环境，另一个是指文化功能。就区域环境而言，一方面，学生社区是校园的区域组成之一，是校园内的地理分区，是学生的居住区；另一方面，学生社

区也是学校的一个重要管理区。从社会组成结构来讲，它是组成学校管理的结构之一，学校与社区存在某种程度上的隶属关系。不过，在完全学分制实施的背景下，学生群体间专业、班级甚至年级的界限日益模糊，作为学生的居住区，其地位也应随之上升，来满足学生以居民身份与学校，以及相关社会机构进行实质性对话的要求。文化功能更多地表现为社区人文环境与居民生活的相生相融，成为社区居民接受文化教育的主要阵地。学生社区在文化功能上还要承担更多的责任，要确保文化为了教育，教育为了学生，具有更加鲜明的目标和内容指向。

（三）国内高校学生社区的分类

从 1999 年高校的扩招，到 2001 年在全国各地迅猛发展的大学城，学生社区在我国已普遍存在。从现存的全国各地学生社区的现状来看，学生社区的管理模式主要有以下三类。

1. 跨省（市）的大学城社区

这类学生社区的特点是规模大、学校多，从大学所在的省（市）来划分，既包括大学城所在地的大学，也包括外省（市）的大学；从大学的性质来划分，既包括理工大学，也包括综合性大学和专门大学；从学校层次来划分，既包括研究型的本科大学，也包括专科学校和职业技术学院。这类大学城社区的管理体系有待加强。

2. 同省（市）的大学城社区

这类大学城社区的特点是规模较大，这样的高校多的有数十所，少的也有几所到十几所，大学属于本省（市）的大学。例如，杭州的下沙大学城，有浙江财经大学、浙江工商大学、杭州师范大学等 15 所高校。上海市的松江大学城，有上海视觉艺术学院、东华大学、上海外国语大学等 7 所高校。

3. 学生公寓式社区

由一所具有一定规模的大学构建的学生社区的特点是，在原学生公寓区的基础上，进行管理模式上的改革，即对原有计划经济条件下的学生公寓式

管理模式实行社会化改革，实现社区式管理；随着学校规模的扩大，对新建的学生公寓实行社区化管理。这类由单个学校构成的公寓式学生社区在全国也有不少。以浙江省为例，绍兴文理学院、湖州师范学院、湖州职业技术学院等都拥有学生公寓式社区。

二、高校学生社区化管理的现状

（一）高校学生社区化管理面临的机遇和挑战

在我国的高校学生思想政治工作中，全面实施学生社区化管理已经迈出了具有代表意义的一步。在国内，各高校先后进行了各种形式的理论研讨和实践探索，解决了部分理论和操作问题，但是，全国高校地域分布广、地域和办学特色不一、教育环境和教育条件参差不齐等因素决定了任何一种管理模式的完善都要经历一定的过程。社区化管理在实践探索过程中仍存在许多具体挑战，表现在以下几个方面。

① 内部机构关系和运作方式欠缺科学性，需要进一步完善。构建并处理好教育、教学及招生就业三大平台之间的关系，需要进一步处理好教学管理与教育管理、社会化服务管理与教育教学管理之间的关系，科学分析和分配学生教育管理平台内部机构间的权重等。

② 对实施学生社区化管理后续问题的重视程度和研究不够，前瞻性理论探索较少，例如，随着改革的进一步深化，政治、经济、社会、文化、教育等诸多方面将会出现许多新的变化，学生社区化管理如何适应这些变化等问题都缺乏研究。

③ 亟须提升学生社区的价值，使学生社区在学校机构设置、运行体制、社会效益及育人过程中体现出更大的效度和影响力。

④ 跨省（市）大学城和同省（市）多所大学集聚的大学城，存在着学生社区管理不统一的问题，可能导致一些不稳定因素从管理的薄弱环节滋生，成为影响全局稳定的因素。

（二）高校学生社区化管理实践

高校学生社区化管理主要就是对学生的管理服务和教育引导，是一种微观层面上的内部管理，当然也包括人力资源、财务、物资和信息的管理。

管理对象主要是高校学生，学生既是受教育者，又是居民和消费者，具有社会人的某种特征，但又与社会人有着明显差异。他们是一群身心发展水平相近的青年，具有强烈的互动性和有别于其他社会群体的生活方式。他们有相对一致的作息时间，他们的行为活动基本同步，上课、社会实践、业余生活等基本都是集体活动，具有一定的目的性、组织性和程序性。他们虽然院系和专业存在不同，个性也存在一定差异，但是总体上都是基于学校统一规章制度的要求，整体活动都是有一定的规律性和可控性的。因此，学生社区化管理也是基于此进行的，自然也就有规律可循。

在管理主体和内容上，学生社区化管理的内容主要有学生管理、后勤服务管理和学生自治管理，实施这三项管理工作的主体主要是学校的相关部门。学生管理工作主要是由学校党建思政工作队伍负责对学生进行思想政治教育，开展文体活动、读书学习、规范意识等管理和教育。后勤服务管理工作主要是由后勤一线管理服务人员负责安全保卫、后勤服务、物业设施设备等管理。学生自治管理工作主要是学生组织和学生自身在学校相关部门的指导下，自发开展一系列的自我管理、自我服务和自我教育的自治工作和活动。

1. 单一院校学生社区化管理模式

在这类学生社区化管理中，学生来源单一，规模相对较小，管理容易。因此，随着社区党总支、支部、学生党员接待室、社区团组织、社区学生会、心理咨询室等的构建，从学校党委行政到社区学生寝室的完整管理体系就形成了，使各类社区管理中容易发生的问题能得到及时、有效的解决，总的来说，这类管理模式比较成功。

2. 跨省（市）与同省（市）学生社区化管理模式

这类学生社区化管理的特点为社区规模大、学生人数多、基础设施可以

得到有效利用，在生活管理上可以取得相应的效益。同时，由于学生人数多、涉及的学校多，管理上也容易出现漏洞，出现这种管理的漏洞的原因主要是寝室管理的不规范，或者教学设施使用上的混乱。事实上，一个大学城在学生寝室的管理上是完全可以统一规范的，其教学设施也可以更好地得到利用。这里的管理漏洞，往往更多的是由各个地区、各所学校对学生管理要求的不一致、不统一导致的有的学校管得严，有的学校管得相对松，这一严一松中，就可能出现管理信息上的不完整，问题就可能从薄弱部分反映出来。

教育部颁布实施的《普通高等学校学生管理规定》中第 43 条规定，任何组织和个人不得在学校进行宗教活动，各高校都应当坚决执行。如何将这一规定严格认真执行则是一个管理工作者需要研究的问题。因为过去个别高校曾经出现过非法传播宗教的活动，而且这些活动往往是秘密进行的，如果我们的学生社区化管理不到位，这种非法开展的宗教活动就可以从管理薄弱的学生社区入手，待时机成熟之后，再扩大规模。如果那时我们再来制止，就会花上更大的力气。从管理学上说，制止的成本就会更大；从政治学上说，就会产生不良的政治影响。因此，这类学生在社区化管理上需要解决的问题是如何在发挥规模效益的同时，避免由不同省（市）、不同高校在学生管理制度上的非一致性而产生的薄弱环节。

三、高校学生社区化管理的对策和成效

（一）高校学生社区化管理的对策

1. 完善运行体系，优化体制机制

机制是不可或缺的“软件”，建设学生社区需要完善三大机制，即学生社区的运行机制、学生社区的志愿者参与机制和学生社区的内部激励机制。

学生社区的运行机制是学生社区得以正常运转的前提，运用学生社区公共设施和相关权力，以满足服务需求为目标，不断提高服务质量，保持服务的功能成本，长期维持服务的再生产，这种周期性的进程状态是学生社区的

运行机制。这一机制本身说明学生社区组织的非营利性，或者说非营利性是学生社区行为的特征之一，是学生社区自我服务、自我调节功能的体现。不断地实现这一机制良性运转的关键是服务质量，服务质量同样也是确立学生社区形象的基础，是学生社区存在必要性的证明。

学生社区的志愿者参与机制解决的是培育学生社区人文生态环境的深层次社会文化问题。在学生社区中建立一支具备一定数量和质量的志愿者队伍不仅是一种管理现象，更是一种文化现象。事实上，志愿者本身是社区意识的内在有机组成部分，是社区成员积极参与社区事务的显性表现。在学生社区，志愿行为是建立一个“以人为本、文明互助、共同参与”的和谐学生社区的重要途径。

学生社区的内部激励机制是学生社区凝聚人心、发挥作用的保证，学生社区的非营利性能否像企业一样产生关注效率的动力，这是一个复杂的问题。

其一，非营利性组织的动力主要在于获得居民的满意和社会的认可，这是一种深层次的心理需求，市场经济促使人们为利而动，在这种情况下，为他人和社区努力工作的人尤其会得到他人和社会的尊重。

其二，个人运用社区职能通过解决社区矛盾进而解决个人问题，是弥补个体力量薄弱的有效途径，一个发育良好的学生社区环境通过事务公开化、透明化，将工作者的各种努力、困难、成绩和失误显现出来，让工作者靠来自外部的反应去推动自己努力改进工作，从他人眼中看到自己的状态，从而调整自己的行为，进而完善自我。

2. 借鉴国内外经验，强化实践创新

传统的学生工作观念一直不重视寝室的育人功能，将寝室当作完全的物化性存在，因而在实际工作中只重视学生对生活环境的维护与保持，没有发挥学生寝室作为学校育人工作环境之一的应有作用。同时，由于工作视角单纯停留于单个寝室，向未能将以寝室为单位组成的学生社区纳入视野，我们也很少注意学生社区育人功能的发挥。如前文所说，学生社区不仅有区域概

念，同时也具有育人功能，然而对于这一功能的隐性特征，我们未能准确地把握。以上种种观念、观点的误区导致我们未能认真地思考学生社区的作用，自然不会进一步去考虑如何建设好学生社区了。

在高校，学生的专业教育一般由各个院系来完成，学生的思想政治工作由学校和院系学生工作机构来完成，学生的物质生活需求由后勤部门来满足，而组织学生未来生活训练，把他们培养成遵守社区规范、具备相应社区意识的文明公民的教育任务却没有一个成形的组织来承担，这无疑是高等教育的一个疏漏。从这个角度讲，建立学生社区、完善学生社区管理是完善高校育人职能、优化高校育人环境的必要举措，是当前高校学生工作迫切需要解决的问题之一。只有意识到了这一点，自觉地将学生社区建设纳入学生管理工作，并给予其应有的地位，学生社区培养社区现代公民的育人功能才有实现的可能因此，要加强理论建设和创新一定要贯彻开放办教育的理念，不断增强学习意识与开放观念。高校学生社区化管理需要改革者的开放观念和博大胸怀，通过不断比较发现差距，促使在社区化管理的过程中自觉主动地探索理论，积极准备改革所需的条件，提倡各高校之间的交流与合作、互促互进，在实践中不断积累宝贵经验，夯实理论基础，加强实践创新，为高校学生社区化管理向纵深发展而共同努力。

3. 调整和平衡“管”与“教”的关系

学生社区建设是一项系统工程，必然需要对原有学生社区管理结构进行调整，科学处理教育和管理的权责关系。首先，必须结合高校实际对原有学生工作进行结构性调整，并建立健全相应的规章制度；其次，要从根本上解决这些问题，还需要处理好管理载体、教育平台、育人方式等全方位的问题，头绪纷繁芜杂，加之无成形的经验可借鉴，解决问题的难度还较大。但以结构调整为切入点，是一个比较可行的思路，具体实施过程需要处理好以下几个关系。

① 处理好校学工部门、团委与学生社区管理委员会的关系。学生社区管理委员会（以下简称“学生社区管委会”）是校学工部的职能部门之一，是

学生社区管理中最具有实权的管理层次，尤其在实现学生社区的维权功能方面，其作用更加明显，学生社区主要通过学生社区管委会实现与相关部门的平等对话，解决实际问题。团委介入生活区管理，主要体现在对生活区成员的思想教育与严格管理方面。各学院的学生工作办公室的主要负责人一般也是学院的团总支书记，因而共青团这条线的介入有利于加速形成一支由各院（系）团总支专职干部、各学生辅导员组成的公寓思想教育、纪律管理、寝室内务管理的队伍，有利于各项活动的协调，保证公寓后勤管理的顺利开展。同时，团委是学生思想政治工作与校园文化工作的主角之一，团组织又直接指导各级学生会组织，有利于将寝室文化活动纳入整个校园文化建设去综合考虑，从而引导寝室文化向高层次发展。

② 制定制度和机构设置要同步。为了学生社区工作的顺利开展，制定如《学生社区居民公约》《学生寝室管理条例》《学生社区安全保卫制度》《干部教师联系学生社区制度》等相关制度是必需的，但从目前学生工作的状态来看，能否保障学生社区管委会具有相应的生活区管理权利，能否保障学生作为生活区居民与学校、后勤等部门具有平等对话的权利，以及能否保障学生通过民主渠道参与生活区乃至学校相关事务，是影响学生社区生命力的决定性因素。

③ 根据学生社区职能，设立相应的管理机构。学生社区管理支委设学生社区区长一名、副区长一名、志愿者队长一名，也可根据实际情况适当增加管理人员的数量，从而形成学生社区区长、志愿者队长、楼长及寝室长为主的学生社区管理基层机构。校院级学生社区管理机构可在原有学生寝室管理机构（如寝管会）的基础上合理增加或加强学生社区的相应职能（如学生权利维护等），这种管理方式并未对原有的学生管理结构做大幅度的调整，从而使其更具有现实的可行性。

（二）高校学生社区化管理取得的成效

实践表明，实施学生社区化管理不但可以较好地应对高校后勤社会化改革与教育教学改革给高校学生教育管理带来的新机遇、新挑战、新任务和新问题，而且使学生党建与思想政治工作的着力点更明确，体系更完善，育人机制更健全，对学生的教育管理成效也更明显，其主要作用表现在以下几点。

1. 有利于优化服务和育人环境

在以社区党总支为核心的管理体系中，综合利用好各种服务机构，加强统一指导，能为学生的成才提供一个更加完整、科学、有序的体系和空间，使社区的管理和服务更加快捷、完备，社区化管理可以科学整合各种资源，增强教行管理合力，在社区管理体制下诞生各种健全、富有活力的社团组织，为社区创造丰富多彩的科技文化氛围，为学生素质的拓展提供更加立体的空间，对学生个体知识结构的完善、个性的培养和素质的拓展发挥了积极作用。从管理和经营角度提出社区的统一管理思想和教育理念，为学生的成才和教育机构的育人提供了更加优化的内外环境，能够有效保证高校连续扩招后教育管理质量和学生素质的稳步提高。

2. 有利于优化管理和育人效果

社区化管理营造出了以人文素质、健康成才教育等为主要内容的德育氛围。在这个氛围中，学生真正成为学校服务的对象和主体，所以学校自始至终坚持把学生的成才放在第一位。如果要在整个教育过程中真正地贯穿这一主旨，就必须为学生的成长与发展提供良好的物质条件，在此基础上创造良好的“求知、求真”的学术氛围，营造出一种以人文素质、健康成才教育等为主要内容的道德文化育人氛围，给予学生一种积极的引导，使学生在良性的德育氛围的感染熏陶下主动去锻炼、提高自己，最终培养学生良好的生存适应能力。

3. 有利于促进交流和情感联系

近几年出现的一些学生与学校间的法律纠纷一度成为整个社会关心的热点问题。专家指出出现这些问题的一个很重要的原因是学生与学校之间缺乏必要的平等的交流与沟通，因而引发了学生、家长、社会与学校之间的诸

多矛盾，而社区化管理改变了师生以前对社区化管理改革的消极认识及评价。思政人员和学生社区中的党团组织机构与心理咨询机构的工作，缩短了学生与组织间的空间距离和心理距离，进一步体现出思想政治教育应具备亲和力与感染力，师生之间、学生与组织之间、学生与学校之间的关系也更加自然和谐。

四、高校学生社区化管理的发展方向

（一）转变工作思路，树立“以人为本”理念

随着高校教育教学改革的深入，学生管理工作也应与时俱进、转变思路，树立“以人为本”的教育理念，做到教育和引导相结合、教育和管理相结合、管理和服务相结合。

一要树立服务意识。学生管理部门要放下架子，迈开腿，走近学生，了解学生，从学生的实际出发，关心学生，服务学生，要始终坚持“以人为本”的服务意识和理念。传统的学生管理对学生进行的是严格的规范约束，学生管理部门只扮演管理者的角色，学生只能处于从属或被动的支配地位，这种管理模式忽视了对学生的引导和教育，使学生管理工作“狭隘化”，不利于学生自主性、主动性的发挥。

二要维护学生权利。根据“依法治校”的要求，在校学生有维护自身权益的权利，当然也有应尽的义务。我们在推进管理的同时，要维护学生的合法权益，在程序正当、依据明确、证据充足的前提下处理学生事件，也要保障学生享有陈述、申辩和申诉权，学校和学生都必须以法律或法规为准则，不能超越法律开展教育和学习活动。

三要强化学生自治。学生工作者在对学生进行教育管理的同时，也应平等地对待学生，并且要处理好学生和管理者的关系。学生管理工作，要由学生工作处直接领导、以辅导员为中心的学生管理方式，向以学生工作处为指导，辅导员入驻学生公寓拓展延伸到生活区，强调学生自治为主的学生管理

方式转变。学生管理工作要使学生认识到自己不仅是被管理者，还是管理者，从而有力地提高学生自我管理、自我服务及自我教育的积极性。

（二）结合高校发展，弘扬和培育大学精神

大学精神是高校发展的重要精神动力。大学精神的本质是创造精神、批判精神和社会关怀精神，弘扬和培育大学精神要求我们做到以下三点。一是要保证大学自身的根本生命力，大学作为人才培养的基地，创造性是其核心特质。在强化学生专业知识学习的同时，还要训练学生谨慎的思考态度、谦恭的行为及参与管理的能力，让学生在参与管理和服务中，挖掘潜力、勇于创新、大胆尝试，全面提升综合素质。二是要拥有海纳百川的博大胸怀。高校的发展无一不是在继承传统的基础上，接纳新思想，包容新观念，鼓励新思路的过程。学生也要在这种精神的引领下，融入母校的发展，通过建立各类学生自治组织，参与到学校发展方针和战略的制定和谋划中，积极从学校的角度提出自己的意见和建议。三是要保证对社会精神文明的参与和建设。在当今社会，关注现实、服务社会成为高校的第三职能，学生通过校园文化的教育、引导和熏陶，在慢慢接触社会的过程中，锻炼了自己的社会实践能力，提高了自己的社会认知度，增强了自己参与社会管理和服务的本领，逐步形成了自身对社会的关怀和关爱意识，具有了社会关怀精神。

（三）拓展工作重心，优化学生管理工作机制

当前，随着我国高校学分制的推广和后勤社会化的逐步深入，传统的班级、年级、系和专业的概念逐渐淡化，很多高校开始尝试让不同专业和年级的学生混住在一起，宿舍已成为学生比较固定的学习和活动场所。从时间上说，学生待在宿舍里的时间一般要多于课堂时间，宿舍的整体氛围对学生的世界观、人生观和价值观的形成影响非常大；从空间上说，宿舍不再仅是学生休息和生活的场所，同时还是他们学会做人、学会相处及获取信息的地方。因此，学生宿舍实际上已经成为课堂的延续，应该适时将学生工作重心向学

生社区拓展、延伸，实现教学性事务和非教学性事务的分离。高校思政工作者也要仔细研究学生社区管理和教育，发挥其育人功能，努力打造具有我国高校学生工作管理特色的学生社区。

（四）强化服务功能，满足学生成长发展需求

高校教育工作者要学会一分为二地来看学生工作中出现的各类问题，分析问题的根源，正确判断责任方，要做到具体问题具体分析、具体处理，避免盲目，要树立服务意识，增强服务观念，加强服务性管理、教育和引导，减少指令性管理，要牢牢把握学校的各项工作都是为学生服务的，都是为学生提供一切便利的条件，以及满足了成长成才需求的。学校学生工作部门、教育教学部门，以及后勤管埋服务部门要从学生的实际出发，配备各类服务教育教学和学生全面发展的设施设备，制定相关保障措施，合理安排人员，切实做好后勤服务保障工作。

（五）完善管理制度，拓宽科学化的管理渠道

学校在推进学生社区工作的过程中，要充分听取学生的意见和建议，把尊重学生放在第一位，学校要在总结管理经验的基础上，建立一套规范化、制度化、科学化的管理制度。首先，管理制度在充分考虑权威性和连续性的同时，要做到赏罚分明，奖励好的、进步的行为，处罚违反规定的行为。其次，要注重制度的“柔性”作用，适当兼顾制度的引导性和弹性，针对不同岗位，编写具体工作岗位操作规范手册，规定与岗位相符的知识、能力和技能，要求学生工作者上岗前要进行岗前培训，上岗后也要适时进行再教育和再培训。最后，要学会应用先进的科技和网络管理技术，推行网格化社区管理模式，提高学生社区化管理工作的效率。

（六）确保管理成效，提高学生工作的专业化水平

为了有效提升高校学生管理工作水平，更好地服务于教育教学和学生成

长成才，学生工作的专业化研究势在必行。首先，要推进高校学科改革，通过设立专门的学生事务管理专业或研究方向，培养符合国内高校实际需要的学生管理人才，提高当前学生工作的理论水平、专业技能水平和专业素质。其次，要成立全国范围的学生工作组织协会或研究型机构，为全国高校学生管理工作者搭建交流工作、学习借鉴和互助的平台。再次，要出台行业道德行为规范和工作指导手册，确保学生工作者有具体的从业基本标准、评价依据和职业操守。最后，要积极开展本校学生工作管理研究，从本校的实际出发，摸索和研究具有本校特色的学生管理工作思路。

（七）转变工作方式，贴近学生实际开展工作

在衡量一所高校学生工作水平的高低时，是否针对每位学生特点进行个性化指导和帮助就是重要指标之一。不同的学生具有不同的个性特征，学生工作就要求贴近学生实际、有的放矢，否则成效甚微。高校一般都设立了专门的咨询工作机构，咨询内容涉及范围广，包含了学业辅导、生活指导、心理疏导、行为能力引导、勤工助学指导等，并已形成了相应的科学理论、有效的工作思路，我国高校学生咨询服务工作推进相对较晚，力量还比较薄弱，需要及时转变方式，让咨询服务机构进驻学生社区，贴近学生实际开展工作。同时，要加强咨询服务的宣传和推广工作，鼓励学生敞开心扉，不回避、不拒绝，敢于进行个性化的咨询，使问题及时得到解决，以免影响学业。

（八）构建和谐校园，引导学生全面健康发展

在国外高校，学生管理工作以学生个人及其事务为关注点，学生活动基本在校园内，有时也会延伸到校外社区，此时的学生管理工作也随之扩展到了校外，在与社区、社会机构、政府等接触、广泛交流与合作的过程中，学生不但提高了工作水平，而且也拓宽了工作视野。因此，无论是在国外高校，还是在中国高校，从事学生事务管理的工作者，都要充分认识到自己既是管

理者和服务者，又是教育者和研究者。我们的工作就是营造一个积极、健康、和谐的学习和生活环境，为学生全面健康成长成才服务。

第三节　高校学生公寓管理模式

高校学生公寓是学生日常生活与学习的重要场所，是培养和锻炼学生自我管理、自我教育、自我服务及自我监督能力，有效开展学生的思想教育工作的重要阵地。因此，学生公寓的管理是高校管理中的重要组成部分，是观察学校整体管理水平的一个窗口，务必高度重视。

一、高校学生公寓的地位和作用

（一）高校学生公寓在学生生活中的地位

学生公寓是学生日常活动的主要场所，在大学生活中具有重要地位。扩招后，高校的办学资源改善的步伐相对滞后，教室、阅览室比较紧张，其他文化、体育、娱乐活动相对不足，学生的课余时间很大一部分是在学生公寓度过的。学生公寓的设施是否完备、安全，环境是否整洁优雅、舒适，服务是否周到，生活氛围是否和谐，社区文化活动是否丰富多彩，管理是否科学、规范，将直接关系到学生日常生活质量的高低，影响学生生理、心理能否健康成长和良好行为习惯能否养成。因此，加强公寓建设对学生的日常生活至关重要。

（二）学生公寓在学生管理中的重要作用

1. 学生公寓是展示校风、学风建设的窗口

一所高校的校风、学风如何，不仅反映在教室、图书馆、实验室里，同时也反映在学生公寓里。因为学生的学习态度、劳动观念、组织纪律观念和集体观念在许多情况下都反映在占他生活时间三分之一以上的寝室里面。正

因为如此，学校要协调学生思想教育与管理、后勤服务、安全保卫等各方面的力量，积极探索学生公寓中学校教育、管理、服务工作的结合点。加强学生公寓的管理服务和思想疏导工作，既为学生创造了一个宁静有序、文明清洁的环境，也是消除学生因受其他不良影响而产生的抵触情绪的一项有力措施。

针对此特点，公寓管理必须从管理育人、服务育人出发，努力挖掘潜力，积极改善住宿生活条件，把学生视为服务的对象，让学生得到应有的尊重和关心，这是维护学校稳定的重要举措，也是创建良好校风、学风的前提，对学生的全面发展、成长成才十分关键。

2. 学生公寓是思想教育和科学管理的镜子

学生公寓作为学生在校生活的集中场所，在学生的基本道德修养、学校的教育培养目标完成方面起着重要的作用，学生在公寓中的表现，往往与社会对人才培养的要求，与学校教育管理目标相联系，就当前学生的精神与学习生活而言，主要存在以下倾向。

① 学生在自我意识、个人价值观念方面，比较注重追求与大学教育层次相适应的知识结构和文化娱乐，而忽视从社会的需要角度出发来完善自己。

② 学生对一些水平高、影响大的活动感兴趣，也喜欢对一些深层次的社会现象、个人价值观念进行探讨，但却忽视个人劳动观念、清洁卫生习惯的养成和自我教育、自我管理、自我服务意识的培养。

③ 在公寓建设中，学生比较注重为自己营造一个安乐窝，而不能与整个公寓的管理保持协调一致。

④ 在公寓人际关系方面，学生注重自我个性的发展完善，而忽视将自己作为公寓的一分子加以完善和提高。

⑤ 同学之间交往密切，言谈举止不拘小节，学校的一些管理规章制度在公寓成员的相互默认中得不到严格的贯彻执行，甚至会产生一些消极的现象，如学习风气淡漠、组织纪律涣散、轻视劳动、不服从管理、挖苦先进、

标榜落后等。

因此，学生公寓是培养学生良好的道德行为规范，实现其德、智、体、美、劳全面发展和实施学校教育科学管理目标的一个结合点。通过学生公寓这个点，学校可以把深入细致的思想政治工作与严格的科学管理有机地结合起来，深入实际地了解学生的所想、所感、所为，真正地把握学生的思想动向。

3. 学生公寓引导学生人生观和价值观的树立

学生公寓不只是单纯意义上的休息场所，而是一个重要的育人园地。来自不同地区、有着不同家庭背景和生活习惯的学生构成了公寓的人文环境，这是学生情感和思想比较自然、真实流露的地方，学生在公寓里交往，必将对各自的思想情感产生影响。在他们的交往中，或探讨人生、憧憬未来，或交流学习、谈古论今，必会有各式各样的社会思潮、信息观点等方面的交汇，并由此产生互动影响。所以，必须正确地把握学生公寓里的思想动态，及时地给予正确的启迪和引导，并通过多种方式和渠道，积极开展教育活动，引导学生明确方向、明辨是非，树立科学的世界观、人生观和价值观。

二、高校学生公寓管理的内容与方法

（一）高校学生公寓管理的内容

高校学生公寓管理具有服务、管理、育人三个主要功能。从公寓管理的功能就可以明白学生公寓管理应包括公寓内务及卫生管理、公寓区的治安管理、公寓纪律与秩序管理、公寓设施管理、公寓水电气管理、公寓电视及网络的管理等方面的内容。

（二）高校学生公寓管理的方法

良好的公寓环境是高校实施学生素质教育，促进学生德、智、体、美、劳全面发展的物质保障，科学合理的规章制度会对学生起到良好的导向、规范、协调和激励作用。因此，对学生公寓实施科学有效的管理十分重要，就目前而言，学生公寓管理大致有以下几种方法。

1. 行政方法

行政方法是学校根据学生公寓管理工作的需要，设立专门的管理机构，配备相应的管理人员，根据学校的校规校纪和学生公寓管理制度、条例等，通过用强制性行政命令、规定，直接对住宿学生进行宣传教育，增强住宿学生执行规章、制度、规范的自觉性，使公寓管理有章可循，依法办事。行政方法是高校学生公寓管理普遍采用的方法。为了提高学生公寓管理行政方法的有效性，应科学运用相应的管理方式，具体如下。

（1）行政命令管理方式

行政命令管理方式是凭借行政职权与权威，通过口头或书面等方式，发布必须执行的规定、决定及指示，它具有明显的强制性、权威性和直接性，对贯彻执行制度、条例规则的职责范围、处罚规定要明确具体；对不服从管理的要有相应的纪律、制度、惩处规定与执行程序做保障，以保证管理规章制度能贯彻执行，实现有效管理；对违反条例的处理要一视同仁，对管理条例的执行要做到公开、民主、公平、合理。学生公寓管理制度、条例、规则、规范的制定要科学，既要符合国家法规条例，又要得到学生的认同。这就要求规章制度的制定，不仅应有管理人员、法律专家、主管领导，还应有规章制度的针对人，即学生或学生代表参与，这样的规章制度才会有良好的群众基础，才能得到更好的执行，在具体实施行政命令管理方式时，要做到制度化、规范化、程序化管理，根据高等教育规律及以高校管理目标、基本原则、管理程序和学生公寓管理自身规律，应制定一套包括《学生公寓管理办法》《学生社区管理委员会工作条例》《学生公寓公约》《各级工作人员岗位职责》《文明公寓建设实施细则》等完整、系统的规章制度、管理服务规范和学生公寓日常工作处理程序，并采用多种方式向学生进行宣传教育，使学生一进公寓就知道应该做什么、不应该做什么。明确做好了按何种规定受到何种奖励、违反了规定接受何种处罚，使管理服务人员和学生都有纪可守，有章可

循，建立和谐的人际关系，提高工作效率。

（2）激励方式

激励，是教育的一种方式，激励的直接着眼点在于激发学生的情感，使其产生良好的行为，公寓管理人员应掌握激励的艺术，不断创造条件，变换激励方式。同时，在激励过程中开展思想品德教育活动，以对学生起到感化作用，解决思想认识问题，巩固激励成果。在学生公寓管理工作中，激励方法包括以下几种类型。

① 参与管理激励。吸收学生参与管理，成立公寓管委会，对学生公寓实行民主管理，以激励住宿学生共同管理好公寓的积极性和主动性。

② 目标激励。每学期公布学期、学年评选文明寝室和个人标兵的数量、条件及奖励方法，以激发学生达到某一目标的驱动力。

③ 荣誉激励。对积极主动配合公寓管理工作并作出贡献的个人或集体授予相应的荣誉，设立光荣册、光荣榜，记入学生档案，为其他学生树立榜样、明确方向。

④ 物质激励。对于为建立良好公寓环境做出贡献的个人、集体，在运用上述几种激励方式的同时，要辅以物质激励，例如，如按原定并已公布于众的标准、比例发放奖金、奖品等，激发学生参与和配合做好公寓管理的积极性。

⑤ 情感激励。公寓管理人员、学生社区辅导员要注意观察住宿学生的情感变化，帮助解决学生生活中的实际问题，如为经济困难的学生提供勤工俭学的机会，对生病的学生在医疗、饮食方面给予关怀，对某些有错误思想行为或失误行为的学生有针对性地给予关心、爱护和帮助，使其树立信心。

（3）疏导教育方式

疏导就是疏通、引导。疏导就是要创造条件形成某种疏通机制，让学生的某种情绪得到宣泄；就是要循循善诱，将偏差的思想、情绪引导到正确的方向上来。鉴于目前有些学生仍不理解加强学生公寓管理的意义，有些学生在公寓开展经商活动，带来亲友、同学住宿，有些学校甚至还发生过异性同

宿的现象。虽然学校采取过行政措施，强化了学生公寓管理，但收效甚微，对大多数学生，学校只能在强化行政管理、加强思想教育的同时适时采用疏导教育方式，倾听学生的意见和想法，掌握学生的心理，运用启发、商讨建议等方法，提高学生接受公寓管理规定、条例的自觉性。对学生的合理要求要尽量满足，或者创造条件分步骤实施；对学生的无理要求或者违纪行为要严厉批评。学校对待学生既不能强制压服，也不能放任自流，应采取积极疏导教育的方式，对后进学生要消除其心理防线，晓之以理，促进转化，以便做好学生公寓管理工作。

（4）学生参与管理方式

现代管理理论认为管理的核心是做好人的工作，充分调动人的积极性，使每个管理人员都能明确整体目标、自己的职责、工作的意义、相互的关系等，使其能积极、主动、创造性地完成自己的任务。管理心理学对“参与”和“认同”行为的研究成果表明，让普通成员以不同形式参与领导和管理可以增加成员的心理满足感，增强工作动机，减少对抗，增强责任感、义务感，由于“认同”而产生关心、支持和主动帮助的行为。高校学生公寓的住宿对象是具备一定知识和技能的学生，校方应积极组织以学生为主体的学生公寓楼管委会，设层长、寝室长，吸收学生参与学生公寓管理模式决策，制定学生公寓管理目标，参与解决问题、处理事件的活动。这样，可以提高学生在学生公寓管理工作中对自我价值和重要性的认识，增加其对公寓管理决定的认同，从而提高向心力，增强自觉性，做到紧密配合，协同工作，同时，又可以使学生在参加公寓管理过程中提高组织管理能力。

学生参与管理是提高公寓管理效能的有效途径，也是育人的需要。学校学生公寓管理部门应从战略高度提高认识，积极支持，并要因时因校制宜，实行民主管理，条件成熟的学校可让学生自我管理，在行政上给予指导、支持和帮助。学生参与公寓的管理一般有三种方式：第一种是咨询参与，对学生公寓的管理模式、重大的管理改革措施、改革方案、规章制度建设等提出意见和建议；第二种是决策参与，对学生公寓管理中学生关心的重大问题，

选派学生代表组成调查研究小组，在调查研究和系统分析的基础上直接参与决策；第三种是行政参与，通过学生代表参加的校学生公寓管理领导小组或学生公寓楼管委会对学生公寓进行日常行政管理。

2. 经济方法

经济方法是经济组织利用物质利益来影响所属人员行为并使之目标与组织目标保持一致的一种管理方法。随着教育体制改革的不断深化，学生公寓管理应加强高校经济核算，提高教育投资效益，对学生适当采用经济方法进行管理，如对学生收取学杂费、住宿管理费等，同时变助学金为奖学金、贷学金。入学时学生先交费后注册，对于不交费或严重违反公寓管理规定的，学校不准其在学生公寓住宿；将住宿学生在公寓的表现作为道德操行，实施考评德育分与评奖学金挂钩；在公寓日常管理中核定水、电用量，超指标加价收费，减少水、电浪费；为防止损坏公物，学生住宿时每人交一定数额的押金，作为损坏公物时的扣款赔偿。

总之，适当运用经济方法有利于完善学校及学生公寓的管理职能，但经济方法不是万能的，作为国家主管主办的高校，不能过分强调以经济制裁为手段进行公寓管理，对学生的收费要适度，损坏公物要酌情赔偿，违反规定要合情合理处理、严格控制，避免处理不当。

（三）依托学生公寓开展学生心理健康咨询活动

学生正处于青年时期，存在着青年的特点和青年知识分子的特点。学习竞争的激烈、就业形势的严峻、爱情问题上的不如意、与同学交往产生障碍而导致的焦虑、部分同学经济上存在的压力和家庭教育的不平等都导致了当前高等院校部分学生在心理上存在许多问题，对于学生管理工作者而言，这类问题是绝不可轻视或忽略的。对此，校方有必要选聘有经验的、学生信得过的教师、心理医生在学生公寓开设咨询室，用社会学、心理学及医学知识和生活经验等开展心理健康咨询，帮助学生解除困惑，培养积极的心态，使他们适应环境变化，树立信心，这对于学生公寓管理工作是一个有效的辅助管理方法，也是学生公寓管理人员参加教育过程的有效措施。

学生公寓心理咨询方法的特点是学生由被管理的被动地位转为主动地位，而管理者（教师、医生和管理人员）由主动地位变为被动地位。学生心甘情愿地向管理者诉说自己的“遭遇”“苦衷”，以求得对方的同情、理解和指导，从而使焦虑、郁闷、孤独、压抑的情绪得到释放和宣泄，保持心理平衡。

心理咨询方法对帮助心理有障碍、行为受挫折的学生消除消极的心态、树立信心有重要的作用。学生认为对方是自己的师长父辈、“救命”的医生，是信得过的，心理上消除了防卫和戒心，因此，学生对他们阐述的道理、行为规范、健康知识能听得进去，能双向交流感情，探讨问题，有较强的针对性，利于建立和谐的师生关系，激发学生的潜能，消除学生的自卑、自弃心态。

学生公寓管理运用的心理咨询方法包括各种不同的方式。一般来讲，单独面谈，或约几个知心朋友一起谈，或采取书信、网上交流等方式回答问题、交换意见都是可行的，也可以针对学生中普遍感兴趣或带倾向性的问题举办研讨会，或开设咨询课，或请有名望的专家、教授、医生做专题讲座，并当场回答学生的问题，引导学生健康成长。

三、高校学生公寓管理的体制

（一）高校学生公寓管理体制的概念

管理就是在特定的环境下对组织所拥有的资源进行有效的计划、组织、领导和控制，以便达成既定的组织目标的过程。管理不仅为实现组织目标服务，还要运用组织中的各种资源来实现目标。管理工作的过程是由一系列相互联系、连续进行的活动所构成的，也是在一定环境与条件下进行的，所以管理工作离不开特定的政治、经济、文化环境和条件，离开了特定的物质和政治文化条件来空谈管理，是不可能产生效果的。

所谓体制，就是指国家机关、企业、事业单位等的组织制度。我国的学

生公寓管理体制是指在中国特色社会主义市场经济体制的现行教育体制和办学模式下，为了实现高校学生公寓的科学管理，为学生提供良好的生活、学习环境，通过对学生实施教育、管理、服务实现育人目的。在公寓管理过程中应明确学生工作部门、后勤服务（物业管理）部门、安全保卫部门、学生政治辅导员、公寓管理人员之间的职责和权限的划分，以及学生公寓管理的有关规章制度、管理决策程序等。

（二）高校学生公寓管理体制的类型

随着我国改革的逐步深化，尤其是高校后勤社会化的推进，学生公寓管理体制也在不断地发展变化，就目前而言，高校学生公寓管理体制主要有以下几种类型。

1. 学生自治体制

学生自治体制是人本化管理在高校学生管理体制中的具化。人本管理思想是针对 20 世纪初过于强调对一切作业活动的计量定额、强调严格的操作程序而忽视了对人的管理的泰勒的科学管理而提出的一种人性化管理。人本管理在知识经济时代的立足点与核心是人的知识、能力的提高和创造力的培养，它要求管理者始终坚持以人为本的观念，建立起让每一位成员都有机会施展才能的激励机制，努力营造尊重、和谐、愉快、进取的气氛，激发人们参与管理的热情、想象力和创造力。具体到学生管理体制上就是学生自治体制，学生自治体制通过从住宿学生中公开选聘从事管理、服务工作的学生公寓管理机构的工作人员，从而制定相应的学生公寓管理制度、条例、工作程序、考核及奖励办法。

同时，成立学生公寓民主管理委员会，制定民主管理制度，使民主管理委员会的民主职权与学生公寓管理机构履行的管理职能同步且相互制约，以提高学生公寓管理水平。学校为学生住宿提供必要条件，配备相应的设施、设备，为有效地开展学生公寓管理工作创造条件，授予职权，给予指导，积极理顺关系，做好服务工作。学生自治的形式有两种：一种是学生公寓完全由学生负责经营，自我管理、自我教育、自我服务、自我监督，学校给予支持、指导，如深圳大学、华侨大学、湖州职业技术学院等就是这种形式；另一种是学生公寓管理由学校提供支持、帮助，在保证学生公寓管理服务正常运行的同时，学生实行自我管理、自我服务。

2. 行政管理体制

这种学生公寓管理体制由后勤部门为学生提供住宿条件，学校用行政方法集权领导，分散管理，管理方式、收费标准等都由学校领导决定。在管理过程中，学生工作部门、安全保卫部门、后勤服务部门按具体的分工各负其责。行政管理体制虽是行政集权，管理有力度，但由于分散管理口多，会出现各自为政、互相脱节的现象，管理人员与学生之间容易产生对立情绪。诚然，这种管理体制在一定的时期内曾起到积极作用，但在提倡民主、和谐的时代其存在不少弊端，有待于进一步探讨、完善。

3.“主辅”管理体制

此种管理体制以行政管理为主、学生参与管理为辅，其形式主要有两种：一种是选聘或有关部门推荐学生直接担任学生公寓管理机构的副职或助理，协助中心主任（或科长）做好学生公寓管理工作，并由他们负责学生公寓楼楼委会的有关工作；另一种是由学生代表参加组成学生公寓管理委员会，协助学校做好学生公寓管理工作。“主辅”管理体制既可充分听取学生的意见和建议，锻炼学生的组织能力，又利于管理人员与学生之间沟通信息，交流感情，使学生承认并支持学校采取的管理决定和措施。

四、高校学生公寓管理模式的含义与类型

（一）高校学生公寓管理模式的含义

高校学生公寓管理模式是指高校对全体学生公寓进行管理活动时所采取的组织形式和管理方式。高校学生公寓管理模式是对学生公寓进行系统管理的前提，它受到社会制度、学校规模和学校管理体制等多种因素的制

约，管理模式是否恰当对能否充分发挥学生公寓管理的效能、全面实现管理目标有着重要的影响。因此，各高校都十分重视对学生公寓管理模式的探索。

（二）我国的高校学生公寓管理模式

在我国，目前各高校所采用的学生公寓管理模式大致可分为以下几种类型。

1. 学生自治管理模式

这种模式要求学生自己组织起来，自行负责公寓的安全、水电及公物维修，作息制度、卫生制度的制定和执行监督等，学校只给予学生理论上、方向上的指导和适当的经济补贴。这是充分体现学生公寓民主性管理原则的一种模式，实现学生自治管理的主要机构是学生公寓自我管理委员会，该委员会的成员由广大学生推举产生，报经学校批准。该委员会负责公寓各种宣传、各种规章制度的贯彻落实、各项工作的检查评比、各种违章行为的批评处理、各种服务设施的使用及维修等一切公寓管理活动。学生自治管理模式对于公寓管理具有针对性强、灵活性大、范围广、效益高等优点，在理论上值得推崇和肯定。但实际推行起来却往往因学生群体的自觉性不够，同时缺乏大批得力、过硬的学生干部而困难重重，因而只是在理论上加以肯定，在实际学生公寓管理工作中却不常用。

2. 学生工作系统主管模式

这是以学生工作系统为主来管理学生公寓的一种模式。此模式由各院（系）分管学生工作的党总支书记或副书记、团总支书记、政治辅导员和班主任组成的学生工作领导小组全盘兼管学生公寓的安全、水电、卫生、维修等管理工作，后勤部门只提供物质保障。学生工作系统主管模式的针对性、灵活性较强，有利于加强对学生的思想教育工作，促进学生的全面发展，但由于学生工作领导小组成员的精力有限，教学、科研、公寓管理工作很难兼顾，往往忙得团团转，顾此失彼，因此，这种管理模式也逐渐不再采用。

3. 行政分工管理模式

此种模式是我国传统的学生公寓管理模式，由学校各部门按其工作职能分别负责某一单项的学生公寓管理工作，如后勤服务部门提供公寓、设备及负责维护环境卫生等；校团委负责学生的思想教育工作；校保卫部门负责学生公寓的安全。行政分工管理模式把整个学生公寓管理工作分解成若干部分，划分细致，职责明确，有利于各专职部门所从事工作的制度化和规范化。但是，随着学生公寓管理工作的日益复杂化，行政分工模式越来越不适应实际工作的需要，日益暴露出政出多门、推诿扯皮、协作性差、形不成合力等缺点。所以，在当今学生公寓管理中这种模式已逐渐被其他更先进、更合理的管理模式取代。

4. 学生综合管理模式

所谓综合管理，就是以后勤服务总公司或学生工作部（处）为主管单位，学生公寓管理科或学生公寓管理中心为主要责任方，将后勤部门、安全保卫部门、思想品德教育和学生工作部门，相关院（系、部）及参加学生公寓管理工作的学生工作干部、管理员、保安人员等按职责分工，使其相互配合，共同做好学生公寓管理工作。在公寓管理过程中，应交错使用行政管理、思想政治教育、经济、咨询疏导等方法和手段，以提高学生公寓管理的整体效能。管理的内容包括学生公寓的卫生、治安、秩序、日常维修等，通过管理使学生公寓内整洁美观，公共场所清洁卫生，房屋、设施、水电供应始终保持正常状况，公寓秩序井然有序。管理人员、服务人员、治安保卫人员应积极治理公寓环境，主动做好防火、防盗工作，及时预防和妥善处置突发事件，实现教育、管理、服务一体化。学生综合管理模式目前在我国高校学生公寓管理中较为普遍。在新形势下，伴随着高校后勤社会化的逐步完善，对于学生公寓如何更有效地发挥好教育、管理、服务三项功能，不少高校进行了有益的探索。湖州职业技术学院的学生社区管理模式就是其中的典型，管理成效明显，形成了学生管理、物业管理、安全保卫、饮食服务“四位一体”的管理模式。

第四节　高校学生社会实践管理模式

高校人才培养途径是多种多样的，正确引导学生参加社会实践就是其中重要的一种。早期，大学主要是通过在课堂上系统传授理论知识来培养人才，随着社会生产力的不断提高和发展，对教育和人才培养也提出了新的目标，这种仅靠传授理论知识培养人才的方式已渐渐不适应时代，因为现代化的生产过程不仅要求人才掌握大量的理论知识，而且还应该具有较强的动手和创造能力，具有科学的社会观和责任感，具有较高的道德素质和心理素质，这些方面仅靠课堂教学是难以完成的。所以，现代工业产生后，社会实践就作为一种重要的教育方式被引进大学的教育过程，其重要作用日益引起人们尤其是教育工作者的重视。

一、高校学生社会实践的科学内涵

高校学生社会实践是一种以实践的方式实现高等教育目标的教育形式，是高校学生有目的、有计划地深入现实社会，参与具体的生产劳动和社会生活以了解社会、增长知识技能、养成正确的社会意识和人生观的活动过程。学生社会实践是高校教育活动的重要环节，它与课堂教学相辅相成，共同完成高校的人才培养任务，实现学生的全面发展。

高校学生社会实践对学生的全面发展具有重要的意义，具体来说主要表现在以下几个方面。

（一）社会实践帮助学生建立科学的世界观

世界观是人们对世界的一般看法和根本观点。人们在生活的过程中都会形成自己的世界观，但由于个人生活环境、所受教育的影响，不同人的世界观也有很大差异，总的来说，世界观有正确和错误之分，正确的世界观经过

理论化、系统化就会成为科学的世界观，学生树立正确的世界观需要靠两个方面的努力：一方面是学生要经常与社会接触，不断突破事物的表面现象，深入事物的本质，从而不断校正原来从现象上获得的肤浅的或错误的认识，使自己的认识符合事物的本质及规律；另一方面是要对学生进行系统的思维训练，使学生通过学习前人正确的世界观理论了解人们在世界观上容易走上歧途的种种可能，让学生对自己的世界观经常进行反思，并不断地充实新的科学的内容，因此社会实践对学生建立科学的世界观很有必要。

（二）社会实践推动学生的社会化进程

社会化是指个人与社会生活不断调适，使个人由“自然人”发展为“社会人”的过程。社会实践可以增强学生的社会责任感，很多高校组织学生到基层开展社会实践的活动，使学生提高了对改革的复杂性、艰巨性的认识，增强了他们的社会责任感。在社会实践中，越来越多的学生认识到，社会需要的不是冷漠的旁观者，也不是抱有同情心的捧场者，而是需要热情的、直接参加这项伟大建设工程的人，通过社会实践，许多学生克服了原来自视清高的习气，自觉并充满激情地投入学习、生活和工作。社会实践可以推进学生实现社会角色的转变，社会实践活动能够帮助学生找到自己和社会要求之间的差距，看到自身知识和素质上的缺陷，促使学生从过去的“唯我独尊”的幻想中回到现实，重新确立自我价值实现的基点，在纷繁复杂的社会中找到个人和社会的最佳结合点，社会实践可以促使学生与长辈们沟通代际关系。当前一些学生图安逸怕吃苦，自视清高，却认为他们的父辈过于保守、正统，两代人之间形成了一层无形的隔膜。究其原因，主要在于有些学生对父辈缺少了解。在社会实践中，学生以普通劳动者的身份直接参加的社会财富的创造活动，培养了他们尊重劳动成果、尊重父辈们的思想感情。总之，在社会实践中，两代人之间可以相互沟通和相互理解，消除彼此对对方的偏见，进而有效地促进两代人之间的交流和融合。

（三）社会实践有助于学生能力的提升

当代部分学生在一定程度上存在着眼高手低、忽视社会实践、脱离群众、动手能力弱等缺点，而积极踊跃地参加社会实践活动有利于弥补这些不足，受片面追求升学率思想的影响，部分学生只注意书本，不注意社会实践，存在“高分低能”的状况，这严重阻碍了他们在各项建设事业中发挥作用，延缓了他们成才的进程。实践是成才唯一的桥梁，只有实践活动才能使书本知识与实践操作合二为一。

事实证明，社会调查、科技咨询、信息服务、义务劳动等社会实践活动不仅可以使学生的智力资源得到直接的、有效的开发，达到分数与能力的统一、书本知识与实践的结合，还可以使个性不同的学生通过实践活动各获所求，各取所需，缺什么，补什么，从而有效地完善现行的教学方法，弥补学生自身的不足。

（四）社会实践促使学生贴近群众

回顾历史，凡是有所作为、有所创造的青年和知识分子无不投身于轰轰烈烈的社会实践之中。许多的政治家、经济学家、教育家、军事家、文学家等都是在社会实践活动中茁壮成长起来的，他们在实践中身体力行，为我们提供了光辉的典范，只有广泛、深入地参加社会实践活动，和广大群众相结合，才能快速成长。

二、高校学生社会实践的具体实施

（一）高校学生社会实践的内核

1. 深入企事业单位，开展社会调查

学生通过深入城镇、乡村开展社会调查、考察；深入城乡各地、部队、

科研院所、企事业单位开展社会观察和社会调查活动，从而了解社会、了解国情，同时对社会和企业的发展献计献策。社会调查和考察的直接目的是了解社会的实际情况，认识社会现象的本质及其发展的客观规律，这是一种收集和处理社会信息的方法，在现代社会具有越来越重要的作用。

2. 深入企事业单位，开展社会服务

学生通过深入城镇社区和贫困乡村开展文化培训、科普讲座、法律宣传和咨询活动，服务社区和乡村的两个文明建设。

科技服务活动面向经济建设主战场，面向城镇社区、县乡的中小型企业、乡镇企业。学生结合所学专业，发挥技术特长，在教师的指导下开展科技攻关、工程设计、科技成果推广、科技咨询和技术服务等活动，使科学技术为现实生产服务。

信息服务活动是指通过一定的途径把人才、工农业科学技术及社会生活等方面的信息资源的开发利用情况提供给被服务单位，并把被服务单位的信息传递出去，以期取得一定的人才效益、社会效益和经济效益。学生通过在校的学习掌握了一定的专业知识，可以通过开展信息服务活动把信息资源的开发过程及成果传播到各个领域，进一步加以利用，在信息资源的开发利用之间架起一座桥梁。

3. 深入企事业单位，开展教学实习

高校学生党员与城市社区党员、农村基层党员、企事业单位党员联合，积极开展创新争优“两学一做”学习教育、党的先进性和纯洁性教育等互动活动。

教学实习是教学计划内的社会实践，是在教学计划规定的时间内进行的，要求每位学生必须参加并取得学分，是实现专业培养目标、保证人才品格质量的必修课，教学实习包括认识实习、生产实习、毕业实习等，是理、工、农、医等专业学生社会实践的主要形式，是把生产劳动引入教学，对学生进行思想政治教育、职业道德教育、专业教学和职业训练的基本环节。

4. 深入企事业单位，开展勤工助学

勤工助学对学生个人和国家都有重要的意义。对于个人来说，它有助于学生个人的成长和成才；对于国家来说，它有助于国家高科技人才的培养，有助于国家教育制度的改革和教育的不断发展。在假期，学生所做的兼职教师、推销员、打字员、秘书、酒店服务员等工作，一方面可以在一定程度上解决贫困生的经济问题；另一方面也是高校开展社会实践活动、培养学生自立自强精神的有机组成部分。

具体来说，勤工助学主要包括校内公益劳动，校外社区服务活动，与企事业单位、部队、科研院所、乡村、居民委员会、商业企业等单位开展的其他形式的勤工助学活动。

（二）高校学生社会实践的形式

1. 活动型社会实践

这种社会实践以文化、科技、卫生下乡为主，通常做法是学校与某地联合，在某地以学校为主，组织一台甚至几台文艺演出，动员群众前来观看或组织大型的科技咨询、文化宣传及医疗服务活动，场面宏大，气氛热烈，影响也较大。但投入多，组织过程复杂，参与的学生也不是很多。目前这种社会实践已成为学生社会实践的主要形式，但仍然需要改进。

2. 参观型社会实践

这种社会实践通常是组织学生到风景名胜、工厂参观考察、参与座谈，虽然能对学生起到一定的教育作用，但除了能增进学生之间的友谊、加深学生对祖国大好河山的了解以外，能真正达到教育目的的可能性较小。于是学校就把这种社会实践作为对优秀学生或学生干部的奖励，组织少量学生参加，但取得的效益却不大。

3. 课题型社会实践

学校以教师牵头，各相关年级学生参加，组成课题小组承担政府或企业的课题，通过广泛深入的调查宣传活动对课题进行攻关，学生参加这种实践活动的积极性比较高，而且这种活动能得到一定的社会资金支持，也能长期开展下去。

4. 生产型社会实践

这种社会实践的参与者以高年级学生、研究生和博士生为主，他们参加生产活动的某一环节，成为其中的一员，一方面，利用自己已有的知识促进了生产的发展；另一方面，在实践中学到了书本上没有的知识，相得益彰。这种社会实践有着较强的生命力。

5. 挂职型社会实践

这种社会实践主要是以组织的形式到机关社区、乡村当中挂任各种职务的助理，做一些社会工作的实践，这种社会实践深受机关、社区、乡村的欢迎，但目前参加的人数较少。

6. 互动型社会实践

这类社会实践的参与者既有学生（含学生党员），又有城乡基层的市民、农民（含党员）。在活动中，他们互为参照对象，相互学习、相互帮助，不仅双方能够共同取得进步，也在一定程度上促进了社会主义物质文明、精神文明和政治文明建设。

7. 学生自发型社会实践

学生在假期通过参加社会招聘活动、上门自荐活动等形式参加到各种社会生产活动中去，除能体验社会生活活动中的酸、甜、苦、辣外，还能利用自己的所长，在为社会服务的同时取得一定的报酬以用补贴学习或生活所需，这种社会实践除参加的学生较多外，学校支出也不是很大，应该予以鼓励。

三、高校学生社会实践的制度化建设

高校应把学生社会实践纳入整体教育计划，通过制定短期规划、长远规划和配套文件，形成一套完善的学生社会实践制度、它对实践活动的指导思

想、方针原则、目标要求、形式内容、方法途径、时间要求、成绩考评、工作量计算、奖励办法、组织领导，以及有关政策都应做出明确的规定，并随着学校体制改革不断加以修订，使活动贴近学校的发展实际，有章可循。高校学生社会实践的制度化建设应包含以下内容。

（一）建立社会实践领导小组制度

学校应成立由分管学生工作的党政领导和教务、科研、总务、学生处、团委等部分单位组成的学生社会实践活动领导小组，负责对全校社会实践进行统筹安排，制订计划，组织落实。各院（系、部）成立由分管学生工作的党总支书记（副书记）、团总支书记与学工办主任等组成的社会实践领导小组，负责本院（系、部）学生社会实践计划的制订与实施，同时，也可吸收校外人士，如地方政府负责领导、地方市团委同志及企业负责同志共同组成社会实践领导小组，建立友好关系，以便高校社会实践在地方、企业的顺利开展。

（二）完善社会实践活动基地建设制度

随着学生社会实践不断走向成熟，社会实践基地建设制度也成为一种趋势。相对于实践初期分散、随机的活动，基地活动可以有长远的计划，为培养人才制定完备的方案，同时也有利于基地方与校方建立长期互惠关系，使社会实践在双方自愿的基础上健康发展。社会实践基地制度建设包括两个方面的内容：一方面是为教学研究服务的社会实践基地的制度建设，这类基地包括城市工商企业、农业生产单位等基地；另一方面是思想政治教育和党建社会实践基地的制度建设，这类基地包括城市社区、农村基层组织、各类爱国主义教育基地（革命纪念馆、革命博物馆和烈士陵园等）等。

（三）建立社会实践指导教师队伍制度

开展学生社会实践的经验证明，社会实践要取得成效离不开教师的积极

参与。因此，必须建立社会实践指导教师队伍制度。不同的社会实践需要不同的指导教师：为教学研究服务的社会实践由专业教师或相关专业的技术人员做指导教师；思想政治教育类的社会实践由政治辅导员、政治理论教师或校外政工干部做指导教师。从而能够借助指导教师在人格、理论、知识及专业上的优势增强社会实践的生命力，实现实践过程中全方位育人的功能。建立社会实践指导教师队伍制度一般要考虑以下因素。

① 基地的性质：教学研究服务型的社会实践基地和思想政治教育型的社会实践基地对教师的要求有所不同。

② 学校的有关政策。

③ 教师的地位和作用。

④ 实践过程中的组织领导。

⑤ 纪律要求。

⑥ 地点的选择和安排。

⑦ 职称评审和职务晋升。

⑧ 工作量的计算。

（四）建立社会实践考核与激励制度

考核激励是提高社会实践活动成效的有效方式之一。对学生参加社会实践活动定内容、计学分；对教师定任务、计工作量；对院（系、部）和教研室制定规划和考核措施。社会实践活动情况要做到“八个挂钩”，即与学生德、智、体、美、劳综合测评成绩挂钩；与奖学金挂钩；与评选先进个人和集体挂钩；与团员民主评议、推优入党和推荐免试研究生挂钩；与评选优秀党、团员挂钩；与学生的学分挂钩；与单位和个人的经济利益挂钩；与教师工作量和干部业绩的奖惩挂钩。这样，才能调动学生、广大教师干部，以及社会各界、各单位参与社会实践的积极性、主动性，使社会实践形成有机运作、自我驱动、有轨发展的动力机制。

四、高校学生社会实践的发展趋势

（一）实践组织的科学化

作为系统工程的学生社会实践能否获得理想的效果，不仅取决于实践活动的社会化程度和实践制度的规范化程度，还取决于实践组织过程中的科学化程度。学生社会实践作为高等教育的重要组成部分，社会将会对它提出越来越高的要求，实践组织的科学化正是要通过不断地研究社会实践的基本规律并严格遵循规律组织实践活动来动态地满足社会的要求。因此，实践组织的科学化就成为社会实践活动发展的必然趋势，它将贯穿于社会实践活动的全过程，而具体实践组织过程中实践组织的科学化又依赖于实践活动有机组织系统的确立和科学组织理论的指导。

（二）实践制度的规范化

实践制度规范化的目的，是使社会实践活动做到有章可循、有据可依，保证社会实践活动持续有效开展。实践制度规范化的标志是富有权威、系统全面、切实可行并具有自我发展机制的实践制度体系的建立。

（三）实践活动的社会化

学生社会实践活动作为教育活动的主要形式之一，具有三个基本的构成要素，即实践活动组织者、实践活动本体和实践活动主体。因此，实践活动的社会化也由这三个构成要素的社会化来组成，这三个构成要素的社会化分别有其不同的含义：实践活动组织者的社会化是指动员全社会的力量来关心、组织学生的社会实践活动，这是实践活动社会化的基本条件；实践活动本体的社会化是指具体实践活动过程的内容与形式必须以社会需要和社会所提供的条件为基础，这是实践活动社会化的重要途径；实践活动主体的社会化是指通过实践活动把社会的价值体系内化为实践参加者（学生）的价值体系，使之成为合格的社会成员，这是实践活动社会化的根本目的。由此可见，实践活动的社会化就是指动员全社会的力量组织以社会需要和社会所提供的条件为基础的实践活动，最终达到把学生培养成合格的社会成员的目的。

第五章　高校校园文化概述

第一节　高校校园文化概念辨析

一、高校校园文化的基本概念

（一）文化的概念

校园文化作为一种文化形态，是伴随着学校的出现而产生的。换言之，校园文化作为一种客观存在，无论人们是否意识到它的存在，在学校出现时，它便作为一种独特的文化形态产生并且存在于文化世界中了。

文化有广义和狭义之分。广义的文化又被称为“大文化”，是指人类与一般动物、人类社会与自然界的本质区别，它着眼于人类独立于自然的独特生存方式，其涵盖面非常广泛，因而将人类社会历史生活的全部内容统统摄入“文化”的定义域。狭义的文化又被称为“小文化”，是指人类的精神创造活动及其结果，它排除人类社会和历史生活中关于物质创造活动及其结果的部分，专注于精神创造活动及其结果，本书中所指的文化主要是从狭义的角度进行论述。

一种文化的形成和发展是在文化本体、共同的文化意识和文化赖以生成的物质载体三个基本条件的共同作用下得以实现的。

1. 文化本体

文化是一定人群共同拥有的东西，是由群体创造的。群体是指有整体认同感和归属感、有共同利益、为实现共同的目标在行动上相互协作的人群组合。文化的本体是人，但有一定数量的人的群体才是一种文化产生的首要条件。

2. 共同的文化意识

共同的文化意识是指某一群体成员在相互交往过程中形成的共同的、对其他社会群体而言特殊的活动方式、行为习惯、价值观念、思维和语言方式，以及群体心理等。

3. 文化赖以生成的物质载体

任何文化的生成和发展都必须依赖一定的物质载体，如人口、自然环境、社会生产方式等。

基于以上认识，文化是人类社会在生产活动中形成的群体精神及其所附载体。这个表达有六个特点：一是人类社会在生产活动中体现了马克思主义奠基人关于文化的论述的基本精神；二是人类社会的“生产活动”是人类独有的掌握世界的方式，是人类区别于其他生物掌握世界的独特方式；三是对文化的表述，吸收了文化学发展史上众多研究者的研究成果；四是对文化的概括揭示了文化的本质；五是“人类社会群体精神”的“所附载体”的抽象囊括了文化的存在基础；六是“群体精神”一说是在吸取了国内外研究的合理成分基础上提出的。

（二）校园文化的概念

“校园文化”的概念源于美国学者华勒于 20 世纪 30 年代提出的“学校文化”的概念。1932 年，华勒在《教育社会学》一书中提出了“学校文化”一词，他认为，学校文化就是学校中形成的特别文化。20 世纪 80 年代以来，受组织文化研究的影响，我国也掀起了校园文化研究的热潮。

学者从不同的视角、不同的层次对校园文化的含义做了种种界定，较有代表性的有课外活动说、第二课堂说、学校准文化说、文化氛围说、校园精神说、规范说等。

课外活动说认为，校园文化是以学生为主体开展的课外活动，其作用是娱乐和调剂学生的业余文化生活。

第二课堂说认为，校园文化是学生接受道德及艺术教育的第二课堂，是对第一课堂的延伸、补充和进一步完善。

学校准文化说认为，校园文化是区别于学校主文化范畴，以学生为主体的准文化或亚文化。

文化氛围说认为，校园文化既非课内活动，也非课外活动，而是通过特定的文化氛围，使置身于其中的大学生受到熏陶和启发，从而获得全面发展的文化形态。

校园精神说认为，校园文化是在大学这一特定的环境范围内生活的全体成员所共同拥有的校园价值观在物质上、意识上的具体化。

规范说认为，校园文化是指学校在教育实践中逐渐形成并以师生所认同的价值观为核心的群体意识和群体行为规范。

综合以上各家之见，概括起来主要有以下两种看法。

一是狭义的理解。校园文化主要是指开展学校教育所短缺的艺术教育及各种文化活动，包括各种社团活动等。在这里，校园文化主要是作为学生课堂教学调剂的课外文体活动，也就是通常所讲的以第二课堂为主要内容的文化氛围和精神，其主要是对学生传播艺术知识，进行审美教育，组织各类文化艺术社团，开展各种文化艺术活动，丰富校园生活，提高学生的文化修养、道德情操和审美观点。这种观点实际上把校园文化限制于学校的艺术教育和学生的课外文化活动。

二是广义的理解。校园文化是人们创造的以特定主体（教师、学生及职工）为载体的物质财富和精神财富的总和。在这里，校园文化包括办学中的硬件与软件、外显文化与隐形文化两部分。这种认识的显著特点就是认为校园文化不仅包括非物质文化，还包括物质文化，即学校的校容校貌、教学教研设备状况、教学内容、管理制度、全校师生、员工所共同遵循的价值观念准则，以及由此产生的学校精神氛围等都是校园文化的重要表现。

这对校园文化内涵的界定都是从某个特定的角度来揭示校园文化的基本特征，部分地揭示了校园文化的本质内涵，对校园文化的认识和理解具有重要的启迪作用。综合来看，笔者倾向于广义的理解，在本书中也是从广义的角度去进行理解和论述的。

高校校园文化是一所高校生存和发展的重要根基，也是一所高校区别于其他高校的重要标志和特征，它是高校校园内所呈现出的一种特定的文化氛围，人们对不同高校得出的不同感觉。最先是来自高校校园的环境和氛围，这是校园文化的直观表达，高校校园文化能直接体现一所高校的物质文化和精神文化，是动态的、多维的群体性文化。

从文化现象的存在形态来看，高校校园文化包括精神文化、制度文化、物质文化和行为文化。其中，精神文化主要包括高校的信念追求、价值取向、办学理念等，是高校校园文化中最核心的要素；制度文化为校园文化的发展提供保障；物质文化是高校发展的基础；行为文化主要包括校风学风、校园生活、人际关系、精神风貌、社团组织、学校管理等，是高校校园文化中最活跃的因子。

从校园文化的理论结构来看，社会主义核心价值体系是高校校园文化建设的主导思想和精神指引。建设和谐文化是高校校园文化的核心，高校校园特定的文化氛围和高校的培养目标一致，其实质就是用和谐思想来教育人、引导人、激励人、塑造人，对校园人的价值观有明确的导向作用。

二、高校校园文化的基本特征

（一）先进性

高校校园文化是高校在长期办学过程中经过历史积淀而逐渐形成的物质成果和精神成果的总和，它产生于特定的区域和高校，而高校自古以来就是人类智慧和知识产生、汇集与向外界辐射和散播的场所。随着知识和人才成为社会经济发展的主要动力，被誉为高素质人才的摇篮和知识创新的发动机的高校无疑将在 21 世纪的社会中发挥重要的作用。

在社会现代化进程中，高校不仅要为社会提供高新科技，创造精神文化，还要为社会培养掌握现代技术的合格人才；加之高校校园内集中了现代文化的精华、人类优秀的文化遗产，以及最新的科研成果，这就决定了校园文化必然有其先进性。另外，高校校园文化的主体（校园人）是一个特殊的文化群体，是具有较高文化层次、较好人文修养的教师和作为青年才俊的大学生。他们生活在各种文化信息最集中的环境中，接收到了各种文化思潮的冲击，吸收了新的文化信息，所以能够运用知识，以更理性的头脑、更灵活的思维思考问题，更准确地在校园文化的取舍、鉴别等方面做出决断，

（二）发展性

物质运动是永恒的，事物矛盾的绝对性决定了事物的发展性，事物的内在矛盾是事物运动、变化和发展的真正动力。任何事物都包含着维持其存在的肯定因素和促使其灭亡的否定因素，当肯定因素占据矛盾主要方面时，事物保持相对稳定状态；当否定因素占据矛盾的主要方面时，旧的矛盾统一体就开始瓦解，新的矛盾统一体开始展开，旧事物便发展成了新事物。由于事物包含内在的否定性，即矛盾双方的斗争是绝对的，因此事物会不断向前发展，由新事物变成旧事物，又由旧事物变成新事物，这揭示了“事物是不断发展的”这一规律。

文化同样如此，不是一成不变的。校园文化的形成不仅要靠悠久的文化传统、长期的历史经验，还要靠当时人们的能动创造，更主要的是要受到学校的职能、学校教育者的教育教学和行为方式的支配，从某种意义上说，教育者是校园文化的创造者，他们的思想导向、价值观念及道德风貌决定了校园文化的性质、水平和风格。同时，教育者会有意识地、自觉地批判和消除种种劣性文化对学生的侵害，使这些文化对学生的消极影响降到最低限度。因此，无论何时何地，任何一所学校要形成优秀的校园文化，都要从学校实际出发，充分调动校园主体尤其是学校管理者和教师的积极性，倡导正确的

思想、价值观念，以及高尚的行为规范，摒弃原有文化形态中陈腐的、不健康的东西，使校园文化在不断发展的过程中面向未来。

（三）开放性

校园文化以其独特的文化特质区别于其他社会文化而自成一体。从空间层面上讲，校园文化是以学校成员为群体基础，以校园为空间范围的；从时间层面上讲，校园文化是指每所学校自建校时被传承下来的、独有的文化精髓；从心理层面上讲，校园文化在自我认同的基础上具有强烈的群体性和排他性。因此，校园文化具有相对的封闭性的特征。但是，校园文化又不是孤立地存在的，它与外部世界、其他社会文化不停地进行着信息、能量和物质的交流。因为在普遍联系的世界里，作为社会亚文化的校园文化既不可能不依靠其他社会文化而产生，也不可能脱离其他社会文化而生存，因此校园文化具有相对的开放性的特征，也正因为这样，校园文化才能在不断汲取社会主流文化和其他亚文化的营养和精华中发展、进化和完善，并以其超前性、导向性和示范性影响和促进着整个社会文化的发展。

就社会及学校发展来看，校园文化的封闭性将越来越趋于弱化，甚至有可能仅体现在校园文化的文化特质的一贯性和稳定性上，而校园文化的开放性将不断地增强，并且越来越明显，从而成为校园文化的主要特征。如今，高校的职能已从欧洲中世纪大学的培养人才逐渐演变为培养人才、发展科学、服务社会和国际交流。这样，高校由保障团体的每个成员和团体本身利益的类似行会的组织机构发展成了教育中心、生活中心、新思想的源泉、倡导者和交流中心。在这个演变过程中，高校校园文化也随之发生变化，逐步走出象牙塔，更多地表现出开放性和辐射性。因此，今天的高校校园文化勇敢地、自信地吸收、融合和同化着社会主流文化和其他亚文化。同时，通过与产业部门、科研机构等的科研合作、学术交流，为政府的决策规划提供咨询，参与企业的技术革新与改进，参与各种社会活动，使校园文化不断地向校园之外拓展，尤其在网络时代，随着网络技术的不断发展和应用，高校校

园文化与外界的交流和影响将更少受到时间和空间的限制，显示出更多、更新的特征。

（四）相对持久性

校园文化对校园人的影响主要是通过学校的显性课程和隐性课程实现的。显性课程是指学校为实现培养人才目标而设置的学生必须掌握和形成相应知识、技能和思想观点、行为规范等的系列课程；隐性课程则主要是指学校的校园建筑、环境的绿化美化、文化设施、文化生活、校风、教风、学风及人际关系与心理气氛等。高校校园文化的影响是非强制性的，主要是通过学校隐性课程对校园人潜移默化的作用实现的，学校通过创设特定环境和氛围来陶冶和感染校园人，潜移默化地影响全体校园人的思想、情感和生活，起到净化、美化校园人心灵的作用。由于校园文化是学校优良传统文化的结晶，因而具有良好的稳定性，这就使它对校园人产生的影响也具有相对持久性，这种持久性不仅表现在高校校园文化对于所培养人才影响的长效性上，还表现在它对校园人走向社会后的为人处世和个人发展方向的影响。良好的校园文化对校园人的影响会使他们的思想和行为带有校园文化的烙印，使他们在面对社会文化环境与校园文化之间的差异时不会产生异化现象，反而在这种差异面前更加强化他们已经形成的良好品质和行为方式。

（五）多样性

校园文化的精神层面是校园文化的核心和灵魂，包括思想观念、价值取向、精神风貌等，但它们不能孤立存在，需要通过一定的载体，以物质的、制度的行为方式的形式表现出来，而且这些载体是多样的，既有反映教育思想、治学态度的各种教学设施、科研仪器及实验设备，又有规范约束校园人的各种规章制度、行为准则；既有蕴含着校园人思想情感的花草树木、亭台轩榭，又有体现校园精神和风格的各式建筑和人文雕塑；既有传播校园文化的广播、网络、报纸、杂志、宣传橱窗、陈列馆等媒介设施，又有创新校园

文化的学生活动中心、文体俱乐部，以及各种学生社团等场所和组织。通过这些形式多样的“物化”载体，校园文化才得以生存和发展。另外，校园文化载体的多样性是由校园文化内容的广泛性和形式的多样性决定的。由于校园文化涉及校园人学习、生活、工作的方方面面，而且校园环境包含许多小的层次，校园文化活动更是精彩纷呈，这就必然使校园文化不可能仅由单一的某种形式在某个载体上完全地表现出来，而只能由诸多载体从各个方面分别表现之后汇聚形成。

三、高校校园文化的结构

（一）角色因素结构

高校校园内的角色可区分为学生、教师、职工和管理者，由于年龄、身份、任务、职责等的不同，这四个群体的文化表现各有所异，具体如下。

1. 学生文化

学生文化反映了学生群体的价值观念、思维特征、行为习惯、生活方式等。高校学生是教育对象，是知识的接受者，表现出认同与逆反的二重势态，这使高校校园文化具有相当可观的潜在活力。

学生群体是高校中最大的群体，他们的专业学习、社团活动、宿舍生活、时尚思潮、精神风貌、社会实践等，都是高校校园文化的重要内容，其中，社团文化在学生文化中占有很重要的位置。学生社团是指由有着共同兴趣爱好的学生组成的学术型、娱乐型、文艺型、体能型、服务型等非正式团体，学生社团在大学生的成长过程中、在他们的校园生活中发挥着重要作用。

2. 教师文化

教师文化反映了教师群体的价值观念、思维特征、行为习惯、生活方式、知识技能、语言符号等，高校教师从事教学和科研工作，承担着培养人才和发展科学技术的任务。因此，高校教师文化是一种区别于其他职业群体的职

业文化，它植根于高校校园之中，沐浴着学术思想和自由氛围。教师既是教育者，也是知识的传播者，承担着复制与创造的双重使命。作为知识分子，教师要最大限度地做到客观与公正，做到对多元的价值体系进行有效整合，使所传播的知识尽可能在未来的社会中充满生机与活力，而不是走向孤寂与消沉。这使高校往往成为创新文化的源头。

3. 职工文化

学校职工主要指学校的后勤服务群体，这一群体在各个方面都体现出自身的特点，因而也有着自身的文化，后勤服务群体直接控制着学校与外界的物质、能量交换，为校园内的一切活动提供物质保障和良好环境，服务于教学和科研工作，同时发挥着“服务育人”的功能。

4. 管理者文化

管理者文化反映了学校管理群体的价值观念、思维特征、行为方式、工作作风、领导艺术等。在学校管理群体中，首要的角色是校长，对校长角色的研究是学校管理者文化研究中的首要问题。综合来看，优秀的大学校长必须具备的基本素质是热爱教育、信念坚定、博学多识、善于管理、研究教育、改革教育、以身作则、育人为先。

学校管理者文化在校园文化中处于指导地位。可以说有什么样的学校管理者文化，就有什么样的校园文化，学校管理者必须具备文化意识，并把这种文化意识贯穿于整个领导行为过程中。学校管理者的责任就是分析本校学生文化、教师文化及职工文化的现状，并善于引导和设计，努力塑造出积极、健康而又富有个性特色的校园文化。

（二）形态因素结构

高校校园文化包括校园物质文化、校园制度文化和校园精神文化三种基本形态。

1. 校园物质文化

校园物质文化既是校园文化的空间物态形式，又是校园文化的物质载体，包括大学的各种教学、科研、管理、生产和生活资料，以及校园环境，体现着高校的理想和人文精神。

具体来说，物质文化是校园文化的外在标志，它映照着整个校园文化的历史积淀水平和样式，是其他文化形态存在和发展的基础，对大学生的成长起着润物细无声的作用。

2. 校园制度文化

校园制度文化，是指校园人在交往过程中缔结的社会关系，以及用于调控这些关系的规范体系，包括教学科研的规章制度、组织管理的规范条例、学生的行为准则要求，以及习惯、礼仪等。它以强制和非强制的力量（文化理论更看重非强制力量的运用，即使是强制力量也往往是间接性的）维系着文化价值的认同，约束着每个成员的心理意识和行为方式。

校园制度文化建设是学校管理规范化、科学化的必由之路，良好的环境和完善的规范体系自然会形成群体对个人不轨行为或异常行为的威慑力量，促使校园人自觉地内化这种关系与规范体系，使其行为符合社会期望。所以，校园制度文化是校园人言行举止、交往互动的准则，是维系校园人际关系的纽带，是一切校园文化活动的准绳。这根准绳不健全，个体将陷入自纵，群体将沦为无序，学校将变成杂烩。

校园制度文化是校园物质文化和精神文化的中介，居于大学校园文化的中间层次，它的性质决定了校园物质文化，尤其是校园精神文化的性质，并制约着它们的发展方向。

3. 校园精神文化

校园精神文化是指校园人的精神生活方式和意识形态，包括反映人类认识成果的思想理论体系（书面文化、知识文化、课程文化）、言语与非言语的沟通（行为文化）、校园艺术活动及其成果（审美文化），以及认知方式、创造能力、思维模式、价值观念（心理文化）等。

校园精神文化蕴含着四种基本成分：一是认知成分，即校园人对社会文

化和办学规律、教育教学规律的认识；二是情感成分，即校园人对学校是否认同和对工作、学习是否热爱，具有责任感与献身精神的倾向；三是价值成分，即校园人的价值取向，学校管理的核心任务就是要贯彻一定的价值观并把它化作全体校园人的共同目标去努力实现；四是理想成分，即校园人对学校的发展与完善所表达的希望和追求，它与价值成分一起构成校园人的精神支柱、行为向导和内聚力、内动力。校园精神文化所造就的氛围弥漫在每个个体周围，使个体的言行举止都染上它的痕迹与色彩，从而形成某种趋向。

校园精神文化是高校校园文化的核心和灵魂，是高校校园文化的深层要素，集中地反映着一所高校的本质和特色，正因为如此，才会有“北大人”“复旦人”“南开人”这类具有高度抽象概括意义的特殊概念的出现，校园精神文化中的价值观是高校校园文化中最内隐、最深层的因素，它时刻支配着校园人的外显行为，并体现在高校校园文化的方方面面。

第二节　高校校园文化的功能及价值

一、高校校园文化的功能

（一）导向功能

校园文化能对校园人个体的思想和行为起到导向作用。因为校园文化一形成，就建立起了自身的价值和规范标准系统，如果学校成员的理念和行为与校园文化的标准系统产生悖逆现象，校园文化就会进行纠正并将其引导到学校的价值观和规范标准上来。所以，良好的校园文化有助于引导师生树立正确的人生观、价值观，规范师生的言行。具体来看，校园文化的价值导向作用体现在价值选择导向与行为目标导向两个层面。

1. 价值选择导向

价值观代表一个人对周围事物的是非、善恶和重要性的评价，如对自由、平等、幸福、自尊、诚实、服从等的看法和取舍。有的人认为人生以服务为目的，有的人以追求地位为目标，有的人重视物质享受，还有的人注重工作的成就，这都是由于各人的价值观不同所致。一个人的价值取向虽然表现不尽相同，但其总的类型不外乎是生命价值取向和事业价值取向两种。

就生命价值取向而言，如何使学生树立正确的生命价值取向呢？《钢铁是怎样炼成的》中的主人公保尔说过，人最宝贵的是生命，不要因碌碌无为而羞愧，也不要因虚度年华而悔恨。人生最大的价值莫过于为这个世界去创造、去奉献，学习机会来之不易，当代大学生应该加倍珍惜，努力获取知识和技能，有所作为，报效祖国和人民，创造生命的辉煌。校园文化在学生迈进校门的第一天起，就应旗帜鲜明地昭示：把握人生的目标，勤奋学习，努力成才。

就事业价值取向来讲，校园文化要向青年学生展示一个道理：人生在世，应该立志成就一番事业，把自己造就成为国家的栋梁之才，对国家和人民有所贡献。立志是成才的大门，古往今来，每一个对人类做出巨大贡献的人都是有志气、有抱负的人。北宋文学家苏轼说：“古之立大事者，不惟有超世之才，亦必有坚忍不拔之志。”明代学者王阳明说：“志不立，天下无可成之事。”没有志向就没有人生奋斗目标，就会经不起生活海洋里的风浪，往往被碰得头破血流，甚至走向堕落和沉沦。当然，人生在世想成就一番大事业，除了立志、确立奋斗目标外，还要艰苦奋斗、坚韧不拔。在市场经济条件下，人才竞争十分激烈，要想立于不败之地，就必须有超出常人的多种本领，而要掌握多种本领，就必须努力学习。正所谓书山有路勤为径，学海无涯苦作舟，马克思也曾指出，在科学的大道上是没有平坦的路径可走的，只有那些不畏艰险在崎岖的道路上攀登的人，才有希望到达光辉的顶点。

2. 行为目标导向

行为目标导向大体包括需求导向和动机导向。就需求导向而言，人们的

一切活动都是为了满足某种需要，需要是行为的出发点。所谓需要，是指人对某种目标的渴求或欲望。青年学生的需求不外乎满足生理的物质生活需要，求得生活环境稳定、安全，寻求信任、互相尊重的精神生活，以及完成学习任务，实现自己人生目标的需要。学校要为学生创造舒适的学习环境和生活环境，创造充满人情味的人际环境，努力满足学生的合理需要。

就动机导向来看，人的需要与动机是相关联的，当人的需要未得到满足时就会产生一种欲望，即一种要求满足需要的内在驱动力，这就是动机，人有了动机，就会去选择实现这种动机的目标。学生走进高校，自然是带着寻求知识、成就本领的动机和期望的，也伴随着在舒适温馨的环境中寻求友谊、自由的动机。学校应把素质教育放在重要地位，以教学为中心，提高学生的学习兴趣，同时准确找到与学生独立思考、求新求变、渴望自主掌握学习技能的行为动机相结合的切入点，尽可能地从传统教育的模式中解放出来。当然，青年学生的学习动机能否保持良好的势态，还要因人而异，因环境而异。学校需要不断矫正，使学生保持良好的心态，朝着正确的目标前进。

（二）约束功能

现代区域文化管理理论认为，当一定的区域或组织形成某种历史传统、文化观念、共同的价值准则、道德规范以后，在组织目标和个人目标的矛盾中就找到了一个统一的理想的结合点。由此，在区域文化这个公正无私的“管理者”面前，个人的价值观被潜移默化地引导和同化，被管理者没有来自管理者的压力，却无形中受到区域文化的约束和规范，任何人必须时时刻刻考虑自己的言行举止、道德品质能否被无形的却又客观存在的区域文化所接纳。校园文化作为一种区域文化，对师生的思想、心理和行为具有约束和规范作用，具体来讲，这种约束功能可分为组织约束、制度约束和观念约束三个层次。

1. 组织约束

校园文化建设是一个复杂的、开放的多元并存系统，必须进行整体设计规划，使校园文化建设有目的、有计划、有组织地进行，具体来讲，应该从学生文化到教职工文化、从物质文化到精神文化、从课内文化到课余文化、从通俗文化到高雅文化、从学习区文化到生活区文化做全面考虑，整体设计，以达到整体优化功能。这就需要学校从组织上对社团活动进行约束、协调、引导，加强对校园社团的管理、对校园文化阵地和活动时间的管理，加强党、团组织对校园文化的领导和引导，形成稳定的以学校宣传部门、学生工作部门、团委、学生会及学生社团为主体的校园文化建设的组织系统，保证校园文化能够健康、积极地发展。

2. 制度约束

校园文化中的各种团体活动必须受到学校规章制度的约束，不能超出校纪校规的范围，这样才能保证社团活动的顺利进行，使活动内容不偏离校园文化的方向。正所谓没有规矩，不成方圆，社团活动需要得到学校有关部门的支持，无形中必然会受到学校各种制度的约束。为了使社团高效运转，必须协调好社团内部的分工，处理好社团中各成员之间的关系，明确权利和义务，建立社团的章程和规章制度。这些制度的约束使原本松散的团体有了必要的纪律约束，使校园文化向更加有序、更具教育意义的方向发展。

理论和实践证明，坚持自由和纪律的统一、理性与情感的统一是校园文化建设应遵循的原则，校园文化中的制度约束从制度层面保证了校园文化朝着高校的教育目标迈进，为学校育人目标的实现提供了强有力的保障。

3. 观念约束

校园文化的本质意义和最高价值在于处于其中的校园人的发展，校园文化的目标在于逐步形成一种积极、健康、向上的整体价值观。校园价值观浸润在校园文化诸形态之中，是校园文化的核心和基础，是校园文化组织成功的原动力。

高校是培育有理想、有道德、有文化、有纪律的社会主义公民，提高全民族的思想道德素质和科学文化素质的重要基地，必须全面贯彻党的教育方针，坚持社会主义办学方向，加强学校思想道德建设，对学生进行理想信念教育和理想道德、理想人格的引导和培养，使学生站在更高的层面，具备更广阔的视野，形成强烈的历史使命感和责任感，形成敢为天下先的创新精神，形成勇于追求真理的科学态度。

（三）调运功能

校园文化的调适功能主要是指校园文化对广大师生的思想行为、身心健康具有调节和适应功能，使师生积极健康地成长，具备良好的心理素质，建立和谐的人际关系，形成健全的人格。校园文化的调适功能包括环境调适、人际调适和心理调适三个方面。

1. 环境调适

良好的校园环境能潜移默化地对学生进行审美的熏陶、塑造，具有极大的美育功能；能形成一种无形的约束力，使学生自觉地约束自己的言行，使人和环境保持和谐一致，心情愉快地工作和学习。

各高校应根据学校的性质和培养目标，按照美观、和谐、经济、实用的原则，建设校园环境，在充分考虑其实用功能的同时，尽可能掺入一些审美的因素。因为不同的空间结构、空间组合和空间比例会给人不同的审美感觉，使人产生不同的审美体验。因此高校从教学主楼的构建到每个教室的设计、从黑板的形状到讲台的比例、从人文景观的修建到环境色彩的选择都要体现出不同的审美风格，体现人们对美的追求，校园的绿化和美化可以优化校园环境，而校园环境的整洁、明朗、幽静、舒适能够促进人们身心健康发展。

2. 人际调适

校园文化活动具有多样性，可以从不同侧面、不同层次为学生提供锻炼社会适应能力的条件和机会，使学生在学习知识的同时兼顾锻炼能力。良好的人际关系既能交流信息、联络感情，又能使交往双方相互激励，形成互补，形成合力。在由具有共同兴趣、爱好和特长的同学组成的各种沙龙和社团中，随着内部活动的增多，交流、接触机会的增多，学生可以进行情感的交流和心理的沟通，从而拥有一种归属感和安全感。

通过校园文化活动，学生之间、师生之间有了更多的相互接触和了解的机会，建立起了平等的、信任的、理解的互动关系。而参加不同形式的校园文化活动，又使学生在实践中学会了协调和处理各方面的人际关系，提高了自身的交往能力。

3. 心理调适

丰富多彩的校园文化可以使学生在紧张学习之余，得到休息，生活有张有弛。健康、愉快的业余生活为学生身心的健康发展创造了良好的环境，校园文化活动有利于培养学生的科学思维方式，完善学生的知识结构。人的思维方式和知识结构是相通的，知识结构比较窄的人对事物的观察和思考往往很片面，很容易钻牛角尖，看问题偏激；知识结构比较合理的人，视野则比较开阔，思维比较敏捷，往往能从不同侧面、不同层次考虑问题。另外，校园文化使学生的心态趋于平和，以一颗平常之心去体味生命真谛，更加珍惜生活，完善自我。

二、高校校园文化的价值

（一）高校思想政治教育的主要载体

高校校园文化与思想政治教育工作之间相互联系、相互交叉、相互依存。从高校校园文化的角度看，其核心层次——精神层的内容包括学校目标、教育思想、学校精神、校风学风、学校道德等，这些均属于思想政治工作的范畴；其中间层次——制度层的形成和贯彻也离不开思想政治工作的保证作

用。从学校思想政治工作的角度看，其大部分内容直接与学校的育人工作有关，而这些内容又可以划入大学校园文化的范畴。

从高校校园文化与思想政治教育的关系可以看出，高校校园文化建设是思想政治教育与管理工作密切结合的一个最佳形式，是高校思想政治工作的有效途径和重要载体。高校校园文化使高校人文精神形象化并融入大学生的实践活动，因而它的育人功能是不可替代的。高校校园文化把教书育人、管理育人、服务育人、环境育人有效地整合统一起来，从而构建起大德育的格局，形成功能互补的全员育人环境。广大青年学生在良好的高校校园文化氛围中，自觉或不自觉地受其影响和熏陶，逐步升华和完善自己。高校校园文化有利于促进大学生社会化的进程，因为高校校园文化既注重对大学生人格的塑造，又为其个性的显现和发展提供了机会和空间，使广大学生在接触社会、体验人生、增长才干的同时，加快了自身社会化的进程。

从高校校园文化活动对思想政治教育的作用看，它能通过健康愉快、生动活泼、丰富多彩的活动，直接影响人的思想和行为，使大学生受到生动形象的教育，树立正确的人生观、价值观和世界观，增长文化知识，启迪智慧，提高对社会的认识能力。

而高校校园文化是思想政治教育做到形式生动活泼、内容健康向上、群众喜闻乐见，达到潜移默化、寓教于乐教育效果的绝佳载体。

（二）提高高校人才的内在需要

当代高等学校培养的人才应当是素质全面发展、具有创新精神和创新能力的创造性人才，加强大学校园文化建设、努力营造高品位的校园文化对培养高素质人才有着十分重要的作用。

首先，良好的校园文化有利于塑造大学生高尚的道德情操、健全的人格。当代大学生社会经验不足，缺乏对外界复杂事物的正确分析和判断能力，他们一方面渴望成长，希望得到他人和社会的认可；另一方面感性意识强，理性意识不足，缺乏实践的经验。在学生的成长过程中，博大精深的高校校园文化像一个强有力的磁场一样，对学生有极强的吸引力和感染力。高校校园文化有时是有形的，如大学校园的一草一木、一砖一瓦、校园文化活动和目不暇接的学术讲座及学识渊博、态度和蔼的学者等；有时又是无形的，如历经岁月沧桑而凝聚的大学精神和文化传统无论是有形的高校校园文化还是无形的高校校园文化，都对大学生的身心成长有良好的滋润作用，能较好地调节和激励大学生的思想行为，帮助大学生不断完善人格，提高大学生的思想道德素质。良好的高校校园文化可以对大学生进行思想引导、情感熏陶、意志磨炼和人格塑造，可以起到环境育人的作用高校校园文化耳濡目染、潜移默化的作用有利于培养大学生的文明之举，有利于塑造其高尚的灵魂，全面提高其综合素质，使其形成正确的人生观、价值观和世界观，以及良好的思想品德等。

其次，良好的校园文化有利于培养大学生的创新能力和专业素质。高校包含两个基本任务：一是人才培养，为社会输送合格人才；二是学术创新，引领社会浪潮。人才培养又不外乎有两个主要培养目标，即“德”和“才”的修炼，社会需要大学培养的是个性与人格得到健全发展和具有过硬的专业素养与创新能力的人才，就是我们通常所说的“德才兼备”。创新精神是一个民族的重要素质，一个民族如果没有创新精神，就会永远落后，就会在科学技术迅猛发展、社会激烈竞争的时代逐渐走向衰亡。高校培养的人才尤其需要有创新意识，而创新的前提是要掌握好过硬的理论知识，否则创新就会成为无源之水、无本之木，就会成为一句空话。高校的精神文化、物质文化、制度文化和行为文化无疑是高校人才培养的重要组成部分，其潜移默化的作用对大学生专业素质的培养和创新能力的确立有很好的推动作用。高校校园文化活动是培养创新人才的重要渠道。课堂教学作为校园文化的一种形式，在教书育人的过程中可以提高学生的创新能力和专业素质在课堂之外，学校利用各种文化设施和大学生自己的爱好开展的各种文化活动，如知识竞

赛、文学沙龙、文化培训等，也可以使学生相应地获得某一方面的文化知识和专业素质，增强其以创新为荣的意识，开阔视野，增加生活情趣，提高专业素质。

（三）提高高校核心竞争力的重要手段

核心竞争力是伴随知识经济而产生的一个新概念，最早由美国学者普拉哈拉德和哈默尔于 1990 年在权威杂志《哈佛商业评论》发表的《公司的核心竞争力》一文中提出。笔者认为，高校核心竞争力就是高校在长期的办学实践中不断积累形成并蕴含于学校内质中，为学校所独有的、使学校在可持续发展中保持竞争优势的核心能力，它主要表现为学校文化能力、学校凝聚力、学校办学特色、学校独有的办学资源和办学成果，具有形成的长期性、价值的潜在性、资产的无形性和能力的整体性等特点，它是高校综合实力的直接体现，反映着高校的办学质量、发展水平、社会声誉等。高校核心竞争力不仅表现为有形的外在物质性，还表现为无形的大学精神，而以大学精神为核心的校园文化是高校的灵魂与原动力，没有先进文化的高校是没有凝聚力和竞争力的。先进的高校校园文化能聚人心、激斗志，创造自由的学术氛围和以人为本的育人环境。高校校园文化的力量深深地熔铸在高校的生命力、创造力和感染力之中，是一种不可或缺的软实力，是高校赖以生存、发展、办学和承担重大社会责任的根本保障。

自 20 世纪 90 年代中期以来，高校一直处于激烈的竞争之中。各高校之间的竞争不仅表现在硬实力，还表现在软实力上。高校校园文化便是软实力，也是核心竞争力，国内外许多知名的高校之所以获得人们的肯定，不仅是因为其有较强的硬实力，还因为其具有较强的软实力，一所高校悠久的历史、长期形成的办学理念、声名远扬的校训、严谨的校风和学术氛围、师生中约定俗成的习惯等都透视出该校深厚的文化底蕴。硬实力是可以花钱改善的，软实力是无形资产，软实力建设起来更难、更重要，高校校园文化是一种精神，是引导人、激励人和鼓舞人的内在动力。大学精神不可能自发形成，也不可能在短时间内铸就，需要历史的积淀、继承和创造综观高校发展史，每所成功的高校都离不开大学精神的支撑，而大学精神传承的重要载体就是校园文化。因此，各高校应重视自身校园文化对学校发展的深刻影响，塑造和铸就出蕴含独特个性且与时代发展相适应的校园文化，从而提升学校的核心竞争力，推动学校各项事业又好又快地发展。

第六章　新时期高校校园文化建设的挑战与机遇

校园文化是校园内所呈现的一种特定的文化氛围，它是以校园内生活成员为主体，以课外文化活动为主要内容，以校园为主要空间，以校园精神为主要特征的一种群体文化。校园文化，重在潜移默化，它如一只无形的手，指导学生向着健康而有序的方向发展。无论学生愿意与否，只要长期置身其中，在不知不觉中都会受到校园文化所倡导的精神、所形成的氛围的熏陶和感染，并将这种精神逐步地、不自觉地内化为个人的思想意识和行动。随着经济全球化及社会主义市场经济的不断推进，高校和社会融合得越来越紧密，很多方面也将逐步和世界接轨，如今的高校都是没有“围墙”的大学。而作为校园文化主体的大学生，他们对文化的需求非常强烈，观念也呈现出多元性。在新的发展形势下，校园文化面临市场经济的影响、多个校区的分离及网络文化兴起的挑战。

第一节　高校校园文化建设面临的挑战

一、多元文化对主流文化的挑战

近几年，我国高等教育事业改革步伐不断加快，高校的合并和扩招成为全社会关注的一个热点，随之而来的是大学校区相对封闭的格局被打破，许多高校都拥有两个甚至三个以上的校区。校园文化是在长期的实践中积淀、凝聚、发展而成的，具有一定的历史继承性，对学校的发展的影响是全方位的，但又是隐性的，它总是以一种潜在的、自然的方式影响着人的思想和行为。文化的认同会给人一种精神寄托和情感归属，是形成统一的办学思想和办学目标的前提。由于合并之前各成员学校都有自己的办学历史和独特的历史传统，对任何学校而言，要放弃长期形成的校园文化都是困难的。因此，很难在短时间内由一种文化取代其他文化，这就决定了高校在合并后必然会出现多种文化之间的矛盾与冲突。在这种格局下，高校校园文化将面临传承旧文化、整合跨文化和构建新文化的挑战。

只有开放的校园文化阵地才可能永远走在时代的前列，才可能具有长久的生命力，得以延续和发展。但文化的多样性必然带来良莠不齐的现实，腐朽文化和殖民文化也对校园文化阵地趋之若鹜，对校园主流文化产生冲击和侵蚀，也腐蚀着师生的思想和灵魂，并对校园文化阵地建设的科学性和规范性提出了挑战。

二、网络应用对传统宣传手段的挑战

传统的校园内文化来源主要是教材、图书资料和报纸杂志及长期以来的思维方式、行为习惯。文化传播在这些文化阵地上具有一定的滞后性，学校可以根据其是否符合社会主义办学目的和方向、是否属于先进文化范畴加以取舍，然后再有选择性的对师生开放，因此学校对校园文化的社会主义方向是能及时加以控制和把握的。然而，互联网在校园内的广泛使用，使文化的传播方式不是单方向的灌输传播，而是立体传播方式。来自于不同地区、不同价值观念的声音都在这里汇集、冲撞，每时每刻都以光速传播着各类文化。在这些文化中既有对社会主义拥护的声音，也有颠覆社会主义的声音；既有先进文化的传播，也有腐朽文化的侵入。在这一立体的文化阵地中，作为校园文化主导力量的学校很难在网络技术上、文化规范方面及时控制，这就对校园网络中文化传播的社会主义方向的把握提出了挑战。

当代大学生处在一个充满生机与活力的大变革时代，墨守成规、经年不

变的腐朽文化往往被青年所抛弃。而大多传统的校园文化阵地由于本身的建设缺乏新意、内容单一、形式单调、师生的参与性低等原因，导致这些文化阵地乏人问津，如板报墙只是粉笔字写得好的学生的展示墙，标语口号叫得最响却脱离学生的生活实际，内容千篇一律，都是学校统一要求的内容，缺乏创新和与众不同的表达形式，也越来越被广大青年所忽视，曾经火爆一时，吸引广大青年积极参与人际交往的校园舞会也日渐受冷落。而实际上，这些传统的校园文化阵地依然是传播先进文化的重要阵地，但如何发挥其有效的传播作用，对进一步加强其建设提出了挑战。

网络文学的兴起对高校校园文化的挑战。随着大众审美文化的崛起、兴盛，高雅文化遭遇到了前所未有的挑战。不少青年学生对社会上的流行文化如数家珍，却对经典、高雅的文化知之甚少。从校园文学写作来看，20 多岁大学生的文学创作在很大程度上取决于一种青春激情，有强烈的求知欲，有跃跃欲试表现自我的勇气，但由于人生阅历浅、社会经验缺乏，对世界和生活难以有独到的把握和体会。校园文学作品多以爱情和乡愁为主题，写得婉约、柔美、虔诚。这与他们远离家乡和亲人有关，但不少作品明显受流行艺术特别是港台流行歌曲、言情小说的影响，充斥着为赋新词强说愁的矫揉造作和无病呻吟、风花雪月。如今，网络写作又逐渐成为校园文学的一种时尚，不少学生在网络这个虚拟空间抒发自己的情感。但由于网络写作具有随意性和娱乐性，所以作品大多具有文字游戏意味，很难凸显深度思考。高校校园文化将面临大量庸俗低下、颓废的文化侵入校园的挑战。

在信息化浪潮的推动下，上网已经成为大学生的生活方式和校园时尚。网络文化信息的开放性、资源的共享性、环境的无序性使传统的文化受到严重的威胁和挑战。主要表现在以下两个方面。

一是网络文化影响了校园文化主体的生活方式。网络在为校园文化主体提供新型的学习方式的同时，也有相当一部分学生沉湎于网络世界，荒废了专业学习。甚至还有的学生对参加其他集体活动不感兴趣，这冲淡了校园文化的主题教育意义。

二是传统的校园文化内容受到网络文化的强烈的冲击。网络媒体的出现令这种稳定格局改变。由于网络信息基本无法得到有效过滤，各种社会思潮、不同政治见解往往在网上激烈交锋，一些消极信息和不良语言也会在网上畅通无阻，造成了严重的信息污染。然而，对网络文化对校园文化建设带来的强烈冲击研究不够，有效解决的办法还不够。

三、对人文精神培养的挑战

当前高校校园文化建设中还存在许多问题，表现为过分注重物质文化建设而忽视校园精神文化建设、管理不够、缺乏个性、校园价值观存在冲突等许多问题。

高校校园物质文化是校园文化的外在标志，其核心内涵是校园文化中的精神文化因素。建设校园物质文化不是目的，而是手段，但是，校园文化建设的现状却背离了这一宗旨，有的学校甚至把校园文化建设和意义等同于丰富学生的业余生活，一味强调发展娱乐文化，评价校园文化建设的成就时，对单纯的物质文化建设津津乐道。离开了校园精神文化建设，单纯的物质文化建设就失去了文化建设的意义。精神文化建设隐含在物质文化建设中，它是校园文化建设中实质性的根本性的组成部分，是校园文化存在的价值意义。忽视精神文化建设，校园文化建设就只能流于形式。目前，绝大多数学校都把校园文化建设附属于学生管理部门，着重强调控制功能、导向功能、凝聚动能，以及改善生活、学习条件的物质功能，只把校园文化建设看作教育教学活动的管理方法和管理手段。有的学校没有把校园文化建设放在整体办学方向和培养目标的大背景下来操作，甚至把校园文化建设等同于对学生的思想政治教育或者等同于学生业余活动的开展，从而使校园文化建设局限在学生管理和思想政治教育的层面上；有些学校把校园文化建设与学校的专业设置，师资配备、课程开设等割裂开来，极大地限制了校园文化功能的发挥。这种把校园文化局限在学生管理与思想政治教育的层次上的校园文化建设，在目前许多学校还普遍存在。

高校校园文化阵地只是一个工具，其建设的目的是为社会主义先进文化传播服务，为社会主义建设服务，其本身是达到目的的重要手段，具有功能性作用，而非目的的最终指向。而校园文化阵地科技含量的提高，强化了阵地建设的物质形态功能，而忽视了校园文化阵地本身的人文精神内涵，使阵地建设的意识形态功能被弱化，最终导致青少年崇拜科学技术的实用性，却很少着重去培养自身的人文素养。而人文素养的缺失，使我们部分青少年以物质享受为主要的人生目的，缺乏对社会的责任感，对国家民族的使命感，更不可能树立远大的理想信念。因此，如何以阵地建设为终极目的的意识，强化阵地建设的功能意识受到挑战。

当前高校校园文化建设的主体既包括教师也包括学生。教师和学生既是校园文化的承载者，也是校园文化的建设者，更是校园文化创新精神的体现者。校园文化阵地建设在当前时代需要的就是具有敢于创新、心理素质好、具有良好的文化底蕴素质的主体，而在紧张的学习、生活和工作中，师生面对功利化、利益短视化的倾向影响，注重一般科学知识的学习和掌握即快餐式文化，而忽视师生个人的文化底蕴、心理素质的提高。师生本身的素质水平面对多元文化缺乏正确判断和取舍的能力，面对不良环境的渲染缺乏调控能力，面对挫折缺乏承受能力。因此，当前时代的校园文化阵地建设对主体本身的素质水平提出了挑战。

第二节　新时期高校校园文化建设的对策

作为一种以潜在的隐性课程为主的校园文化，在对学生的思想品德教育和良好的行为习惯的养成教育中，具有情境性、持久性、暗示性和愉悦性等特点。校园文化正是以它形象直观的表达形式，把思想教育寓于各种具体可感的情境之中。校园文化的教育功能正是通过学校健康向上的精神因素，以及优美的物质环境所施加给学生的积极影响和感染、熏陶而实现的。

一、进一步培养优良的校风和学风

校园文化的核心是群体主导价值观，它主要体现在学校的校风、学风之中。校风和学风是一种具有很强的感染力的潜在的教育力量，最能影响到整个学校生活，也最能反映学校的校园文化建设水平。

（一）进一步充分发挥校风感染作用

产生校风趋同的心理倾向和适应校风、学风要求的自觉意识。在一个学风良好的学校里，极少有不上晚自习的现象。如果一个学生想偷懒，晚上不想去上自习了，但他在宿舍里环顾四周，各个房间都人去屋空，只有他一个人孤零零地待在那里，在越待越心慌的情况下，最终也会背着书包去教学楼。他去上自习的过程，不是外界强迫他，而是他感受到风气的压力，自动地改变初衷而与群体风气一致起来。良好的校风是高校精神面貌的具体体现，也是高校综合实力和凝聚力的重要组成部分。在充分挖掘学校办学历史传统宝贵资源的基础结合学校发展战略和规划，根据学校办学思想和理念，大力营造崇尚科学、严谨求实、善于创造、具有时代特征和学校特色的良好校园风气。扎实开展师德教育，积极建设优良教风。严格管理，营造良好的学习氛围，努力形成勤于学习、奋发向上、诚实守信、敢于创新的良好学风。认真研究、办学经验，对校风、教风、学风做出科学的文字表述和诠释。

爱国成才教育的操作关键在于以爱国与成才为基本思想的理念在校园文化建设中如何体现，如何有效地提高校园文化的教育功能，揭示以爱国与成才为基本思想的理念在当前中学教育工作中的价值；反思以爱国与成才为基本思想的校园文化建设，在学校建设中应有的地位，并探讨它的自身建设规律。

1. 要明确校园文化建设对于推进课题开展的重要性和必要性

校园文化是指学校这个特殊场所具有的特定的精神环境和文化氛围，是

由教育者和被教育者双主体以校园为空间背景，围绕教学活动和校园生活而创制并共享的，以文化冲突与统一为表征的亚文化系统。它体现在显性课程和潜在课程（也称隐性课程）两方面，显性课程指学校规定学生必须掌握的知识、技能、思想观点、行为规范等，潜在课程包括校园建筑、文化设施和环境布置等有形环境和校风、教风、学风、人际关系、文化生活、集体舆论、心理气氛，以及校园群体观点、信念等无形环境。后面的这些校园精神和校园价值观等观念形态的东西是校园文化的深层结构和核心内容，对于整个校园的生存和发展都具有指导意义，是校园建设的无形资产，与学校的办学质量连接在一起的，是学校重要的可持续发展要素之一。我们应当重视校园文化的建设，并努力使其育人作用得以充分发挥。

社会主义思想道德建设是校园文化建设的核心内容。学校必须从国情、乡情、校情出发，全面贯彻落实教育方针，坚持以为人民服务为核心，以集体主义为原则，以爱祖国、爱人民、爱劳动、爱科学、爱社会主义为基本要求，通过社会实践活动、艺术活动、团课党课活动等有效途径，教育广大青少年树立建设有中国特色社会主义的共同理想和正确的人生观、世界观、价值观，树立坚定的共产主义信念。进行思想道德建设上的创新应紧紧围绕发展社会主义先进文化的根本任务和校园文化建设的最终目标，也就是要培养一代又一代有理想、有道德、有文化、有纪律的公民。学校应开展形式多样、丰富多彩的文化活动，结合重大节日，如庆国庆的热爱祖国歌咏比赛、“七一”建党节开展爱国爱党系列活动等来增强爱国精神；结合各具特色的体育节、艺术节、科技文化节、学习节的活动让全体师生充分展现自己的精神风貌和思想实质，在活动中发挥教师为人师表作用，把思想道德建设融入学校教育的各个环节中去。

2. 正确处理好传授知识和培养能力的关系

能力是与活动的要求相符合并影响活动效果的个性心理特征与多项功能的综合，它主要是在个体中固定下来的、概括的心理活动系统，而知识是人类在生产实践、处理社会关系的实践和科技实践，以及其他实践中积累起来的经验总结和概括，包括对事物的根本属性和本质联系的认识。能力和知识是互相联系并在一定条件下可以相互转化的。知识是构成能力的重要组成部分，也是形成能力的基础。能力是在掌握知识的过程中逐步形成和发展的，而且知识本身的一定条件下可以转化为能力。能力又是进一步掌握知识的前提，它制约着掌握知识的快慢、深浅和巩固程度。在知识的掌握和能力的发展这对矛盾中，矛盾的主要方面是能力的发展，我们在强调学生学习知识的同时，要把重点放在学生能力的提高上。

（二）推动“以人为本”的核心价值观

以人的发展为本，是素质教育的教育哲学和教育理想。全面实施素质教育要求我们建设一种以人的发展为本的学校文化，是围绕着“人的发展”和“发展的人”的学校文化，是突出“人”字的学校文化。是“以人为本”的，而不是“以物为本”的，人是第一位的，物是第二位的，物是为人服务的，而不是相反。学校的硬件建设很重要，但无论如何重要，都是条件性的、附属性的、服务性的，都是从属于教育教学活动中的主体——师生，都是为师生的发展服务的；教学仪器和设备可能价值昂贵，但无论如何贵堂，都是为师生的发展服务的，都是为教育教学活动服务的，当然我们需要爱护和珍惜它们，但它们只有在教育教学活动中使用、消耗、充分发挥效率才能体现出价值。

是“人性化”的，而不是“非人性”和“反人性”的。人性的基本需要能够得到较好满足，人的良好需求能够得到尊重，人的美好愿望能够得到理解和赞扬，而不是相反。在当前的背景下尤其需要满足的是学生休息的需要、游戏的需要、隐私的需要和尊重的需要。休息和游戏是学生的权利也是学生发展的正常需要，现在的学生既缺少休息和游戏的时间，也缺少休息和游戏的自由和创意。与此相应，现在的多数学生不缺少爱、不缺少呵护、不缺少

钱财，缺少的是尊重、独立还有保护自己隐私的权利。

是“人文性”的，而不仅是“知识性”的，是能够提升人的修养、品性和境界的，而不是迁就人的原始性、粗俗性和劣根性。正如张汝伦教授所指出的：通过教育传授继承下来的东西，有看得见的知识和技能，也有看不见的智慧、品位和修养，还有作为个人与国家立身、立国、立于世界上和天地间的根本道与理，终极价值与生命意义的追问与认同。关于学校文化有一个好的隐喻，就是学校是师生的精神家园，在这个精神家园中要能够体验到心理和精神舒适、愉悦与满足，而不是紧张和压抑；要能够体验富氧而不是缺氧的精神呼吸，要能够品味高雅而不是粗俗的精神食粮，要能够感受成长和发展的快乐和幸福，而不是体验成熟的焦虑和恐惧。

（三）发挥校园文化的德育功能应当把握的原则

首先，教育性原则。古人云：“百行以德为首。”人无德不立，国无德不兴。道德建设的好坏，体现着一个国家民众的精神状态，影响着一个民族事业的兴亡盛衰。道德兴，国家兴；道德兴，民族兴——这是现实得出的结论。学校是教育人、培养人的场所，校园文化作为学校教育的一部分，必须突出教育性特点，时时处处把握教育性原则，只有这样，才能充分发挥校园文化潜在的导向功能。通过各种有效形式对学生进行爱国主义、集体主义、社会主义和中华民族精神教育，探求激发学生学习成才的规律，使学生的综合素质不断得到提高，在形成正确的爱国成才观的基础上提高学习成绩。

其次，科学性原则。校园文化建设是学校的一项整体工程，它涉及面广，需要调动方方面面的力量，学校应精心统筹，科学规划，合理安排，避免出现各行其是、相互掣肘的局面。例如，学生课余文化生活，一要建立组织系统，从领导机构到专、兼职辅导老师，再到学生必须环环相扣；二要根据学生的年龄、知识结构、心理特点，合理安排活动的内容，基本上形成序列以满足不同班级、不同专业及不同兴趣爱好学生发展的需要。

最后，艺术性原则。在校园文化建设中，要有艺术眼光，要让学生通过学校的设施、氛围等，处处受到艺术的感染，得到美的享受。校园环境的绿化、美化，应努力做到四季各有特点，阳春葱茏滴翠，盛夏浓荫覆地，凉秋红枫似火，寒冬松柏常青；校园建筑的设计、景点的安排，努力做到外形、色彩和谐统一，给人以赏心悦目的感觉；学校文化活动的安排也要融教育性、科学性和艺术性于一体，努力使活动开展得新颖、活泼有趣，使校园文化对青少年学生产生强烈的感染力和吸引力，促使他们主动、热情、积极地参与其中，从而使他们的思想情操自然而然地得到陶冶，心灵在无形之中得到净化。

二、实现校园文化合理化重构

校园文化或构是指高校，在管理战略、组织结构、规章制度、人员和价值取向等方面做相应的调整，从而形成一种统一的新的校园文化。重构学校文化不是简单的否定学校文化，也不是简单的校园文化建设这个问题，更不是用来宣传和炫耀的资本，重构学校文化是教育理性的回归和理性的思考。原有的校园文化不会立即消失，仍然影响着师生的思想和行为，加速校园文化的重构可以增加师生对新校园文化的认同，进而促进学校人事的融合。

（一）减少高校校园文化合并的阻力

实现校园文化重构的关键是对学校合理定位，形成共同的奋斗目标。开展丰富多彩的校园文化活动是促进不同文化融合、形成统一的新文化的重要手段。由于以前的每一种校园文化都有其合理性，在文化的重构与融合过程中不宜过多采用行政手段压制某一种文化，而要加强文化选择，选出优质文化。同时要寻找不同文化的共同点、结合点，吸收不同文化的合理内核，产

生新的优质强势文化，最终实现校园文化的重构。高校可以通过网络平台将多校区的校园文化整合统一起来，使多个校区间同时参与分享同一场校园文化活动，缩短各个校区之间的时空距离和文化差异，增强对学校的认同感和向心力，有效地避免人、财、物等资源的重复投入和浪费。

（二）充实丰富实践活动文化

学校文化是学校发展的“魂”，是学校可持续发展的不竭的动力。建设首先要求我们重新界定我们的办学理念和办学思想，办学理念和办学思想的确定首先要明确教育的终极目标，实现什么样的教育，培养什么样的人才，这是学校文化建设最根本的要素。校园文化是一种群体文化，它体现在学校的一切活动中，现代中学生朝气蓬勃、活泼好动，死读书、读死书有悖于学生身心。基于这一认识，走出课堂，寓教于乐，开展丰富多彩的校园文化活动，创建文明、健康、向上的校园文化生活。

在新课程的背景下，建立一种学习型的文化，形成教师群体学习、研究、创造的意愿和行为，建立面向实践、面向问题、面向经验的校本化的学习、培训、研修制度，是新课程所体现的新型教学文化的内涵与规定。新课程强调培养学生实践能力与创新精神，强调培养知识与技能，过程与方法，情感、态度、价值观相统一的全面发展的学生，要求课程与教学本身成为一种开放的、民主的、平等的、合作的过程和体验，从而形成学生的公民意识和素养，成为有思想、有追求、有个性的人。这对教师的专业素养和综合素养提出了很高的要求，能否适应这样的要求，关键在于不断学习、不断反思、不断提升自己的教育教学实践能力，教师首先要成为全面的、充分的、有个性的人，教学才能充满智慧、个性和创造。全面提高教师自身文化内涵和综合素养，需要形成教师个体和群体自主、积极、终身的学习，把学习内化成为一种日常生活方式。只有建立一种学习型的学校文化，才有可能为教师的持续发展和不断提高提供环境、条件和氛围。

引导、规范、激励全体师生的社会与学校的实践。文化绝不是外在于或强加给师生的学校文化，而是内在于师生、体现于师生行为的学校文化。学校文化有一个不断积累、不断沉淀、不断创新的过程，它原本就是基于学校传统的创造，是历代师生共同认可、共同付出、共同践行、共同创造、不断传承的过程和成果，因而师生是学校文化的建设和创造的主体，也是学校文化的受惠、享用的主体。

环境塑造人，文化引导人。通过丰富多彩的文化活动，营造浓郁的校园文化氛围，提升师生奋发向上的精神风貌，形成和谐的人际关系、纯正的校风，是一种强大的感染人的力量，它是校园环境建设的核心内容，最有利于学生良好人格的培养和学校良好风尚的形成。因此，在搞好校园硬环境建设的同时，学校需要高度重视高品位校园文化的建设，精心培育积极向上的校园文化，努力完善校园环境建设，使之与校园文化软件设计做到相互融合、艺术组合、自然搭配。

1. 活动内容上的创新

要结合对学生爱国主义教育、集体主义教育、社会主义教育开展丰富多彩的活动，如主题演讲、竞赛活动、班会、诗歌朗诵、歌唱比赛、为社区服务等，让学生居于德育情境中，提高自己的政治思想觉悟和政治素质。通过社会实践活动和第二课堂活动，尊重学生的个性特长和个性心理特征，使学生的创造力得到充分发挥，实现自我人生价值，让学生感受到学习的成功和喜悦。

2. 组织形式上进行创新

要充分发挥学生在校园文化建设上自我管理、自我构建、自我教育的能力，让学生成为学习和生活的主人。在教师指导下，实现学生自我组织、自我评价、自我总结和自主能力的提高，这是学生可持续发展的需要，也是育人追求的能力目标。

3. 在评价方式上进行创新

每个人对自己的行为有自我教育、管理、评价和修正的过程。在课内外活动建设中应充分体现评价的客观性、教育性和方向性，教师必须改掉主观定论的评价语言，指导学生学会参照各种规章或道德准则对自己的行为进行自我评价，自我修正缺点，以提高活动的教育质量，避免因教师的主观定论阻碍学生自主性的发挥和个性的发展。

学校开展内容丰富、形式多样、吸引力强的各种文化活动，以重大活动助推校园文化建设。精心策划和组织开展突出实效特色、时代主题、尊重师生主体地位、增进身心健康的重大活动，既活跃校园文化建设，又促进校园文化建设，努力营造工作愉快、学习轻松的浓厚文化氛围。根据不同时期，不定期地举办各种文化节，把学校文化建设作为一种不断实践、不断完善、不断追求的动态过程，因此它其实就是教育过程和发展过程，也就是教育本身和发展本身。

三、以高雅文化占领校园文化主阵地

在加强高校校园文化建设时，用中国和世界的优秀文学作品武装和陶冶广大学子，以高雅文化占领校园文化主阵地，使校园文学呈现昂扬向上的主调。高雅文化是精神层面的文化，它具有很强的人文品格和精神属性，时时关注着人类的发展，思考着人类的命运，往往充满着先进知识分子强烈的忧患意识、载道意识，指向终极关怀，敢于直面人生、直面社会，关心现实的重大问题。意蕴丰富而深刻，可以通过寓教于乐，使师生在学习、鉴赏时认识社会的现状和前途，感悟人生的价值和责任，懂得如何做人的道理和方法。高雅文化由于在内容上关注社会的深层次问题，在形式上繁复新颖，历来是精英审美文化，因而缺乏一定文化素养的人是很难接受的，是要靠受过教育特别是高等教育的人来继承、发扬和传播的。如果学校特别是高校不去引导师生学习高雅文化，那么这些宝贵的文化就会没有知音，就会失传，就会萎缩，而社会的审美文化也会因此得不到提高、繁荣和发展。

（一）发掘环境文化

学校无闲处、处处熏陶人。环境不仅是学生生活的空间，也是培养学生文明素质的载体。我们要发掘、利用校园的环境，形成了浓厚的立体环境文化，使一草一木、一墙一板都能说话，都起到教育人、启迪人的作用，恰如陶行知先生所言“一草一木皆关情”。教室里、走廊上，悬挂的是历届毕业生，以及在校普通班、美术特色班学生的优秀作品，自己的作品让学生感受到成功的喜悦。可以鼓励各年级全体学生收集格言警句，要求在爱国与成才的主题下，结合两个信念：只要努力学习，每个学生都可以成才；热爱祖国，为国家繁荣富强而努力学习，收集有关人格、人生观、道德观、世界观等的格言警句，每班选定名人或自编的格言警句经过加工制作分别布置在教室内外。这些格言警句将会对部分同学起到一定的激励作用，哲理隽语让学生体会，凡人小语使学生共鸣，名人名言叫学生醒悟思索。学校将原有的宣传橱窗留出一半作为爱国成才教育的专栏，定时更换其中的内容，学生和老师们课余时间看专栏已经成为一种习惯。学生生活在这样一个充满着健康的、蓬勃向上的文化氛围之中，心灵自然荡涤，思想必然升华。

（二）修炼大学生礼仪文化

礼仪，作为在人类历史发展中逐渐形成并积淀下来的一种文化，始终以某种精神支配着每个人的行为，是适应时代发展、促进个人进步和成功的重要途径。下文通过结合古代与现代的具体事例，讲述了礼仪对于个人及企业形象树立的重要性，它不仅可以有效地展现一个人的教养、风度和魅力，还体现出一个人对社会的认知水准、个人学识、修养和价值，《论语》中的“不学礼，无以立”已成为人们的共识。

礼仪修养体现了一个人的基本素质，同时也是一门综合性的学科，与伦

理学、心理学、公共关系学等学科，与道德、宗教、习俗、民族等关系均十分密切，因此决不能将礼仪教育与个人修养割裂开来，就礼仪谈礼仪，而应该全面对大学生（特别是理工科大学生）开展人文素质教育，改变大学生“有知识无文化”“知书不达理”的现状，真正实现“腹有诗书气自华”。同时，有条件的高校应考虑设置专门的礼仪课程，利用课堂普及礼仪知识、加强礼仪训练。

健康的、高雅的交际方式和能力是现代中学生必备的素质之一，要学会怎样处理同学间关系？怎样处理师生关系？怎样处理与父母的关系？怎样认识爱国与成才的关系等。优化学校人际环境，开展尊师爱生活动，建立起良好和谐的师生关系。同时，发挥班级环境的熏陶教育，如发挥学生的主体作用，师生共同营造良好的人际环境，包括班风、学风、集体舆论、文化氛围等，老师和学生无论是在课堂或课后都倡导赞赏鼓励。

高等学校肩负着育才兴国的重要责任和使命，是大学生成长成才的重要环境。教师作为知识的传授者、文明的倡导者，在礼仪教育方面理应率先做出示范。因此，无论是学校领导还是工作在教学一线的任课教师，无论是教学管理人员还是后勤服务人员，都要认识到自己在礼仪教育方面的重要作用，要身体力行，言传身教，不断提高自身的文明修养，真正做到教书育人、管理育人和服务育人。

四、高校校园文化建设的理念创新

在快速开放的现代社会，在知识生产、传播、运用的周期越来越短、知识陈旧的速度越来越快的信息时代，学习已成为各类社会组织和机构的基本社会适应行为，也成为每一个社会成员立足和生存、发展和升迁的社会适应行为。学校教育是有目的、有计划、有组织的大规模学习活动。学校更应该首先成为学习型的组织，更应首先建立学习型的文化，学校应成为主动学习、不断学习、终身学习的教育基地和服务中心，应不断培养出热爱学习、善于学习、终身学习的合格公民。

（一）高校校园环境建设创新

环境是校园文化中的物质表现形式，它往往把艺术、思想和人文精神整合在一起体现出来，作为物质化的环境，客观表现在人们的面前，让人看得见，摸得着，比较固定直观和客观实在，它的建设和管理，直接反映出学校的办学水平和办学思想。它是一个无声的课堂，对陶冶学生情操、审美观，对心理素质培养和知识的拓宽，对学生的成长产生巨大的影响。因此，要对校园的总体规划、建筑群、绿化、雕塑、精品园、活动场地、生活区、学习区和运动区的整体布局、设计和装修配置进行创新，使之符合时代发展的要求。对于品位不高、落后愚昧、质量不好、呆板单一的环境应有计划、有意识地予以创新和改造，使之符合环境建设创新的三个特征。

一是教育性。先进的校园文化建设应用先进文化充实学生的文化教育底蕴。因此，环境建设目标应考虑对师生进行爱国主义教育、集体主义教育、社会主义教育、公民道德教育，使环境建设成为德育渗透的良好载体，如在花草中嵌入伟人名人的石膏头像和名言，在校园里建立校园标志，在建筑物墙上书写名句警句，在读书廊里挂上名人书画，为广大师生创建一个文明、高雅、进步的校园文化氛围，使师生置身于知识的海洋。德润人心，文化天下，创新使环境建设的教育性更具有生命力。

二是艺术性。校园建筑整体规划和设计布局应合理有序，让全体师生感受到这是艺术性设计的体现，平坦的操场能让我们感觉心静如水，具有平面美；独特的建筑造型给予我们美的享受；艺术化造型的绿化和鲜花绽放让我们热爱美好的生活。这种环境建设的艺术性能净化人的灵魂，陶冶人的情操，使人更加热爱生活，欣赏世界，塑造学生正确的人生观、世界观。

三是情感性。校园文化建设的先进性体现在校园进步的思想、道德、文明和精神上，环境建设中物化的表现富含人的情感，必须进行研究和挖掘，使物化的客观实在和人的情感进行连接，产生交流和共鸣，从而使环境建设成为育人的主体之一，如在墙上写上标语，让墙壁说话；在花草树

木中写上保护环境的语言，让人亲切感动；升旗台上的国歌歌词、国徽、国旗让我们饱含对祖国的热爱之情；宣传栏里的光荣栏无声告诉我们努力就会成功；甚至一份嵌在建筑上的设计说明也能激发我们的思维，和建筑物进行情感交流。以往，在实际的建设规划中，人们往往强调如何保持和体现出某种设计的流派风格，而如今，从科学发展观出发，则应该在继承传统建筑风格和校园原有风格的同时，着重强调如何体现出学校的发展目标和办学特色、教育与教学目标、学科建设规划和学校事业发展规划等诸多元素与环节。

应该说，这是一个建设规划立足点的转变问题。具体来说，高校校园及其建筑的品质，不仅要体现出特定的地域性、历史性、文化性、艺术性等氛围，而且它还要体现出人才培养的优化环境，这些体现即是校园规划建设理念的创新。同时，在校园规划与建设中，我们还应具有对内、对外的开放意识，突出公众参与理念、特色理念及人文关怀理念，突出高校的办学特色和办学理念。

（二）高校校园实践活动创新

社会实践活动是促进大学生参与社会主义市场经济建设、促进教育改革的积极因素，是引导大学生健康成长的有效途径。通过社会实践活动，可以引导青年学生了解社会，了解国情，坚持走中国特色社会主义道路的信念；引导学生增强责任感和使命感，树立正确的世界观、人生观和价值观，提高学生的综合素质；充分发挥学生的知识和智力优势，培养学生的劳动观念和奉献精神，增长才干，完善知识结构，有利于对学生进行思想品德教育，增强学生辨别是非的能力，培养优良的实践能力及良好的思想品质。学校把生产劳动和社会实践作为一项重要课程列入教学计划，是推进素质教育的重要措施。根据“心灵要美、学习要勤、能力强、特长显、视野阔”的学校培养目标，特制订本年度学校社会实践计划。

1. **充分发挥网络对校园文化建设的促进作用**

随着信息科技的迅猛发展，计算机网络已走入千家万户，大学生是新时代青年的佼佼者，更容易接受新鲜事物，如今微博、微信的使用都已成为他们日常生活的一部分。网络是一个巨大的文化信息库，并处于不断更新变换之中，大学生可随时随地从网络中筛选有用信息。网络的特点与校园文化的特性十分吻合，它的超地域性、开放性、选择性、创造性、教育性等都对校园文化产生了十足的影响，使校园不再是一个相对封闭的场所。它不但丰富了校园文化的内容，而且拓宽了校园文化建设的途径，对校园文化建设具有重要的促进作用。在充分发挥网络对校园文化建设促进作用的同时，我们还应清醒地认识到，网络是一把双刃剑，网络也会对校园文化传递负能量，带来消极影响。许多大学生热衷于网络交往，却忽视了现实交际，网络还改变了大学生的固有价值观念，弱化了大学生的道德意识。因此，我们必须引导大学生在张扬个性的网络环境下把握好分寸，掌握好尺度，形成良好的网络道德风尚。

要培养一批专兼职结合的网络德育教学工作者队伍。大多数高校承担网络德育教学工作的，大多是专门的德育工作者，具有丰富的课堂教学经验。但是，他们其中的相当一部分教师只具备简单的网络技术，在内容上也只不过把原来的课堂教学照搬到网络上，根本没有依据网络德育教学的特点来设置，导致网络德育教学没有特色，甚至枯燥乏味。因此，学校应重点培养一批专兼职结合德育教学工作者的队伍，确保参与德育网络教学的必须是能够适应网络文化、具有网络文化创新能力的高校教师，并组织有关专家开设一些上网引导课，让大学生懂得在互联网这个知识宝库中到底能做些什么，如何利用网络获取、使用与自己的专业相结合的信息等问题。同时，完善兼职的网络德育工作者还应和校内的网络红人和网络评论员一起，在校内论坛上就热点问题进行主动导帖，积极跟帖，及时发布正面观点，及时引导网上舆论，切实有效地全方位提高网络德育教学质量。学校凭借这支工作队伍，可以建立功能完备、多级防范的网络管理体系，坚决删

除“黄色的”，着力疏导“灰色的”，积极营造“红色的”和“绿色的”校园网络文化环境。

为提高健康高雅的校园网络文化对于学生的感染力和影响力，进而达到提高学生综合素质的作用，笔者认为，可根据学生的专业特点和兴趣爱好，开展电脑网络知识大赛、电脑软件展示大赛、电脑技能大赛、个人主页大赛、电脑美术设计大赛等，使科技活动在信息领域得以不断地深化和拓展，培养学生的创新精神，提高学生的创新能力。同时，通过引导学生参与网络文化建设，使他们对网络生存方式与现实生活的关系产生正确认识，发挥网络文化的教育功能。另外，还可通过组织 IT 校园行、网上冲浪等活动，丰富同学的课余文化活动。在活动开展过程中，特别要注意网上网下结合，利用校园网络这一功能强大的宣传媒体为传统的校园文化活动渲染气氛、报道活动情况，使校园文化活动质量更高，使传统的校园文化活动焕发新的生机。加强对网络信息的监控和舆情分析。面对浩如烟海、良莠不齐的网络信息，进一步建立完善的管理规范，依靠技术手段对各类不良信息进行技术把关、过滤。如对校园网上可能出现的过激言论及时给予纠正和引导，针对一些热点问题要善于从学生的视角、以学生的观点、用学生的语言提出正确的见解，从而实现对大学生网络学习的正面引导。

2. 大学生社会实践活动的管理创新

学校成立以校长为组长的社会实践活动领导小组，对全校学生开展社会实践活动进行统筹协调、督促指导、考核评估，宏观管理学校社会实践活动工作。要建立社会实践活动管理的长效机制，定期研究、处理班级反馈的信息，做好社会实践活动的时间、课程设置和指导考核等工作。学校要组织教师、学生开展社会实践成果的展示和交流活动，帮助师生把各种成果和建设性意见推荐给区教育体育局，让学生感受学以致用的快乐，鼓励和保护学生参加社会实践活动的积极性。班级要建立社会实践活动工作网络，吸纳有意愿的大学生参加，建立健全组织管理机构，主动与学校所在地的纪念馆、商场、企事业单位、社区等取得联系，通过多种渠道和形式，建立一个相对固定、便于学生开展活动的社会实践活动联系点，为学生的发展提供广阔的空间和必备的条件，要主动向大学生宣讲开展社会实践活动的意义，争取学生对此项工作的支持和配合。

（三）高校校园制度建设创新

校园制度建设是校园文化建设的重要组成部分，是学校对人的教育教养及塑造人的规章制度，它规定了校园里什么样的行为和思想是该做的和不该做的，什么是提倡的和反对的，什么该奖励的和惩罚的，包含各种行为、规章、制度、规定，如《教师职业道德》《教师年度考核细则》《学生奖惩规定》《教育教学科研制度》等，制度建设保证了校园生活的各个领域活动能有序地进行。因此，在新形势下校园制度建设必须创新，使之适应当今社会的发展。创新校园制度建设，必须体现先进性和群众性。

人的行为方式要适合社会的发展。由于思想认识层次的不同，人的行为表现也有所不同，因此，制度建设要体现社会先进性的要求，如在行为规范中没有明确网络方面的行为规范细则，学校对新的生活行为方式应在制度上予以规范。学校在校园文化建设中应适应时代的要求，精心计划和设计，提出学校的近期、短期及远期发展规划，明确学校发展方向，树立起学校全体师生的共同目标、共同理想和共同思想观念，促使校园制度建设的提升，从而具有时代发展的先进性。

1. 加强校园制度建设进程中群众参与性

校园制度建设进程中要加强群众参与，学校与师生互动，充分发扬民主，体现群众性的要求，例如，规章制度可让师生参与制定、修改、充分酝酿和讨论，然后形成初稿，再征求意见，最后讨论定稿；有关学校整体管理和教师管理的制度可提交教代会表决通过；有关学生管理的可交学生代表大会讨论表决。一个制度的形成集中了每个参与者的思想认识、自我提高的过程，经历了是非分辨的过程，从这个意义上来说，制度制定的过程和执行的过程也是一个文化建设的过程，对强化育人功能和提高师生执行规章的自觉性有

着重要的意义。制度建设群众性的另一方面是制度实施的群众性，作为学生日常学习、生活的管理应充分发挥学生自我管理的作用，如校园卫生检查评比、仪表仪容、课间操和黑板报评比、文明行为规范检查等可有计划、有目的地组织学生担任校值日、班级轮值班长等，让学生创设自我教育情境，进行自我检查、自我考核、自我评比，提升校园文化建设的新层面。加强校园文化建设，优化育人环境还需要学校、社会、家庭的密切配合，只有大家都重视校园文化建设，以人为本，环境育人的功能才会得到真正加强，学生才能真正健康的发展。

工会有着组织开展群众性活动的优良传统，可以通过组织开展劳动竞赛、合理化建议、教学基本功比赛等活动来激发教职工的建校爱校热情和劳动积极性。工会应积极主动地把自己浅层面的文化活动纳入到校园文化建设的系统工程之中，有目标、有步骤、有秩序地参与校园文化建设，并在参与中履行职能，发挥作用，把教职工个体素质的提高和整体素质的优化作为校园文化建设的根本。就校园文化建设来说，以人为本，就是要以提高教职工素质为基本出发点，根据教育改革和全面实施素质教育的新形势，工会要积极配合有关职能部门做好教职工的思想教育工作，努力用“三个代表”重要思想武装教职工，通过深入开展党的基本理论、基本路线、基本纲领的教育活动，开展爱国主义、集体主义、社会主义和艰苦创业精神的教育活动，不断提高教职工的思想政治素质，引导教职工树立科学的世界观、人生观、价值观，增强主人翁责任感。要进一步加大对教职工执教和工作能力的教育和培训力度，通过积极开展岗前培训和基本功竞赛等活动，提高教职工的业务素质和能力，引导教职工为学校发展多作贡献。

积极开展群众性的文化体育活动，丰富教职工的精神生活。开展健康向上的文化体育活动，创造良好的文化氛围，激发教职工的工作热情，增强凝聚力和向心力，是校园文化建设的重要组成部分，要督促和推动学校加强文化体育设施的建设，进一步完善和充实教工之家、文化体育场馆、教工阅览室和教工活动室等阵地，开展丰富多彩、生动活泼、教职工喜闻乐见的各项文化体育活动，使工会组织文化体育活动的功能得到更有效的发挥。通过开展教工之家建设等活动，努力把群众性文化体育活动开展到院系基层单位，扩大教职工的参与面，使他们在活动中丰富知识，陶冶情操，放飞心情，活跃生活，从而使校园文化的基础得到加强。

2. 加强民主办学建设创新

一要努力探索民主管理模式，不断提高学校管理效能。充分发挥教师、学生、家长和社区在学校管理中的民主参与和监督作用，形成了多元的学校管理模式。要积极调动教师的主人翁意识，利用校园网络及其他途径让教师知晓学校发展规划、学期工作计划、周工作安排，及时了解和掌握学校工作动态，并通过与学校领导对话、座谈会、教代会等形式，对学校各项工作提出建议，为学校的发展献计献策，形成共商共议、和谐共荣的管理氛围。

二要发挥团代会、学代会及学生自主管理委员会的作用。认真落实学生提案，充分调动他们参与学校民主管理的主动性、积极性，完善值周班制度，发挥学生自主管理的积极性。定期召开家长委员会会议，听取家长意见，家长委员会的代表每年都参与学校毕业班评优工作、学校规范收费工作，参与学校安全设施的检查。每学年开设家长开放日，让家长深入课堂，了解课堂教学的现状，并及时召开座谈会，听取家长反馈意见。

三要广泛利用校外资源，为学校的发展提供外部动力，拓宽学生社会实践的渠道可以使教师的课堂设计更加精致，加强学生的学习主动性，坚持下去必能收到理想的效果。

四要坚持以教代会为基本形式的学校民主管理和民主监督制度。教代会每年都要审议通过学校的财务报告和重大决策，不断完善学校管理机制，实行“阳光作业”，增强管理透明度。

加强制度建设，坚持依法治校。学校认真制定并严格执行各项管理制度，坚持依法治校，提高教职工遵章的自觉性；努力探索理性管理与人性化管理的最佳结合，不断向精细化管理方向发展，进一步规范、优化学校管理。建立科学的激励机制，认真实施事业单位人事和分配制度改革，确保了改革平

稳有序地推进。经过反复讨论、征求意见，完善与学校民主管理相关的各项规章制度，形成公平、公开、公正的考核评价机制，每年的教师考核评优和各种推优工作都采取自下而上、公开、民主的推选方式，专门成立校务公开工作的领导小组、工作小组和监督小组，每学期定期召开会议，就学校的管理和发展，在教职工中开展合理化建议征求工作。

高校校园文化建设中，变的是社会环境，要使校园文化与时俱进，充满活力和激情；不变的是大学的精神，蕴含于学校发展中最稳定、最持久、最重要的校园精神。校园文化承载着校风、教风、学风、文风和机关作风共同构建的师生精神风貌，是高校竞争力、凝聚力和影响力彰显的舞台。每一场校园文化活动、每一次学术交流会议、每一个学校管理制度，都于无声处营造着校园文化的氛围，组合成有形和无形的育人环境。高校文化建设中的变与不变，实质上是在传承中突破、在发展中谋变。谋变之举在于坚持改革中创新的发展路向，让校园文化成为隐身的教育者，以隐性的方式来完成以意识形态教育为主的核心价值观养成，帮助学生发展成为道德人格完善的人。

面对当前社会价值共识虚化、多元文化挑战、社会道德滑坡等严峻问题，我们应清醒而理智地认识到，高校文化建设是一个缓慢且长期的过程，唯有抛弃校园文化空、大、虚的思路，才能致力于让校园文化建设走向真、实、新的道路。一所大学的校园文化，于无形濡染着学校师生的一言一行、思想追求。锻造高雅、高尚的高校文化，是强化高校课堂教育成果、巩固高校思想政治教育的一条必经之路。

高校校园文化建设会在社会发展过程中不断地面临新的挑战，所以高校在提出和执行加强高校校园文化建设的对策时要坚持可持续发展原则。高校校园文化对师生的影响是长期的、深远的，而不是暂时的，因此，在进行高校校园文化建设时必须坚持可持续发展，以能够持之以恒地对师生的发展起作用为目标。坚持可持续发展原则，既要求发展既要满足于当前需要，更要着眼于未来的发展，要形成具有可持续性的发展能力和发展后劲，促进高校校园文化建设工作健康、稳定地前进。

校园文化建设是一项长期的工作，需要不断地创新我们的管理理念。建设良好校园文化可以提高全体师生的素质，缔造和谐校园，也能带动和促进学校各项事业的快速发展，取得优异的成绩，创造出欣欣向荣、充满生机的优质高校、名牌高校。在全体师生员工的共同努力下，创新高校校园文化建设的花朵必将开遍高校校园，结出丰硕的果实。

第七章 网络环境下高校校园文化建设与实施策略

第一节 网络环境下高校校园文化建设的新要求

和谐的校园文化环境，不仅可以使大学生获得新知识，树立新观念，接受新思想，培养新才能，还能使学生个性发展与社会相协调，更好地发挥个人的特长和兴趣，促进学生全面发展，培养适应社会经济发展所必需的优良素质，当然，在网络环境下，虽然高校校园文化的本质没有发生改变，但对校园文化的建设提出了要求。

一、按照先进文化要求建设校园文化

先进文化在本质上是一种不断创新的文化，发展先进文化，必须在继承和借鉴的基础上，结合新的实践和新的时代要求，大力推进先进文化创新和体制创新。互联网上不同文化的交流和融合是网络文化发展的主流，这是任何力量都改变不了的趋势，网络文化因其全新的传播形式、巨大的信息量和时效优势，对我国社会，尤其是对青年大学生的精神文化生活产生了广泛的影响。从这个方面讲，网络文化有重要的积极影响，网络文化作为高科技的发展产物、人类文明进步的标志，它所汇集的世界各国的科技、文化、艺术等信息及其成果，不仅有助于青年学生开阔眼界、增长知识、陶冶情操、愉悦身心、提高自身的科学文化素质和审美鉴赏能力，还有助于借鉴国内外高校校园文化建设的优势，促进高校精神文明建设。

应当充分利用网络这一先进技术手段，以开放的态势传播主流思想文化，大力推进社会主义精神文明建设，为改革开放和现代化建设提供强大的思想保证、精神动力和智力支持。

要以先进文化为指导，充分地发挥网络的功能，克服网络可能带来的负面影响。构建网络环境下积极向上的高校校园文化要开展以正确的世界观、人生观、价值观为内容的网络道德教行，提高学生辨别虚假信息和错误信息的能力。要开展网络自律活动，形成共同遵守的网络自律协议，倡导文明上网，严格执行国家有关网络的法律和法规，充分地利用法律手段和技术手段，加强对网上信息的监控与引导，屏蔽不良网页和网站，及时删除网络垃圾和不良信息，以保障校园文化的健康发展。校园文化建设必须坚持正确的导向，用先进文化和科学技术知识占领网络阵地。同时，要主动地适应网络文化建设的特点和规律，加强研究，探索利用网络进行思想政治教育的有效方式，引导青年学生踊跃参加，构建包括网络文化在内的校园文化新格局。

二、培植多元价值观的校园文化环境

互联网催生了新的社会文化形态，在以网络为基础的信息社会里，人们的行为方式、思想方式，甚至社会形态都发生了显著的变化。从行为方式上说，网络环境的时间和空间有无限的扩充性和多样性；从思想方式上说，网络环境中的网民处于一种自由、平等和直接的交流之中；从社会形态上说，网络基本上属于虚拟社会。网络扩大了人类实践活动的范围，促进了人的思维方式的变革。网络的出现为信息共享提供了以前难以想象的可能性，为人的自由全面发展提供了极其重要的条件。网络社会为每个人的全面发展提供了全方位的信息环境，使每个主体在信息获取、信息创造特别是结果发布等思想言论自由方面的权利得到了真正的落实。互联网本身就是一个多元的文化空间，网络跨时空的文化传播，必然导致民族文化与外来文化的摩擦和冲突，进而导致多元价值观的出现。

具体到校园文化上，其发展在很大程度上有赖于传播媒介的发展。在科

学技术不发达的时代，传播媒介极少，每个人接触和了解的范围非常有限，因而规模一般比较小，其特征也不明显。随着科学技术的发展，以及传播媒介的增多和日益现代化，人们交往、互动的范围大大扩展，因而亚文化群体的规模也越来越大，文化特征也越来越明显。同时，信息网络的发展，促进了校园文化的传播和不同地域、不同层级间先进文化的互补，拓展了校园文化交流的空间，加快了校园文化的交流速度和现代化步伐，使校园文化呈现出多元的趋势。

多元的文化碰撞拓宽了高校校园文化建设的视野，面对这样的基本现实必须发展自我，即培养理解全人类文化、具备全球视野和跨文化理解的能力，摒弃那种认为自己的价值观念和生活方式是放之四海而皆准的观念，寻求不同文化之间的理解与共处，树立“文化相对论”的价值取向。当然，提倡高校校园文化建设的多元化并不是要牺牲学校自身的特色文化，而是要以高校自身的特色文化为根，以多元文化为枝叶，从而使高校校园文化的建设朝着更为理想的方向出发。

第二节　网络环境下高校校园文化建设的多维创新

一、网络环境下大学校园文化建设创新的必要性

作为推动社会发展的动力，创新并非所谓的闭门造车和随意的主观臆想，而是在社会实践和批判继承优秀成果的基础上进行的，一方面，要结合时代变化，推陈出新，继承传统；另一方面，要立足于社会实践，根据实践需要及社会所提供的条件进行创新。创新是民族进步的灵魂、国家兴旺发达的不竭动力，能推动生产力、科学技术及思想文化的进步，正是在不断创新中，文化才得以弘扬和发展并焕发出新的生机，因而大学校园文化建设必须根植于社会实践，立足于继承，着力于创新。具体来说，创新高校校园文化建设，对于推动高校职能发挥、促进高等教育发展具有非常积极的意义。

（一）助推高校职能发挥

作为一种与社会的经济和政治组织既相互关联又鼎足而立的，以传承和创新文化为己任的文化组织，大学既应该积极主动地为经济和政治发展需要服务，又应坚守自己独特的文化使命。大学生积极主动地进行文化建设创新既有利于其承担高校的文化职责，又有利于发挥大学的社会服务功能。

1. 有利于培养造就高素质人才

大学自诞生之日，就把传授知识和教书育人作为自己的基本职能。提升高深学问的教与学活动的质量是高校一切活动的中心，包括教师传递学问和学生把外在知识内化为自己全面综合素质两个不可分离的部分，其中培养学生的实践能力和创新精神尤为重要。通过文化建设创新，能紧密结合时代变化，不断凸显“以人为本”的教育哲学观，形成人文、科学与创新相统一的教育理念，促进实施通识教育与专业教育相结合的教育模式，从而不断深化教学改革，全面推进素质教育，促进学生的文化养成，把大学生培养成全面发展的富有主体精神和创造力的高素质的一代新人，为社会提供一种无法用金钱衡量的最佳教育。

2. 有助于提升社会服务水平

随着高校社会功能的发展，培养社会所要求的高级专门人才已成为高等教育最基本的活动，而人的个性发展与社会需求和环境之间的矛盾已成为高校人才培养中不容小觑的问题。通过文化建设创新，大学的培养目标、教学方式等不断变革，以达到受教育者的身心发展状况和社会发展需要间的动态平衡；大学的文化环境不断改善，高校学术研究能力不断提升，以此培养合格人才和发展知识为社会所用。与此同时，教育也是面向未来的事业，这就要求大学在文化理念和教育模式发展上超越一定时期的经济、政治制度和生产力发展水平。文化建设创新正是适应了“前瞻大学”的建设理念，是大学服务社会职能的升华和发展。

（二）促进高等教育发展

目前来看，提高教育质量是高等教育的生命线，是高等教育改革发展最核心、最紧迫的任务，必须以改革创新推动高等教育质量提升，坚定不移地走内涵式发展道路，大学校园文化建设立足于为生活于其中的大学生提供良好学术氛围和新鲜精神氧气，营造出健康舆论环境并做好思维导向。因此，文化建设创新有助于发扬大学的优良传统和文化精髓，有助于结合时代特质为大学校园注入新血液和新活力，促进培养模式、办学理念、教学内容方法等的创新，从而提升人才培养水平，增强教学科研能力，提高服务经济社会水平，全面提升高等教育的质量。

教育的本质在于文化养成，文化是大学生根发芽、蓬勃发展的根基，文化体现了大学独立品格、高尚精神和价值追求。高等教育作为优秀文化传承的重要载体和思想文化创新的重要源泉，大学既在长期教育和办学实践中积淀和创造了深厚的文化底蕴，又经过长期的发展、变革而越来越充分地发挥着传承、研究、融合和创新文化的重要功能。大学以其丰富的蕴藏给大学生以文化熏陶、精神陶冶和灵魂塑造，造就出一副副铮铮铁骨。文化建设创新既可以集中精力发扬传统，又可以推陈出新，发展和创造先进文化，以此来教育感化大学人，提升大学人的素养、品位和修养，以此来引领社会风气，使高校成为继承、传播优秀文化的重要场所、交流借鉴人类进步文化的窗口以及孕育创造新知识、新思想、新理论的重要摇篮。

二、理念创新

（一）树立整体观念，促进网上和网下文化建设的有机结合

网络为大学校园文化建设带来了全新的物质技术环境。要适应并充分运用这种变化，就需要改变传统的思想观念，增强主动占领的意识，把握网络阵地的主动权。目前，各类异质文化信息充斥网络，影响着大学生正确的价

值观、是非观的形成，因而要牢牢把握网络主动权，以饱满的热情去抢占网络阵地，利用网络传输主流价值观、加强教育引导、加强师生联系。当然，加强线上构建的同时不能忽视线下工作，既要充分重视网络教育作用，又要注意社会现实环境和学校教育对大学生的深刻影响，要做到两手都要抓、两手都要硬，由于网络环境的自由性，很多大学生愿意在此吐露心声，这就为教育工作者结合学生实际，有针对性地进行教育引导提供了便捷。但从某种程度上来说，网络传播的形象化，虽然强化了大学生的感官接受形式，但是弱化了其理性思维能力和行动能力，因而，在加强网上教育的同时，还需要积极开展相应的社会实践活动，以促进大学生全面健康发展。因此，要坚持线上指导与线下教育内容相结合，一方面，将线下教育内容搬到线上，加深大学生的认识和理解，扩大校园文化的辐射范围和影响力；另一方面，对于重大的热点问题和难点问题，如若在线上难以说明，则可以在线下开展有针对性的面对面的教育加以引导。

（二）树立一元主导与包容多样的理念

坚持主导性与多元性的有效统一。新媒体为大学生带来了多元文化选择，满足了学生个性化发展，但是主流价值观是根本，是任何时候都不能抛弃和动摇的。因此，要倡导在多元追求中坚守主流价值，坚持在社会主义核心价值体系主导下的多样化追求和个性化发展。

1. 坚持社会主义核心价值体系主导下的多元文化发展

网络带来了多元文化的共荣共生，在为大学生带来了丰富的文化资源的同时也增加了正确选择的难度，因而作为培养人的文化高地，大学应始终推崇先进文化的主导方向，也就是要加强社会主义核心价值体系的指导，在其统领下鼓励大学的多元文化发展要坚定地以马克思主义作为高校文化建设的指导思想，以社会主义共同理想汇聚力量，以民族精神和时代精神作为精神动力，以社会主义核心价值观作为道德基础，在此基础上允许和鼓励各种思想文化并存、交流、争论和探讨，这样既能彰显教育内容的丰富性和生命力，

又能满足教育对象的个性差异和自主性选择，增强教育的针对性和灵活性。

2. 坚持社会主义核心价值体系主导下的学生个性发展

网络自由开放的空间和多样的表达方式，为大学生淋漓尽致地抒发情感、展示真实人格及张扬独特个性提供了舞台和媒介。网络在拓展人的自主活动空间、赋予个体充分自由和选择权、增强主体精神和自我价值实现的同时，也会导致主体盲目追求个性解放与绝对自由，漠视权威、无视规则、忘却责任。因此，在个性化发展中要牢牢把握社会发展方向和共同的价值规范，以建设中国特色社会主义核心价值体系来引领大学生的个性发展，促进个人和社会的相互促进和共同发展。

3. 坚持社会主义核心价值体系主导下的高校特色发展

网络创造了一个崇尚自由、鼓励创新的环境，为在高校中生活的人的个性化发展提供了便捷，也为高校的独特发展路径提供了可能。大学是社会活的细胞，必须具有鲜明的社会主义属性，在其发展过程中社会主流文化是在何时何处都不能言弃的根。当前的网络环境促进了校园文化交流，促进了校园品牌文化的传播，推动了校园文化创新，为高校特色化发展提供了方便各高校应将创建一流大学的普遍规律与基本国情、区域发展和本校实际有机结合起来，在多元文化激荡交融和大范围的激烈竞争中创建出具有鲜明文化个性的大学。

（三）树立与网络传播特点相符合的教育理念

1. 树立平等互助、疏导结合的教育理念

网络促进了文化平等发展，使大学生主体意识愈发彰显。教育管理者应该摒弃单向灌输模式，树立紧密结合网络规律的教育理念，改变过去身处高位者的眼光而代之双方平等的观念；树立教师主导下的学生主体意识；树立个性化教学理念，构建起学生的自主性，促使其以主人翁姿态来学习。具体来说，教育者要做到以下两方面：第一，尊重受教育者的主体地位和个性价值，使其需要得到满足；第二，要对受教育者充满信心，鼓励其在社会大舞台上驰骋。

2. 注重教育的针对性与时效性的教育理念

网络环境下，学习的获取具有便捷性和超时空性，学校能够随时随地地掌握学生第一手的思想动态，并针对不同传播对象运用相应的传播媒介进行教育引导，也能将群体教育与个别指导有机结合，切实提高教育成效。网络虚拟性使教育者能在潜移默化中以他者的身份进行引导，降低学生的心理防备，接受其提供的个性化服务。另外，根据“黄金24小时法则”，事件在发布24小时内不能及时引导舆论，就会失去主导权，出现“舆论绑架”，造成正面声音淹没在“口水”之中，因而教育者需要提高教育时效性，以最迅速的信息发布方式澄清事实，让客观、公正、权威的声音先入为主。

3. 注意教育的吸引性和生动性的教育理念

心理学家的研究表明，83%的外来信息是通过视觉感官来接收的，而网络环境下的图文并茂、声像具备满足了人们的视觉享受，为学校教育带来了变革，这就需要在教育内容上保证吸引人的眼球，在教育方式上注意生动性，在教学语言上有感染性。网络环境下的学校教育，需要多用生动典型的事例，多用鲜活通俗的语言，多用学生喜闻乐见、生动活泼的形式，多用疏导的方法，为大学生提供真实的表达效果。

三、实践创新

在现实世界中，校园文化作为一种社会现象，其变化与发展当然有其必然的连续性，但是校园文化的发展也要遵循新陈代谢的规律，这就存在创新问题。在网络环境下，校园文化建设的实践创新科研从以下三个层面展开。

（一）创新校园文化建设的形式

1. 加强隐性课程建设，拓展校园文化建设的空间

隐性课程指的是那些没有在课程计划或学校教案中显现，却是学校教育实践和教育结果中必不可少且有效的组成部分，包括正规课程中隐含的教育因素、学校的物质环境和精神环境、学校的管理体制、教师的人格及领导者

的风格等。因此，在高校校园文化建设的过程中，必须要考虑相关的背景因素（社会的、科学的）和动态因素（如师生的交互作用、教学方式的变化、环境的因素等），使校园文化建设扩展到学校的整个生活世界中。

2. 增强系统性，规范校园文化建设

学校的领导者和教育者要先将校园文化建设纳入学校总体发展战略，对校园文化进行整体设计和规划，尽量减少盲目性，更不能任其自流，对于校园文化建设的评价和检验，要按照科学发展观的要求讲求实效，防止浮于表面及一味追求形式和场面热闹等。

3. 体现时代精神，动态地构建校园文化

校园文化受社会文化的强烈影响。社会文化是校园文化赖以生存的大环境和源泉，它决定着校园文化内容的基调，当社会文化随着时代的变化而变化时，校园文化也必然要随之变化。因此，不能脱离社会、脱离时代去孤立地、静态地构建校园文化。

（二）加强校园网络文化阵地建设

1. 把高校网上图书馆建成网络环境下高校校园文化的前沿阵地

一是要加强特色数据库建设。高校网络文化阵地建设应该以图书馆为基地，组织好人力物力，进行联合开发。基于高校在社会发展中的地位、功能和作用，加之现在的网络条件，高校的网上图书馆应采用适当的方式共享已有的数据产品，不应把主要精力放在对已有信息的重复数字化，而要着重开发出有自己特色的信息产品。

二是强化对读者的导向意识。作为高校主要的信息基地，用大量优质、健康、向上的信息占领网络阵地是高校网上图书馆建设的应尽之义。

2. 利用网络环境下的现代手段拓展德育工作

要大力开发网络资源，充分利用网络空间开展德育工作，如校园论坛或官网、QQ、微信、微博、短视频等，既是新兴的网络沟通与交流方式，也是高校在网络环境下开展德育工作的方式与途径。通过这些学生喜闻乐见的

沟通方式，可以使德育工作者轻松走进学生的内心世界，做他们的贴心人、知心人，从而全面拓展网络环境下高校校园文化建设的德育阵地。

3. 利用网络多媒体技术举办有特色的校园文化活动

以网络为载体开展的校园文化活动可以集声音、图像于一体，并可以不受时间、地点等条件的限制，还可以充分发挥学生的创造力、调动学生的积极性。这种利用多媒体技术开展的活动可以取得传统媒体难以取得的效果，例如，开展各种类型的知识竞赛、科技竞赛、辩论赛等活动，营造追求知识、追求真理、积极向上的文化氛围。此外，还可以使用图形图像媒体技术将学校的各个历史时期的闪光点和积极元素，通过人文主题海报、文化墙等艺术形式生动展示出来，美化和提升校园文化。

4. 加强新媒体与传统媒体融合与合作

新媒体具有信息海量性、高度开放性、互动兼容性等特点，而传统媒体具有充足的人力资源、内容的深度性和品牌说服力，促进新旧媒体的融合是发挥载体合力的重要途径。新旧媒体无论是在传播形式和内容上，还是在产品、服务和技术上都存在着差异，但其相互融合、优势互补已成为大势所趋。利用所长，有力推动新旧媒体的深度整合，将网络传播的时效性、海量性、互动性与校报、刊物、广播传播的权威性、深度性相结合。第一，促进渠道融合，将广播、校报、电视等传统媒体融入新媒体，把传统媒体的权威性和导向性发挥到校园网站和手机上来；第二，传统媒体也要注意从新媒体上开发信息资源，寻求大学生关注的热点进行深入解读，释疑解惑，增加关注度；第三，在传统媒体中融入新媒体的及时互动性，大学生可以通过留言、评论方式对阅览内容发表看法和建议新旧媒体相融合，能扩大信息的传播面，达到信息增值的目的。

（三）构建完善的规章制度

正所谓“无规矩，不成方圆”，完善的规章制度、管理体制和行为规范，是科学民主、高效管理的有效保证，是师生行为举止的参照，是规范与调控

校园文化的有力手段，是构建良好校园秩序的有效前提。因此，不仅要制定科学合理、体制健全的规章制度，还要充分发挥出制度的规范引导作用，这就需要在制度的制定、执行和落实上做到公平正义、以人为本。

彰显公平正义是校园制度取得公信力的保证和发挥功能的基点。第一，制度设计要坚持向善的价值取向，以正义、美好与和谐充盈大学生的内心。第二，要做到在制度面前人人平等，制度要充分反映学生意志，尊重学生的人格尊严和其他权利。第三，严格遵守制度制定相关程序，保证所涉人员的利益表达，反映绝大多数人的利益诉求，要在实施上保证制度面前一律平等，保证不偏私，做到一视同仁。

要凸显以人为本。第一，在大学制度的生成上，保证师生员工的广泛参与，要听取不同的观点和建议，整合各方信息以利决策，对于事关切身利益的制度，要让各相关利益群体表达对制度生成的看法和自身利益诉求，切实发挥参与者的行为对制度生成的实际影响力。第二，在制度内容上体现为学生服务的理念，制度设计建立在学生权利本位基础上，注重制度的人文关怀与思想行为导向，用制度去引导人而不是去管理人。第三，在校园制度文字表述上要彰显以人为本的理念，尽量避免“严禁”“禁止”等带有浓厚命令色彩的词汇，而多使用提倡性条款，语句表达要精练准确。第四，师生可提议对相关制度进行修改，完善与更新，这样能对现有制度进行纠错并促进其自行修复，保持制度的与时俱进。

要注重刚柔并济，优良的制度不仅要有严肃性与规范性，还要具有亲和力并彰显人性，将严格、约束和惩罚与尊重、保护、奖励相结合，将制度规范与宽容相结合，促进学生个性化发展，将管理与信任相结合，引导学生主动性的发挥，促进自我管理。这样通过严格的制度惩戒，辅之以春风化雨式的思想教育和人文关怀，就能充分发挥制度的管理、教育和引导功能。

四、载体创新

这里所指的载体并不是传统意义上的载体，而是指承担校园文化建设的主体，进一步细化，则是指校园文化建设主体中的学生，而载体创新则是指在网络环境下，树立“以学生为本”的工作价值目标观，反映并满足人的全面发展的需要，具体来说，主要从强化学生主体意识，以及注重理论关怀两方面切入。

（一）强化学生主体意识

在网络环境下的校园文化建设中，强化学生主体意识就是要充分调动他们的主动性，激发其创新意识，培养主人翁责任感，同时在参与校园文化建设的过程中增长知识，增长才干，做出贡献。强化学生主体意识主要从以下三个方面入手。

1. 培养学生的主动发展意识

强化学生主体意识中很重要的一点就是要培养学生的主动发展意识，启迪学生个人成功的动机，调动学生追求成才的积极性。第一，要正确认识学生在高校校园文化建设中的主体地位。要转换视角，从视学生为被动者转变为视学生为主动者，从视学生为客体转变为视学生为主体，把提高学生的主体性作为高校校园文化建设的基本原则。只有充分尊重学生的主体性，才能激活学生的内在动机和动力，调动其自身的积极性、主动性，自觉完成学业，锻炼提高自身的综合素质。第二，要给学生发挥主体作用的机会，并适时给予鼓励。如果在校园文化建设中只是教育工作者不停地实施建设方案，而学生不发挥主人翁意识，不充分参与其中的话，那么校园文化建设一定收效甚微，甚至会引起广大学生的反感，教育工作者要根据校园文化建设的实际情况，让青年学生始终参与其中，并且处于适度的兴奋状态，使他们有参与的成就感，促使他们更积极主动地参与校园文化活动。

2. 培养学生的全面发展意识

高校校园文化对培养提高学生的综合素质起着十分重要的作用。在网络环境下，高校校园文化建设既要有利于培养提高学生的创新素质、科技素质，又要有利于培养提高学生的道德素质、身心素质，所以校园文化建设中要注

重学生的网络道德教育，培养学生健康的网络人格，既要使学生学会利用网络学习，又要使学生学会控制自己的网络行为，把利用网络与控制网络行为结合起来；要使学生在参与校园文化建设的过程中正确地继承知识；更要使学生学会发现知识和运用知识，把继承和创新结合起来；既要使学生发展智力因素，又要使学生发展非智力因素，在校园文化建设中把智力因素与非智力因素结合起来，实现学生的全面发展。

3. 培养学生的人文关怀意识

人文关怀意识，即对人类自身生存的关心，是强化学生主体意识的一个重要参考因素，因此应培养学生关注我们所处的时代，对自己、家庭、集体、社会及自然界，均给予充分的关心和思考。有了关心和思考，才会有人文关怀意识和责任意识，才会以热情的态度对待社会、对待生活。

（二）注重伦理关怀

所谓伦理关怀是指对大学校园中那些需要关怀的人在心理与生理、物质与精神上的道德关照和热情扶助。注重伦理关怀可以改善整个校园文化建设的人文环境，形成温馨和谐、团结拼搏、积极奋发的校园伦理精神，以达到培养有科学素质和道德素质的合格人才的目的，注重伦理关怀的主要措施有以下两点。

1. 注意发挥教师关怀

在伦理关怀中，教师关怀是极其重要的组成部分，因此，怎样发挥教师关怀在网络环境下高校校园文化建设中的积极作用就成为我们研究的重要课题。教师关怀并不是一味地要求教师去关怀学生，而是通过教师与学生之间的关系来阐明关怀，即以自身的行为让学生感受到关怀的力量。所以，这种关怀不是权威式、教训式、控制式的，也不是恩惠式的，而是以建立和维持彼此充满关怀的关系为宗旨的。所以，教师关怀是以一种开放且诚恳的方式在接纳他人，是一种许可他人与自己建立关系的平等关怀，它涉及人与人之间完全的接纳、深刻的反省、审慎的评估、不断的修正，以及深入的探索。

2. 把伦理关怀深入学生公寓中

学生公寓是学生学习生活的重要场所，是课堂之外对学生进行思想教育和管理的重要阵地，做好公寓园区的伦理关怀，是加强网络环境下高校校园文化建设工作的重要环节。在学生公寓开展伦理关怀工作要坚持以人为本，坚持以学生为本，要关注、关心、关怀学生在学习、生活中的日常问题，急学生之所急、想学生之所想，不能忽视一些琐事、小事，积极帮助学生成长成才；要尊重学生的主体性，充分发挥学生的主体作用，调动学生自我教育、自我管理、自我服务的积极性和创造性。

第三节　网络环境下高校校园文化建设的具体策略

一、进行大学生思想政治教育调适

所谓思想政治教育调适，就是以批判理性为指导，充分吸收对方的精华，充分认识彼此的个性，不以优劣高下作为区分标准，最终形成共识并承认差异。在网络环境下，一方面，校园文化与社会文化在冲突和融合中，统一性和共通性不断增加；另一方面，中华民族的精神文化只能在自我创造中得到发展。学习外来文化不能成为对本土文化的代替和统治，中西文化具有文化共性，但根本性质还是文化个性，即本土道德问题的解决，最终需要本土精神文化的支持，因此，网络环境下大学生思想政治教育必然要做出适应性的调适。

（一）大力弘扬中华优秀传统文化

“信息化校园”的实质即以信息为中心，以网络为媒介，以校园为舞台，实现校园各种信息资源共享化、配置最优化、利用合理化。要大力发展民族网络文化，维护自己的民族文化不被同化掉，不丧失个性和特性，就必须具

有民族自信心，充分掌握信息优势和技术优势，学会运用网络文化。弘扬中华优秀传统文化，就要面对网络发展的现状，利用网络优势，大力弘扬优秀的中华传统文化。民族文化如果失去民族性这一灵魂，就无法发挥文化主体的选择功能和消化功能，也就无法很好地应对外来文化的冲击。

中国的传统文化在长期的发展中孕育了自己特有的精神品格和道德风貌，有着西方文化所没有的优点和特点。我们要抓住网络为我们提供的有利时机，将更多的优秀传统文化资料放到网上，弘扬中华优秀传统文化，使世界上更多的人了解中国，了解中国优秀的传统文化和民族精神。要培养青年学生具有民族归属感，保持民族尊严和自信心，增强民族自主的选择能力；引导青年学生积极地了解传统文化，使他们得到优秀文化传统的熏陶，具有深厚的扎根于自己民族文化的修养；使青年学生在外来文化的冲击下既不闭关自守，又不盲目顺从。

文化的全球化在目前已成为一个带有普遍性的现象，文化的全球化在很大程度上是由经济全球化所推动的，经济的全球化必然拓展为文化的全球化，最终导致全球文化整合，出现新的文化景观。我们要善于用道德尺度和历史尺度综合审视文化现象，积极倡导网络文化的个性化。我们要用科学的态度，学习西方文化，我们是社会主义国家，在借鉴外来文化时，要吸取西方文化中的优秀成果，但决不走全盘西化之路，但是，属于文化领域的东西，一定要用马克思主义对它们的思想内容和表现方法进行分析、鉴别和批判，一味鼓吹文化本土化、排斥外来文化是错误的，因为单有中国传统文化是不可能造就出现代文明的。我们需要的是科学精神与人文精神的紧密结合。

（二）充分发挥校园网络文化优势

应正视挑战和危机，将网络文化的优势融入大学生的思想政治教育之中，做好新形势下的思想政治工作，更好地发挥高校的育人功能。网络的第一功能无疑是扩大信息量，借助网络有利于受教育者扩大视野，更新观念，解放思想，提高境界，从而达到以往未有过的教育效果。目前，网上活动已经成为相当一部分学生的重要生存方式和生活方式，思想政治工作者主动上网，就能找到工作对象，找到工作阵地，就能把工作做到位。针对目前学生中心理疾病比较突出的状况，思想政治教育工作者可以开通网上心理咨询热线、心理服务网站，通过与学生沟通感情，建立相互信任，使对方毫无顾虑地倾诉平时难以启齿的心理问题，引导他们走出心理困惑，克服心理障碍，消除自卑，建立自信，优化心境，从而养成良好的心态、健康的心理、健全的人格，提高群体心理健康水平。

网络文化是一种建立在信息技术基础之上的精神创造活动。当网络文化进入高校校园之后，它就具有了特定的服务对象，成为具有大学校园气息和文化氛围的网络，成为校园文化建设的一道绚丽的风景线，网络文化作为校园文化建设的重要组成部分，在开放教育的校园文化建设中起着举足轻重的作用。它蕴涵着人们的心理状态、知识结构、思维方式、价值观念、道德修养、审美情趣和行为方式等，具有塑造人的特殊功能。信息网络技术的迅猛发展，使我国社会的政治、经济、科学、文化等领域正在发生广泛而深刻的变化，我们亟须加强网络阵地意识，在思想政治教育工作领域中主动开辟、利用、净化和占领网络这个新阵地，网络思想政治教育的吸引力和有效性，必将为大学生的思想政治教育注入新的活力。

（三）加强大学生网络行为的他律

大学生网络行为的他律，即网络行为规范，主要有法律规范、纪律规范和道德规范。

1. 网络行为的法律规范

网络在为人们在更大范围内交流提供便利的同时，也带来了网络社会的竞争、冲突与矛盾，甚至已出现了大量的网络犯罪活动。在网上进行各种不法活动或有意破坏网络环境的行为在大学生中并不少见。网上出现的种种违法行为需要法律规范加以规范，加快网络立法是维护整个社会利益的当务之

急。目前，我国已制定了一系列有关计算机及国际互联网络的法规、部门规章或条例，内容涵盖国际互联网管理、信息安全、国际通信、域名注册、密码管理等多个方面。关于网络知识产权、电子商务、隐私权等法律法规也日益受到政府和社会各界的重视，并日益完善起来。

2. 网络行为的纪律制度规范

纪律作为一种社会控制手段，产生于人们的社会生活和集体生活的共同生活之中。网络组织和设置部门通常根据自身组织利益和网络发展的要求，来制定有关的组织纪律，这些纪律应当自觉地成为网民必须遵守的行为准则，以使人们，尤其是大学生有一个稳定的、正常的网络环境和上网秩序。网络行为的组织纪律具有明确的规定性和一定的强制性，对于劝导不遵守的人可以进行一定的教育或相应的处分。对于大学生生活的宿舍、班级或院系等集体，也可以通过民主的方式制定集体成员共同遵守的公约、协定或行为条例，在一定程度上也具有纪律的约束力。通过学习生活或工作群体民主协商的方式制定规范，是大学生网络行为自治的良好表现，应当积极倡导这种网络行为的管理和约束机制。

3. 网络行为的道德伦理规范

网络行为的道德规范是从道德的角度来约束规范大学生的网络行为。道德规范的约束力主要是通过网络行为主体的内心信念、社会舆论等力量来实现的。伦理道德是网络文明最坚实的深层依托。作为教育者，要了解大学生上网情况，对网络失范行为进行认真分析，掌握基本规律，再结合传统道德规范要求，提炼和总结网络道德规范；积极倡导爱国守法、诚信友善、文明自律等网络基本道德规范，提高大学生在网络空间明辨是非的能力和道德自律能力，使大学生认识到，任何借助网络进行恶意破坏的行为都是非道德的或违法的，在网络活动中应当养成良好的道德习惯并自觉遵守网络规范，以道德理性来规范自己的网络行为，增强对网络毒素的抵抗力和免疫力，不因为网络的隐蔽性而随心所欲，忘记基本的行为规则。

（四）积极抵御有害信息的侵蚀

信息网络系统的发展，使校园文化建设的环境、条件、内容、手段和对象都已经发生并正在继续发生着变化。教职工的工作能不能适应这种变化着的形势，占领网络阵地，取决于教职工的能力和素质能不能跟进提高，能不能做到密切关注和研究信息网络发展的新动向，抓紧学习网络知识，善于利用网络开展工作，努力掌握网上斗争的主动权；否则，就无法应对目前和未来的挑战。当前的关键在于确立学生在网络文化中的主体性维度，培养和提升学生对网络信息价值的判断能力，使学生能够自觉抵制互联网上的不良诱惑和不健康，甚至违背民族大义的信息。虽然网络道德有其特殊性，但绝不能片面强调网络道德与既有道德的差别，而在网络空间中形成一个与既有道德完全不同的道德体系，当代大学生应该立足既有道德，并利用既有道德的一般原则来规范自己的网上行为。

网络空间是亿万民众共同的精神家园。网络空间天朗气清、生态良好，符合人民利益；网络空间乌烟瘴气、生态恶化，不符合人民利益。要依法加强网络空间治理，加强网络内容建设，加强网上正面宣传，培育积极健康、向上向善的网络文化，用社会主义核心价值观和人类优秀文明成果滋养人心、滋养社会，做到正能量充沛、主旋律高昂，为广大网民特别是青少年营造一个风清气正的网络空间。

就当前网络发展的形势来看，务必抓紧“网上道德”建设，着力培养自律意识。技术进步常常要比道德发展迅猛得多。网络没有篱笆，网上信息具有不可控性，网上行为具有隐蔽性。在网络技术迅速发展、日益普及的今天，网络道德教育必须快步跟上，纳入学校教学内容，提出具体要求，作为素质教育的重要课题。家庭、学校、社会都要支持配合思想政治工作介入网络，致力于网上道德建设，以教育、宣传、监督、规劝、舆论压力等他律形式促进网民自律意识和自控能力的提高，使人们的网上行为时刻听从道德责任的命令，使人们的道德良知也体现到虚拟的网络世界中，逐步形成“他律—自

律—内化—自觉”的良性行为规范，自觉抵制有害信息的侵蚀。

二、建立健全的网络信息机制与网络平台

（一）建立健全的网络信息体制

1. 规范网络信息管理体制

规范网络信息管理体制对大学信息网络的发展有着重要的意义，体制的规范性能够凸显大学整体管理体制的健全程度。在网络高速发展的今天，大学也受到网络的冲击，在健全网络信息体制方面，高校应从规范网络信息发布体制、规范网络信息过滤体制、规范网络信息监督体制三方面进行。

（1）规范网络信息发布体制

信息的发布者也就是信息管理者，负责收集和发布校园网络信息，通过网络平台发布当下重要的新闻、时政、消息、通知等。我国大学的信息管理体制还不太健全，尤其是发布体制。规范网络信息发布体制，因此分为两个层面：第一个层面，网络管理者需要从众多纷杂的信息中归纳出适合大学生发展的信息，使大学生免受不良信息的影响而走向歧途；第二个层面，防止信息过度过滤，不能完全过滤掉敏感问题和涉政话题，这些问题虽然会使学生的心理产生某些反应，但这是一个成长的过程，高校信息管理者不能将其完全剥夺。

（2）规范网络信息过滤体制

信息过滤是信息发布的延伸，在建设好信息发布体制的基础上，针对信息过滤做出相应的规定，过滤不等于全盘滤掉，应适当过滤，保存对大学生发展有意义的部分，做到删减得当、过滤有度。

（3）规范网络信息监督体制

在网络信息发布和网络信息过滤体制健全的基础上，后期反馈监督体制必须紧跟其后，以对整个网络系统进行监督控制，无论之前的哪一个环节出现问题，网络监督体制都能发挥其作用。

2. 规范网络信息管理队伍

网络发展非常迅速，高校信息管理者特别是工作在第一线的信息发布人员要不断地学习和提高，做好网络环境下大学文化的建设工作，而队伍保障是关键，高校必须经常开展培训工作，在规范信息管理队伍方面做出合理的建设。

（1）管理者理念的更新

所有的事物都是发展变化着的，固定的观念不能适应多变的网络环境，所有的观念必须与时俱进，根据具体问题转变观念非常重要。网络环境相对比较复杂，这就要求管理者不断更新观念，如果高校信息管理者不能及时更新观念、转变思想，就不能管理好高校的信息网络。

首先，由管理者向引导者转变。管理者在一定意义上讲是服务者，是服务使用这个网络信息平台的人群，这个队伍不是凌驾于被管理者之上，而是秉承着服务大家的宗旨进行管理的，一切都要从被管理者的角度出发，考虑多方面的因素，从而加强信息网络的管理和建设。

其次，由单一性向多元性转变。单一的管理方式已经不能适应时代的发展，不能跟随网络发展的脚步，网络管理界必须转变管理方式，由单一化转向多元化，做到管理方式多元化、管理结构多元化、管理观点多元化。不管是什么样的管理队伍，都需要多元的管理形式，大学信息网络管理更需要这样多元化的思维加入，通过多元的管理策略加强大学信息网络的管理。

（2）信息管理人员的培训

要建设好校园信息网络、应用好校园信息网络，必须要管理好校园信息网络，而管理好一个庞大的校园信息网络的前提是高校具备一支素质合格的教师管理队伍，这支队伍在信息管理中起到主导作用，为了保障管理人员专业素质的稳定性，高校要定期对他们进行培训，用网络信息管理知识武装头脑，以积极应对网络环境给予管理人员的各种问题，管理人员在不断的学习中总结经验，寻求适合院校本身的信息管理制度，提高高校的网络利用率，使高校的信息网络健康、平稳地发展。

首先，要进行网络知识培训作为高校信息网络管理人员，网络知识储备是必不可少的，网络管理人员不仅需要对网络进行维护和管理，还需要为学生解答疑难问题。一方面，对网站的各项内容进行监督和整合，并对网站进行定期维护，针对网络交流平台的问题给予回复，随时更新网站内容；另一方面，网络管理者还是学生的老师，学生在交流平台或者学校网站上遇到问题时，网络管理者要提供相应指导。因此，加强对网络管理者专业知识的培训十分重要，必须做到精益求精，高校在管理信息管理者的时候，必须加强对信息管理者专业网络知识的培训。

其次，要进行管理知识培训。网络管理者除了拥有。业务素养以外，还要有坚实的管理手段，在处理学生问题上能做到应对自如，这就需要高校对网络管理者进行管理知识的培训，这部分培训可以根据高校自身的情况而定，也可以跟其他类别的管理者一同进行，还可以单独进行。在培训的过程中注重网络知识和管理知识的结合培训，让网络管理者能够真正体会到这两方面结合的契合点。

3. 规范网络信息使用者行为

大学的信息使用者主要是学生，学生是大学的主体，在网络管理范畴内，大学生的行为关系着大学信息体制管理进程，大学生在学习和生活中与网络接触较多，校园网络环境的优劣直接影响着大学生的学习生活质量。在规范网络信息管理者的同时，要针对大学生的行为规范做出相应的制约，从管理者和被管理者两方面规范其网络行为，在更大的程度上保障网络的健康发展。

（1）制定网络信息使用者规范

在网络环境里大学生有了充分的自由空间，不仅可以匿名发布消息，还可以自由地浏览各种网站，在这样自由的发展空间里，大学要制定相关的规范制度，规范大学生的网络行为。高校要在大学生入学的时候告知这些规范，并要求大学生重视网络行为，表明网络规范的重要意义。

（2）对网络信息使用者进行培训

高校对网络信息使用者的培训分为两个部分：第一个部分是整体培训，

这个培训在开学初或者每学期初举行，通过集体教育培训，使大学生明确网络使用规范，并在教育培训的过程中懂得网络行为规范化的重要性；第二个部分是单独培训，对违反网络行为规范的大学生进行再培训，要明确培训目的，加大培训力度，完善培训过程，增强培训效果。

（二）建立健全的网络平台

人总是生活在一定的社会关系中，这就要求人与人之间产生互动，要求人们参与各种交往活动。在此基础上形成的共同体便是大学生网络虚拟群体，作为群体特别是青年群体的一种形式，将逐步成为网络环境下高校校园文化建设的主体，网络环境下加强大学文化建设就必须在信息平台建设上做出成绩，良好的交流平台有利于大学生的全面发展，有利于大学文化的有效传播，有利于大学文化建设的长足发展。网络环境下，完善大学文化建设的必要环节就是建立健全的网络平台，这是保障大学主体发展的一项重要举措。

1. 建立健全的网络管理平台

网络文化管理平台是针对网络传播文化的过程进行管理、文化的传播需要一个正规的途径，不只是师生的口口相传，也不只是学校历史的书面传承，而应该具备一个系统性的平台。对文化传播起到一个管理的作用，使在校学生能够在网站上发表关于大学文化的言论，提出本校文化建设发展的建设性意见。网络管理平台由专门的教师进行管理，定期定时对网站进行维护，并及时整理学生的意见，把学生的看法和意见整理归类，进行处理反馈，针对学生提出的意见进行整合处理，最后组织大家进行讨论，促进大学文化的发展。

（1）加强对网络的宏观管理

大学掌握其发展的大环境，主控整个网络发展的脉搏，对网络进行宏观的调控，监督网络发展的状态，对不适合大学文化传播的网络行为进行控制，从更广的角度调控网络建设，在大学文化通过网络传播的过程中发挥其主要

作用。

（2）增强对网络的微观控制

网络发展的过程中存在很多细节问题，这些细节问题在处理上遵循微调的原则，不影响整体建设的同时加强了微观的监控和管理，对影响整体建设的行为和部分予以阻止和剔除，保证宏观管理的顺利进行。

2. 建立健全的网络信息平台

文化信息平台是专门发布学校信息的网络平台，学生可以登录网站浏览学校的所有活动计划、实施、结果等，可以根据自己的喜好进入网站，对任何想进入的部分进行观看、交流、学习，也可以对已经发布的活动发表自己的看法和观点，如果自己也参与了其中的活动，还可以申请发表评论或者图片资料，以扩大大学文化的活动范围，扩大高校文化活动的参与范围。文化信息平台由专门的教师进行管理，教师应根据学生感兴趣的方面开展更多适合学生的活动，积极鼓励大家参与其中。

三、加强高校校风建设

（一）校风的概念及特征

1. 校风的概念

所谓校风，简而言之，是指一所学校师生员工共同具有的思想行为作风。校风具有以下两个层次的含义。

第一个层次的含义是指一般的良好的风气。所谓风气，就不是个别人、个别事、个别现象，而是当形成了带有普遍性的、重复出现的和相对稳定的行为心理状态，成为影响整个学校生活的重要因素时，才具有“风”的意义。例如，团结友爱之风、艰苦朴素之风、勤奋好学之风、积极进取之风等，人们习惯上把这些称为校风，这是一般意义上的校风。

第二个层次的含义是指一所学校区别于其他学校的独特风气，换言之，是在一所学校的许多风气中，最具特色、最突出和最有典型意义的某些作风。

校风是在长期办学中形成的，体现在学校工作的各个方面，影响全校师生员工的思想言行，构成该所学校的个性特点。

校风的形成，是学校内外部环境对学校集体及其每个个体发生作用的结果。换言之，就是学校的内外部教育环境所包含的价值规范体系，通过强制与非强制的方式作用于学校中的每个个体，使个体在活动中发挥内在的能动性。接受环境的价值规范并内化为个性特征，这些由同一环境所塑造的个性特征具有相当程度的一致性，表现出来的心理行为特征也大体相同，它们的整合便形成了集体共同的心理倾向，即校风。

2. 校风的特点

校风作为学校集体共同的心理行为特征，具有一致性、层次性和独特性三个特点。

（1）一致性

校风的一致性指的是在一所学校里校风要求的同一性。校风是集体共同的心理特征，是学校的每个成员必须具备的。不同的群体可以有不同的表现形式，但其内涵及要求是一致的，没有高低、宽严之分，否则就会造成学校系统内部的无序状态，难以形成良好的校风。这就是学校的管理必须全面、彻底的理论依据。

（2）层次性

校风的层次性不是高低、宽严的层次，而是同一水平上的多面性。学校的师生员工各个群体角色和职能不同，校风要求在他们身上的体现也有所不同，从而形成的内涵相同、表现形式各异的工作作风、校风、班风和学风。它们在同一目标下相互作用、不断强化，干部的工作作风和教师的教风作用于学生造就班风、学风。班风、学风又反作用于互相作用着的工作作风和教风，从而构成了一个循环系统。

（3）独特性

校风的独特性指的是不同学校之间校风的差异性。不同集体社会的生活实践不同，集体意识的倾向也就不同，各个学校所处的环境是有差异的，就

学校外部而言，有沿海与内地、开放地区与非开放地区、特区与非特区之间的不同。就内部而言，又有层次、性质，以及历史和管理水平的不同。所以，各个学校都有自己独特的校风。

总之，校风作为高校校园文化的一个重要组成部分，无论是在传统环境下还是在网络环境下，校风的建设都至关重要，因此，高校应注重高校优良校风的建设。

（二）高校校风建设策略

校风的建设是一个复杂的系统工程，必须有计划、分步骤地进行。

1. 明确校风建设的目标

目标是进行校风建设的方向和确定校风内容的依据。校风建设的总体目标应该是国家所制定的培养目标在本校的具体化。这些理想目标的确定，一要根据党和国家对教育工作的要求，二要从本校实际出发。务必使确定的目标既有先进性，又有现实性；既有指引方向、动员师生员工的作用，又是经过努力可以实现的。

校风建设的具体要求，即以简明的文字表述出来的校风建设的基本要求或校风建设的基本特点。其表述应当明确、简练，便于师生员工理解、记忆、校风建设应既能促进学校全面提高教育质量，实现校风建设的目标，又能体现学校的特色，例如，我国抗日战争时期，中国抗日军政大学（以下简称“抗大”）提出的“坚定正确的政治方向、艰苦朴素的工作作风、灵活机动的战略战术”和“团结、紧张、严肃、活泼”的“三八作风”，既反映了“抗大”培养人的基本要求，又反映了这种政治干部学校的基本特点，至今为人称道。

2. 认清校风建设的层次特点

学风、教风、领导作风集合为整个学校的校风，其中，领导作风属于先决层次，对形成什么样的校风起着非常重要的作用。特别是一校之长，其作风决定着领导集体的作风，而领导集体的作风又在很大程度上影响着学校的

校风。从某种程度上来说，优良的校风往往是学校领导优良作风的延伸和扩充，而学生的学风和班风，是校风的主体和基础，一所学校的校风主要是通过学生表现出来的，学风和班风的建设乃是校风建设的基础性工作。而连接学校领导和学生的枢纽是教师，教师是从事培育学生学风建设的主导，有什么样的教风就会形成什么样的学风。根据校风中这些不同层次属性的特点，学校领导在抓校内建设时，除了首先抓好领导集体的作风建设外，关键还在于抓好教风，不仅要求每位教师树立良好的教风，还要着力于学科或教研组、年级组的建设，充分发挥教师的集体作用；不仅要注意教师业务的提高，同时还要重视师德、师魂的培养。

3. 培养集体主义精神和学校意识

如果学校师生有强烈的集体归属感，关心自己的学校，就会在集体荣誉感和自豪感的促使下，自觉认同、接受和维护优良的校风。因此，有经验的学校领导，会特别注重培养学生和教师的集体主义精神和学校意识，并把它们与社会责任感联系起来，通过讲学校的光荣传统，举办校史展览、校庆、校友会活动，来培养师生的集体主义荣誉感和自豪感。有的学校还通过唱校歌、穿校服、戴校徽等方式来培养学生的学校意识，增强学校凝聚力，从而使学生自觉地保持和发扬学校优良的校风。而且，集体主义和学校意识本身就是校风的重要组成部分，当它们汇聚起来并上升为社会责任感和社会意识时，对校风的形成将会起到巨大的推动作用。

4. 持之以恒地培养优良校风

优良校风的培养，需要经过认识的提高、情感的体验、意志的努力和行为的锻炼，才能逐步养成全体成员共同的习惯和风尚，形成学校统一的舆论和风气。我们要注意校风养成的特点，从一点一滴的培养做起，持之以恒，反复强化；要善于把思想教育同常规管理结合起来，严格要求，抓深抓细，扎扎实实，讲求实效；要善于把合乎共同理想、目标的行为习惯和精神风尚，变成全体师生的自觉追求；先进苗头一经出现，就要加以肯定、表扬，予以提倡，形成风气。

四、加强高校校园课余文化活动建设

高校校园文化建设中最鲜明可感可触的文化现象就是大学文化活动。它是校园文化的重要组成部分，是校园文化最生动最具体的表现，也是校园文化得以产生和不断创新发展的源泉。在网络环境下，发展大学文化活动能够更加具体地体现学生的自主能动性，促进大学生个性化发展。同时，大学文化活动也是大学文化与社会主流文化、与其他亚文化之间相互影响和交流的重要渠道。另外，丰富的课余文化活动也为大学生提供了更多的选择，有助于大学生从沉迷网络中脱离出来。因此，面对网络造成的一些负面影响，尤其是大学生对网络的依赖，高校可以通过加强课余文化活动建设来减弱其影响。

（一）高校课余文化活动建设的原则

高校课余文化活动需要在主流文化活动导向的基础上，允许文化活动的多样性，让多种文化活动并存，促进校园文化活动的建设。

1. 各类活动形式并存

多样的校园文化活动有利于表现丰富的内容，有利于塑造校园文化，使校园文化更加深入人心。具体来说，可以采取三种类型的校园文化活动：其一，丰富校园生活类的活动在校团委的具体指导下，定期举行各种活动和学术讲座，科技协会开展的现代性技能技巧活动，为培养未来科学家、工程师和企业家做好辅助工作；其二，充实精神生活类的活动，这些活动脱胎于校园生活类活动，只是更为具体，如文学类、艺术类；其三，展示教职工风采类的活动，教职工作为高校的一分子，同样应该参与到校园活动中，甚至可以以他们为主体开展活动，如定期举行教师包括退休教师的书画展、琴棋赛、文艺演出等活动，这些活动可以为校园活动文化增光添色。

2. 多种活动内容并存

多种活动内容并存首先表现在传统文化融入现代性。传统文化要求社会

成员注重道德修养，强调利他，达到推己及人、兼善天下的状态，这一追求个体至善与整体和谐统一的思想对提高社会成员的自我修养、建设和谐社会有着重要的意义。校园文化活动建设需要继承传统文化的精髓，同时也要融入现代性的内容，既重视科学发展，又注重人文精神的培育。

高校校园文化活动来源于生活又高于生活、来源于大众又服务于大众。校园文化活动面向大众文化、接纳大众文化，同时融先进性、科学性、艺术性于一体，使高品位的校园文化为大众所接受，在网络环境下，高校文化活动可以主动面向社会、服务社会，不仅在内容上适应时代的要求，体现现实性与超越性的统一，还应该在形式上满足社会多层次的要求，体现大众性与高雅性的一致。

（二）高校课余文化活动建设的策略

首先，要丰富高校校园课余文化活动，应该先了解高校学生的特点。高校学生既有强烈的求知欲望，又有对文化艺术、娱乐等活动的浓厚兴趣，他们反对“死读书”“读死书”，健康向上的文化活动是他们的精神食粮。近年来，随着网络的发展及高校校园文化活动的愈加单调，一些学习自觉性较差的学生迷恋于手机、校外的网吧。鉴于以上状况，高校在组织学生参加高校校园课余活动的过程中，应解决好五个问题：一是要坚持正确的政治方向，以党中央的重要思想为指导，坚持活动育人，与时俱进；二是要正确定性、定位，妥善处理好高校校园文化活动与课堂教学的关系，不能喧宾夺主，更不能取代正常上课，正确的选择应该是在保证正常上课秩序和加强科研工作的前提下，积极推进高校校园文化活动的开展；三是要把高校校园课余活动匡正到符合规律的良性循环轨道上来，网络环境下，开展高校校园课余活动将会遇到一些新情况、新问题，高校教育工作者必须进行深入研究，揭示出带规律性的东西，形成一些言之成理、持之有据的理论观点和范式，用以指导高校校园课余活动的实践；四是要让高校学生成为高校校园课余活动的

主人，要从培养高校学生的自我教育能力、自我学习能力、自理生活能力入手，充分调动高校学生参加高校校园课余活动的主动性和积极性；五是要加强对高校校园课余活动管理，对高校校园课余活动要积极支持、热心扶植、适时引导，要用文化的、艺术的方法去指导、解决高校校园课余活动中的问题，用爱心指导学生。

其次，在丰富高校校园课余文化活动、促进高校校园文化的建设中，还应该特别重视在活动中努力提高学生的道德素质，德乃做人之本。著名诗人但丁也曾说："道德常常可以增补智慧的缺陷，而智慧却永远填补不了道德的缺陷。"爱因斯坦在悼念居里夫人时，通篇歌颂的是居里夫人的高尚品德，却很少提及她在科学上的伟绩，因为她人性的光辉比科学上的业绩更加令世人所钦佩。所以，"重智轻德"只会让学生远离文明、远离进步，他们的才智、能量极易偏离社会生活的正常轨迹，异化为一种反动，精神文化在本质上是抽象的，只有通过实践活动才能得以体现。因此，我们要积极组织学生开展丰富多彩的活动，如青年志愿者活动、高校校园精神文化艺术节、书画展览、摄影比赛、辩论赛、演讲比赛等。

最后，在丰富高校校园课余文化活动、促进高校校园文化的建设中，还必须坚持以爱国主义教育为重点，以社会实践活动为基础，结合高校的传统与实际，建设健康生动的高校校园文化，高校可以以寒暑假、重大节日和各种纪念日为契机，开展传统性教育活动；可以结合高校实际，定期开展高校传统活动；可以开展社会实践活动，走进社区进行敬老活动；还可以以传统优秀文化为基点，结合教学实践，组织学生开展古诗文素养训练等活动。通过此类活动，使学生进一步亲身感受中华传统文化在当今社会的价值，从而从更深层次激发学生弘扬祖国传统文化的热情。

综上所述，我们主要从建立健全的网络信息机制与网络平台、加强高校校风建设、丰富高校课余文化活动三个角度分析了在网络环境下如何建设高校校园文化。当然，加强高校校园文化建设的方法和途径是多种多样的，尤其是在网络环境下，更应该打开视角。同时，高校校园文化建设还需要社会各方的密切配合，只有大家都重视起高校校园文化的建设，以人为本，高校校园文化的功能才会真正得到加强，才能更好地促进高校广大师生健康且全面的发展。

参考文献

［1］刘杨青. 高校学生社区文化建设路径探索与研究——基于高校“一站式”学生社区综合管理模式建设视角［J］. 秦智，2023（9）：49-51.

［2］田原. 柔性管理在高校学生管理工作中的运用［J］. 辽宁开放大学学报，2023（2）：65-67.

［3］王燕红. 高校学生管理中的饮食营养与健康研究——评《饮食营养与健康（第二版）》［J］. 食品安全质量检测学报，2022，13（18）：6101-6102.

［4］邓崧，樊博，马桑，等. 创新公共管理教学的理论与实践［M］. 昆明：云南大学出版社，2022.

［5］王悦. 高校大学生社团管理的创新模式研究［J］. 科学咨询，2022（3）：48-50.

［6］张名硕. 张名硕. 高校新校区建设项目管理研究［M］. 北京：新华出版社，2021.

［7］薛丽琼. 校园文化建设对艺术专业学生的影响［J］. 商业文化，2021（21）：128-129.

［8］张嘉家. 高校学生管理工作创新对校园文化建设的促进作用［J］. 文学教育（下），2019（4）：168-169.

［9］王丽斯，冯培洁. 高校学生社团品牌化管理的探索与实践［J］. 石家庄铁路职业技术学院学报，2018，17（4）：114-117.

［10］杨论. 基于学生主体发展的高校学生管理改革路径研究［J］. 中外企业家，2018（30）：163-164.

［11］钟少敏. 浅谈高校学生管理中校园文化的渗透路径［J］. 黑龙江教育

学院学报，2018，37（8）：21-23.

［12］李伟. 文化管理模式在高校学生管理工作中的实现途径［J］. 宁波教育学院学报，2018，20（4）：16-19.

［13］杨闯. 关于构建高校学生宗教信仰安全教育与管理模式研究［J］. 党史博采（下），2018（3）：60-61.

［14］王帅. 论新时期高校校园文化活动的组织与管理［J］. 思想政治教育研究，2018，34（1）：146-149.

［15］李雷. 高校学生公寓文化建设中的风险问题防范策略［J］. 山东工会论坛，2018，24（1）：106-109.

［16］赵艳. S 高校学生管理存在的问题及对策研究［D］. 西安：长安大学，2017.

［17］湛霞英. 新自由主义影响下高校学生管理与对策研究［D］. 长沙：湖南师范大学，2015.

［18］渠颜颜. 基于柔性管理理念的高校学生管理研究［D］. 徐州：中国矿业大学，2015.

［19］罗忆南，李勇男. 罗忆南，等. 高校管理创新与实践［M］. 北京：新华出版社，2014.

［20］林柔桢. 以校园文化建设为载体推进高职院校学生管理研究［D］. 桂林：广西师范大学，2014.

［21］毕凤玲. 基于目标管理的大学生自主性发展问题研究［D］. 曲阜：曲阜师范大学，2014.

［22］李振丽. 从“管控”到“化育”：高校学生管理文化研究［D］. 芜湖：安徽师范大学，2014.

［23］张冠鹏. 高校学生管理制度研究［D］. 长春：东北师范大学，2013.

［24］李敏. 当前高校学生社团管理问题及其对策研究［D］. 秦皇岛：燕山大学，2012.

［25］杨超月. 多校区办学视域下的高校学生管理问题及其对策研究［D］.

泉州：华侨大学，2012.

［26］杨创. 新时期普通高校学生社团建设探析［D］. 苏州：苏州大学，2011.

［27］周顿. 角色理论视角下高校辅导员队伍建设研究［D］. 武汉：中南民族大学，2011.

［28］王楠楠. 高校学生管理工作创新研究［D］. 长春：长春工业大学，2011.

［29］郑银叶. 高校校园流言的预防与控制研究［D］. 广州：广东外语外贸大学，2009.

［30］段长远，赵国锋. 段长远，等. 高校学生事务管理工作研究［M］. 银川：宁夏人民出版社，2008.

［31］周春英. 论高校学生管理中的思想政治教育［D］. 哈尔滨：哈尔滨工程大学，2008.